U0665278

智慧方略论

ZHIHUI FANGLÜELUN

天下经

天地黝黑，谁为照之？日月火也；人事黝黑，谁为照之？智也。天地之智，曰日月火；人心之日月火，曰智。

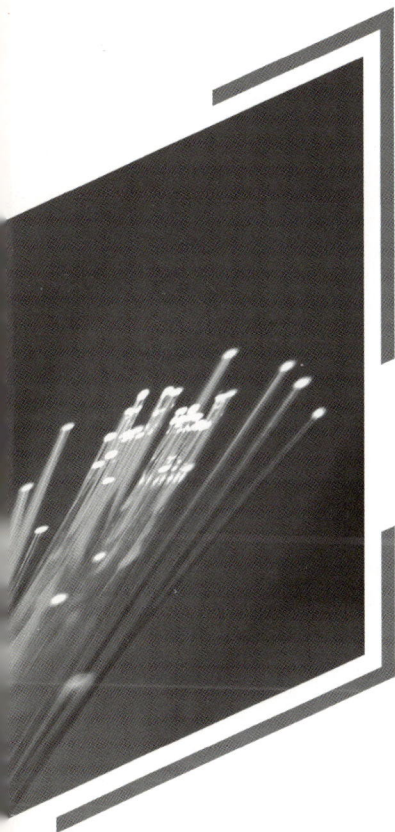

王永生◎著

人民出版社

王永生将军

前　言

　　"天地黝黑，谁为照之？日月火也；人事黝黑，谁为照之？智也。天地之智，曰日月火；人心之日月火，曰智。"这简短的两句话道出了智慧的重要。生活中人人都需要知识，更需要智慧，作为领导者尤为重要。实际上智慧充满于领导科学之中，从而又促进于领导实践之中。人们应学智慧，用智慧，不断提升全民族的素养，造就运用智慧的海洋，迎接智慧时代的来临。

　　《智慧方略论》从领导科学的视角，通过智慧之门、智慧之源、智慧之魂、智慧之策、智慧之晶、智慧之路、智慧之别、智慧之爱八章，对智慧的开启、来源、核心、方法、本质、用途、类别和品位，进行了深刻的阐述。在对领导工作的智慧总结、概括、分析、比较的基础上，紧密联系客观实际、遵循事物发展规律，予以提炼、升华，形成具有指导性的智慧理念。在为领导干部提供大量智慧和开发、提升自己智慧途径的同时，情理交融地阐述了如何智慧地当好领导，构成独具魅力的智慧方略。

　　《智慧方略论》从创新和哲辨的理念，融合一体，贯穿全书。在立论、论据和指导思想及叙述手法上，打破常规，赋予真实而又新颖、现实而又前瞻、诗情而又哲思的内容。一位哲人说："智慧的第一涵义是创造力"，"智慧的第二个涵义是哲学的洞见"。书中汲取了中西智慧的精华，更紧密联系中国当代社会实际，特别是从领导者的视角和实际，创新了智慧理论，拓宽了智慧途径，系统化了领导工作的智慧。应该说是一部创新之作，是以智慧为主旨的领导科学专著。

　　《智慧方略论》对领导者智慧的特点、作用作了详尽的阐述，能丰富和增强领导者的智慧。特别是结合人生感悟、联系历史成败、社会百态和时代脉跳，进行谈史论今、谈理论情、谈聪论智，并予以提炼和升华，为领导者丰富智识宝库增添了魅力。书中讲道："一个人的智慧个性，是由他的人格魅力、智力优势以及人生激情的完美契合而成。""作为领导者应具备人格三要素：以智慧为主导的理想主义，以道德为主导的人道主义，以意志为主导的英雄主义"等等，会给人们以成功之道、兴业之道、做人之道的启迪。

目 录

智慧像灿烂的阳光，给人类带来
了光明与希望；智慧像澎湃的海洋，
孕育出无穷无尽的力量。

第一章　智慧之门

　　智慧是最有魅力而又古老的人生追求。这是人类认识事物和运用知识经验解决问题的能力，先天获得、后天培养的悟性、技能和才思都可归为智慧之果。智慧以道观之，道包含了客观之道和天之道，也包含人的认识和目的的需要。智慧需要整合主观与客观的统一，人类正是持有智慧和对智慧不懈的追求，才成为大千世界的万物之灵。从宗教方面看，穆斯林祈求真主的祷词是赐我智慧、增我知识。佛教的"佛"译成汉语就是觉者，即智慧者，佛法无边又称智慧海。智慧作为信仰，融进了宗教意识，大智慧能有坚固的道德，崇高的修养，圣贤的学问，菩萨的心肠。有智慧才能无为而治、天下为公、造福寰宇、利济群生。悟门开启心光朗耀、飘逸潇洒的自在人生。智慧无处不在，无处不有，时时处处引领着人类走进崇高的殿堂。为此，人们视智慧为生命的一体，须臾不可分离，从而开启了智慧之门。

一、知识增长聪明　智慧主宰命运

古希腊的一代哲人明确宣告他们是爱智者。以求智和爱智构筑了博大精深的哲学体系，使后世受惠无穷。在了解智慧概念之前，先分享智慧的成就以便掌握智慧的意义。智慧不是一个普通的词汇，其背后关联着的超乎世人想象，拥有智慧将可以发现人世背景以及最神秘的知识。

■ 智慧是一盏指路的明灯

《论语》享誉古今中外，半部《论语》治天下是中国垂之久远的古训。享名近代的《人权宣言》，摘引《论语》的吉光片羽"己所不欲，勿施于人"至今仍在法国宪法中熠熠生辉。美国总统里根在旧金山纪念孔子诞辰的纪念会上演说："孔子的学说世代相传，揭示全世界人类丰富的为人处世的原则。"一九八八年一月，全世界诺贝尔奖获得者云集巴黎举行会议，会上发表了一项重要宣言，宣言的第一句，如果人类要在二十一世纪生存下去，就必须向两千五百年前回首，去汲取孔子的智慧。一部两千多年前的旧典，倾倒千秋万代。因为它历经大浪淘沙，荡涤历史的尘埃，积淀下来的是有关人类生存、发展、处世、为人的智慧。这是经过岁月磨砺，放之四海皆有启迪的人生哲理，所以超越时代和国界，为不同肤色享用不竭。《圣经》记载创造之神在造成智慧成果后，曾经一度禁止神造出来的人去神秘园分享这种成果，而一旦被魔鬼诱惑的人，违背了神的旨意偷吃禁果，获得神智的人瞬间就知道了以前从未感觉到的事。没有智慧的时候，人类不知羞耻，不分善恶，不明是非。虽然得到智慧的人被神逐出伊甸园，降临人间遭受苦难的惩罚和各种试炼，但是智者已经明白了天地之间的许多大事。圣经曾明确人当以智慧为是，而拥有智慧的人心里自然明白，为使人得知永恒的智慧而揭示智慧的成果。人类对自身智慧的探索一刻也没有停止，在这个神秘、充满乐趣的世界里，可以将自己的智慧发挥到极限。像云雾一样飘渺不定的潜意识，是人类的深层智慧，有谁能说清楚，有哪些问题是显意识思维解决的，有哪些问题是潜意识思维解决的？一个人在粗通文墨之时，就很可能会对什么是精神活动的最佳状态即对什么是智慧产生浓厚的兴趣。提到智慧，人人都有点明白，但又觉得明白得不太透彻。众说纷纭的理解，使得智慧的含义变得既丰富又复杂。似乎谁也不可能以简单的话语，去一劳永逸地把它说清道明。提起智慧也有很多人联想到知识，从小寒窗苦读十几年，已有大学学历，应该算是有知识的，自然也就有智慧了。其实这是一种误解。实际上知识只能给别人已有的东西，而智慧却能够给别人没有的东西。智慧的发挥起着意想不到的作用，有一个实例很能说明问题，说的是一支南极考察队到南极之后，出现意外没能按预定时间返程，只好无限期地等待着救援。南极有极夜现象，十几个人被困在冰天雪地，醒了睁开眼睛是漫漫黑夜，如此长久地折磨，说不准谁就会精神崩溃。果然，有一个人突然疯了，谁跟他说话他只会用手指着你的鼻子，一个劲地让给他讲故事。每讲完一个故事，疯子的症状就会明显缓解。于是，大家为了保持他情绪上的平静，每天轮流讲故事，一直讲到第三十二天的时候，他们终于被解救了。上船后疯子说："其实，我这些天都是在装疯啊！"大家奇怪了，"你为什么要这样做呢？"他说："谁叫我是随队的医生呀？以前遇到过这种情况，人处在生死不明的绝境，常常会出现集体的心智迷失。所以，我不下地狱谁下地狱！只能诱导不停地讲故事，以此缓解大家的心理压力。"这就是智慧的作用，处在生死考验的危急关口，面临身边的棘手事情，关键时刻冷静处理，足以反映一个人独特的智慧。现在是激烈的优胜劣汰，是智慧的竞争。一些理论家力求给智慧下一个在任何时候任何场合都适用的精确的定义，帮助构建智慧概念的语群大致有聪明、敏慧、知识、经验、见识、方法、智力、智谋等。聪明，耳聪目明描述的是感觉器官功能性反映能力。敏慧，善于悟解描述的是人的头脑思维性反映能力。智力，描述的是人在认识理解客观事物方面的能力，即人在观察、记忆、想象、判断等方面的综合能力，在教育中人们常常把它模糊地延伸为智慧，并据此认为智慧就是延伸人的辨析判断、发明创造方面的能力。智慧有一套严密的知识体系，被称为神秘的成果。

■ 智慧是生命力量的源泉

人类是充满灵性与情感的生命，是拥有认知力、思维力、判断力、记忆力、想象力、忍耐力等的高级的智能型生命。出世者是如此，搏击生活潮头的先哲和思想家们，对智慧的追求更是气概飞扬，人类追随智慧的指引是一条真理。智慧是由智力、知识、方法、技巧、意志、情感、气质、美感和个性意识倾向等要素构成的复杂系统。包括遗传智慧与获得智慧，生理机能与心理机能，直观与思维，意向与认识，情感与理性，智力与非智力，显意识与潜意识等要素。内在智慧是大脑具有生命活力的智慧，外在智慧是离开大脑存在的智慧，知识、工具就是这一类智慧。系统智慧是形成体系的智慧，集成智慧就是这一类智慧。人类通过开发内在智慧，将外在智慧转化为内在智慧，才能提高自己的智慧。要构成一种适合于自己发展需要的系统智慧，形成智慧体系，才能提高自己的智慧层次，获得非凡卓越的智慧。知识是智慧的基本构成，核心知识是与智慧有关的智力科学、脑科学、生物学、遗传学、人类学、人工智能等知识。外周知识是基础知识、专业知识、文学艺术等。构成智慧的核心知识是智慧的应用软件，构成智慧的外周知识是智慧活动的原材料。哲学是人类智慧的基石，是所有科学的基础，哲学又是一切科学发展的催化剂，从认识论和方法论的高度为科学研究、科学创造提供了理论指导。脑科学是研究人脑的结构及其功能的科学，目前对大脑的智慧了解很少，主要是在心理学方面的成果，在结构功能方面的研究还没有突破性的进展。脑科学致力于结构方面的研究，以揭示各种智能活动所对应的确切解剖结构，是一项非常艰巨的研究工作。社会科学是现代科学中从某种特有的角度，侧重对社会和作为社会主体的人，侧重对社会和人际关系，进行综合性的研究。人属于社会动物，人的进化产生了社会，每个人都毫无疑问地要生活在社会之中，与社会建立一定的关系，必须了解和认识社会。智慧与知识的质量有关，在学习与应用知识之中，存在着由量变到质变的过程，如果没有质的飞跃，对知识的认识和应用将是很粗浅的，这种知识所构成的智慧是最一般的智慧。智慧不等于知识，智慧不等于聪明。如果说聪明是一条清澈灵动的河流，智慧则是浩瀚无际的大海。智慧不等于知识，有些识字不多的人说起话来却令人感到如同天人晤谈。智慧更不以年龄而论，有年轻的智慧，有年老的智慧。智慧更不可与学历、级别、财富或是伶牙俐齿同日而语。智慧不是知识，不是学问渊博的人就一定拥有智慧，也不是年长的人就能有智慧，而是只要愿意打开心门的人，都有可能拥有智慧。无心之心才是最高的生活智慧，根据佛教经典和心理学著作中的相互解释，发现了这个崇高的人生哲理。佛法最精要的旨意就是要真诚和虚心地去生活，不要受成见及名利所蒙蔽，能自由自在地待人接物，才能发挥智慧。不管用哪一种想法或学说，人是多么希望自己能拥有智慧，因为智慧的魅力通向了无尽的可能和延伸，真正的智慧不仅在于能明察眼前，而且还能预见未来。

■ 智慧是人生的高境界

苏格拉底说，智慧是虚无缥缈的。孔子解释智慧时常用水做比喻："上善若水"，"智者乐水"，"智者动，仁者静"。智慧像水，它不是凝固僵化的，智者常处在激情燃烧的岁月。智慧是灵气、胸襟、学识、仁厚、洞察、豁达的气度，是理性思维的积累、人生经验的升华、俯瞰放达的豪情。拥有智慧能在平凡事的后面看见生活的真谛，拥有智慧人间行走看得见"花明"，更在"花明"处看到"柳暗"。拥有智慧春日里能享受花红草绿，寒风中能欣赏风霜冰雪，晴天时看彩虹，雨天时数水滴。在任何境地都可以平和从容。古希腊有个神话叫斯芬克斯之谜。说有一个怪兽叫斯芬克斯，美女之头，狮身双翼，伏在巨石之上，让底比斯国的居民猜各种各样的谜语，猜不出来就把人撕碎吃掉。俄狄浦斯路过这里，勇敢地去猜斯芬克斯的谜，斯芬克斯用智慧女神缪斯授予的一个隐谜给他猜。这个隐谜是：早晨四条腿走路，中午两条腿走路，晚上三条腿走路。斯芬克斯认为这是人类永远也难以回答的谜，而俄狄浦斯却很容易地猜中了。说这是人，因为人在幼儿爬行时用四肢走路，后来用两条腿走路，到了老年用拐杖时正是三条腿走路。于是斯芬克斯羞愧难当跳崖身亡。这是一个警示。人必须认识自己，否则就没有自己的命运，连生存也不可能。人必须面向自己，做命运的主人。智慧于人生，犹如航船的舵把，再大的风浪都能坦然应对。智慧如茫茫黑夜的明灯，能照亮人的内心世界，对于重新认识和自我调整有着重要的机遇。人的智慧一般有三个层次：精明，聪明，明智。精明如同坐井观天，对井底之物默然有数如数家珍，并感到井内之天是那么圆。聪明如平原放眼，一视平川物质井然有序。明智即如高山俯瞰，一览众山小，这三个方面分别道出了智慧的层次。实际上智慧开始于拥有它的人，最终属于运用它的人。精明者如《红楼梦》中之王熙凤，机关算尽反误了卿卿性命。聪明者如诸葛孔明神机妙算锦囊通玄，无奈失街亭。明智者大智若愚也，如越王勾践卧薪尝胆、忍辱负重，终于灭了吴国。精明者锱铢必较鼠目寸光，以小失大难成气候。聪明者审时度势，用则取不用则废，呕心沥血成就伟业。明智者一龙一蛇与时俱化，有大而美不言的大智慧。因此，智慧是对一个人各种能力的综合评价，智慧在各个领域有其特定的含义，如对艺术家智慧指的是创造力，对政治家则是处理棘手问题的能力，对外交家看的是反应和语言的能力等。但从广义上来讲，智慧主要是指一个人对事物的判断能力和决策能力。一个领导者无论有多么优秀的品质，但在处置紧急问题时优柔寡断，错失良机，就不能算智慧的领导者。因为智慧是无法伪装的，是通过实践而体现出来的。在手工劳动的小农经济时代，体力劳动占主导地位，智慧力无用武之地。蒸汽机问世以后，人开始与机器结合，随着工业现代化、农业现代化的发展，智力劳动占了主导地位。现在发展中国家的兴起，就是向这个目标前进。然而发达国家却已踏上了现代化、高科技的台阶。因此，发明创造的智慧力进入主导角色。只有生产力发展才有充分的物质和技术基础，才有高度的文化基础，才有智慧力大发展的条件，智慧也才有了广阔的用武之地。从社会的进步看，在封建所有制的统治下，实行愚民政策，不但不支持创造发明，而且打击创新发明。人们的智慧只用于巩固封建统治学而优则仕。在资本市场经济条件下，主张自由竞争，人的智慧得到了相应的发展。但智慧实际上更多的还是为资本你败我胜、你垮我兴而用，而不是共同向自然、向科技要财富。所以，大多数人的智能得不到开发使用，只是忙着为生存而辛勤，有些人为无聊而用慧，更有少数人甚至为了害人而用慧。改革开放以来生产力、科学技术向前发展，人民生活水平提高了，社会进步了，也为人人智慧提供了良好的条件。国家综合实力增强，为开发智慧提供了物质基础，普及文化教育，为培育智慧提供了足够的知识基础。科技知识的普及提供了开拓智力、智能思路的良好环境，国家倡导发明创新，并有鼓励政策，这是国家的法律保证。科技扶贫就是开发智慧与扶贫有机结合的最有力证明，这样好的条件也是人人智慧的大好时机，这是开发智慧的群众基础和人人都愿智慧的自身因素。智慧这门学问进入高速发展的趋势是可以预见的。在领导工作中，智慧的表现是离不开语言来表达的，但最终还是看它的实际工作效果。说到底，智慧是一个人整体品质的集中表现，对人类有益的行动才是智慧的。要使智慧和美德同行，文化来自学习和思考。尼采说："读书是在别人的知识精神领域里散步。"读书是自由的、愉快的。智慧包括和谐地与自己和环境相处相容。智慧包括拥有合理的可供支配的财与物。智慧包括拥有健康的身体和心灵。智慧包括分享、给予和接受。

智慧是命运的征服者

智慧并不属于头脑，它在头脑的背后。智慧是头脑背后那个一直看着头脑的东西。如果把头脑拿开，智慧将不会消失，科学现在无法办到，但科学迟早能够办到。生物界的某些生物提供着证据，它们并不具备头脑，但仍然可以让生命很好的持续，它们没有人聪明，但带着自己本能的智慧。人觉得智慧来自头脑，其实是一个错觉，智慧不是头脑，它是躲在头脑背后的一种觉知品质。头脑仅仅是作为传递智慧的中途通道，作为表达智慧的工具而存在。头脑的本质和电脑一样，具有庞大的数据及信息存储系统和运算系统，在生活中运行和表现出来，就是人的记忆和思维，但记忆和思维并不是智慧。因为头脑和头脑背后的智慧离得很近，所以会让人产生错觉，产生对两者难以分辨的混淆。头脑不是智慧，它依赖于从外来给它预先输入的各种资料和知识才能发挥作用。头脑填入尽量多的知识，然后头脑存储，作为记忆，以备后用，然后头脑可以针对具有确定性答案的问题进行解决和回答。每当有什么不确定性问题时，没有可借鉴的资料时，头脑就显得无能为力，人的直觉来自智慧，而智慧来自头脑背后的觉知。这个觉知超出头脑之外，并不属于头脑，平时感觉不到是因为思维的打扰被掩盖着，头脑来不及反应时它立刻反应，只是头脑马上又接管了注意力，人们很快就错过了它。头脑可以度量，可以通过智商测验来度量，但智慧属于内在深深的固有品质，它具有无限的深度不可度量，它是一个无穷的宝藏。内在觉知品质是超越头脑之外，超越神经系统之外的，是智慧的真正来源。那就是电脑无法在智慧上超越人的原因。电脑在某些方面已经超越人脑，但电脑超越人的智慧是不可能的，这不是时间问题，是涉及生命本质的问题。电脑逾越不过属于生命、属于智慧的质。人的创造是最主要的活动，成果标志他的贡献。但创造的领域是个人层次进行合理的选择，有时候选择也是判断。在实际生活中，真正聪明的人体现在智慧之眼，智慧之窗，智慧之宫。而勇气是凭着器官的直觉而产生的。塞万提斯说："失去财富者失去很多；失去朋友者损失更多；失去勇气者则失去了一切。"可以看出，智慧需借助勇气才能力挽狂澜。领导者应该把握真诚而不受骗，善良而不被欺才是真智慧。智是指人们的聪明智慧，谋指人们对问题的计议和策划。智是谋之本，有智才有谋，所以智比谋更重要。要开动大脑，因为大脑是思想的家园，灵魂是精神的家园，心灵是智慧的家园。不要因为愚昧去蔑视别人的智慧，仰视参悟人生，只有站在高峰上才能鸟瞰。现实生活中，有时智慧的表现并不一定是因为高智商，而是缘于低姿态。认识自己是一件不容易的事，在认识自我的过程中，往往经过痛苦的过程。英国小说作家王尔德说："那些自称了解自己的人，都是肤浅的人。"十八世纪法国启蒙思想家卢梭为了让人们从神回归到人自身，清醒地认识自己，写了《忏悔录》。他说："我现在要做一项既无先例、将来也不会有人仿效的艰巨工作。我要把一个人的真实面目赤裸裸地揭露在世人面前。这个人就是我。"他说："不管末日审判的号角什么时候吹响，我都敢拿这本书走到至高无上的审判者面前，果敢地大声说：'请看！这就是我所做过的，这就是我所想过的，我当时就是那样的人。不论善和恶，我都同样坦率地写了出来。我既没有隐瞒丝毫坏事，也没有增添任何好事……"反思自己的确不是一件容易的事，如果没有大的社会冲击和挫折，人就缺少反思的自觉性。智慧是一个人所具有的全部能力，集中体现在思想与观念的创新能力，获得与运用知识的能力，选择与使用方法的能力，掌握与实践技术的能力，承担压力与心理平衡的能力。还体现在个人意志品质、性格、气质，以及对自己准确评价等方面。还体现在对事物的评价和审美意识以及对人生的策划和经营人生的能力。人类智慧的复杂性超出一般人对智慧的理解。每天都在使用自己的智慧，进行工作、学习和生活，又有多少人比较系统地了解智慧呢？如果连自己的智慧都不知道，又如何开发自己的智慧呢？智慧的实质在于解放，视觉、听觉和触觉与身体密不可分，不能抛开个体而存在。人的感情差不多在出生时就开始产生。婴儿感到饥饿或不适，除了受到自身条件的影响外，别无其他原因。随着年纪的增长，视野开阔了，与此相适应的思想感情变得不再个人化，与其自身的身体状况的联系，此时开始增长智慧。随着知识和技术的每一次增长，智慧变得越来越重要，因为知识和技术的每一次增长都能增强实现目标的能力。可以看出，只有智慧才是主动的，智慧是创造的源泉，是创造力的根本。当今世界已进入了信息时代、网络化时代，在信息量极度扩展的今天，智慧已成为世界的主宰。可以说，拥有智慧才能主宰命运。

二、知识就是力量　智慧更是力量

三百多年前，培根说过：知识就是力量。这一伟大思想引导着整个人类，以势不可当的恢弘气势，开创了二次工业革命时代，又将人类推向了知识经济的浪潮之中。乔木则说，智慧更有力量。全球性的智慧生存背景发生了根本性的变化，尊崇智慧而不追求显赫，看重实绩而不务虚名，着力创新而不求赞誉，关注过程而不计成败，将是智者领导的主要行为特征。

■ 知识是智慧之基，智慧是知识之本

知识与智慧是一对孪生姐妹。在这三百多年中，世界发生了巨大的变革，原有的土地、自然资源资本，正在被知识资本、智慧资本所代替。生产力、生产关系中的劳动力，已经向人力资本转化。经济领域的价值、剩余价值正在转化，并建立起一种收益分享的价值。三百多年来，从未有人对此提出任何质疑，知识确实带给我们一个辉煌的科技时代，为人类创造了巨大的物质财富和精神财富。明天的资本，就是智慧。在微电子革命千变万化、社会发展日新月异的时代，要想穷尽一门科学的知识，在世界上无论谁都是不可能的。什么是可能呢？驾驭知识的本领是可以得到的。智慧就是驾驭知识的本领，或者说智慧就是知识的知识。从人类进化史中不难发现，猿人进化成为人类

的关键问题是智慧进化，人类只有具备了智慧，才能认识世界。在认识世界与改造世界的过程中，人类创造了语言、文字和符号，创造了劳动工具和科技文化，但这些都属于知识范畴。人类社会的进步与发展，不仅需要知识，更重要的是需要智慧。因此学习知识和进行知识教育，就更要进行智慧教育。知识教育具有开发智慧、培养综合能力的作用。但这种学习与教育，对人的智慧发展，还存在着不系统和不科学的地方。知识教育的目的是让人们获得知识，并在这种过程中达到培养智慧的效果。而智慧教育的目的是获得智慧系统的开发与发展，而不仅仅是获得知识。教育的宗旨在于引导发现自己的智慧，协助发展自己的智慧，指导应用自己的智慧，培养创造自己的智慧。达到的价值在于帮助构成具有自我完善、自我发展，具有独特个性完整全面的集成智慧体系。实现自己的人生价值，找回自己的智慧财富，真正体会到成功的感觉和塑造成功的人生。知识是智慧的基础，但知识不等于智慧。没有知识就不可能有智慧，但仅有知识却仍可能没有智慧。智慧高于知识。如果我们在教育中把知识和智慧对立起来，只注重知识的灌输，忽视智慧的启迪，必然导致大量的书呆子和空泛无益、微不足道、缺乏创新的死板知识。正如怀特海所说，在某种意义上，随着智慧的增长，知识可能会减少。当我们摆脱了教科书，烧掉了笔记本，忘记了为考试而背得滚瓜烂熟的细节知识时，换言之，当我们不再是知识的奴隶，学会了积极地创造和运用知识时，我们才最终拥有了智慧，教育才最终获得了成功。而智慧教育的根本目的，是让人们获得智慧的系统开发与发展，而不只是单纯地获得知识。在智慧教育的系统工程中，知识教育只是其中的一个组成部分，其主要目的是为人们提供知识工具和智慧加工处理的知识原材料。培养智力能力，包括敏锐的观察能力、深邃的洞察能力、卓越的分析能力、系统的综合能力、高度的概括能力、出色的表达能力、精致的整合能力。培养思维能力，包括鲜活的形象思维能力、严密的逻辑思维能力、绝妙的直觉思维能力、通达的网络思维能力、统合的集成思维能力。培养非智力能力，包括良好的承担外界压力能力、强有力的控制自我情绪能力、健康的心理平衡能力、坚强不屈的意志力、成功气质、积极心态。培养观念与思想，包括宇宙时空观、生命观、现实与虚拟观念、极限与超越观念、主动生存与发展价值观念。培养创造能力包括丰富的想象能力、完美的艺术鉴赏力、独特的创造能力。培养思辨能力包括辩证唯物主义、历史唯物主义。培养深刻的反思能力，超前的预测能力，运用潜意识的能力。帮助获得科学的评价方法，可以通过这种评价方法，对自己的智慧进行科学的评价，发现自己智慧所在和智慧特征，找到自己的智慧优势，对自己的智慧进行合理的优化，进一步发展这种优势，通过最有效的方法，开发自己的智慧潜能。以一种主动生存与发展价值观念，根据自己发展的需要，逐步建立起一个具有独特个性的完整的集成智慧体系。

■知识是外在获取，智慧是内在生成

知识和智慧具有同一性。以前只有知字，用知字代替智。知左边是矢，箭快速行进，最后回到口上去。"智"，简单地讲，日知而智，知日为智。领导者仅有聪明是不够的，聪明也有用错的地方，而智则不同，智即悟，能分辨是非善恶，发现问题根本，把握发展方向。我们常说的小聪明与大智慧，就是两个褒贬完全不同的词。所谓智主要包括智力、智能和智慧，其中智力是基础，智能是体现，智慧是集大成者，三者既有区别又紧密联系，构成了一个完整的体系。知识是外在获取的，智慧是内在生成的。唯智慧使人自由，并把知识化为智慧。评价知识离不开智慧。智慧是对知识的灵活运用，是领着知识跳舞。知识只能给我们别人有的东西，但智慧还能给我们别人没有的东西。知识可以传授，智慧无法转让。先知为智，智慧是战略、战术和技术的灵魂。缺乏智慧，创新将变成空中楼阁。智慧是财富之泉，没有智慧就只有自然，就没有人类的一切。知识是通过人的智慧将自然原始信息转换为人类信息的，具有确定意义的第二信息集合，它通过智慧才能对环境发生作用。知识在其获得储存和应用中体现出它的特有属性，是一个极为复杂开放的体系。知识具有强大的生命力，在智慧的引导和作用下，能够创造和更新自身体系，知识在与环境发生互动作用的过程中，创造和改变着环境。自然原始信息在其转换为人类信息的过程中，它本身的特有属性并没有发生改变，发生改变的只是存在形态和人类赋予它的特定意义。知识是对于自然科学和各种事物的积累，是贯穿于现实之中的学问。智慧则是一种寻找积累知识的方法，是融合在大脑内的学问，是人类宝贵的精神财富。知识处处指导着发展，现实中财富积累离不开知识。在读书、思考中，悟性是至关重要的，但知识并不一定带来悟性。知识只有化作对生命的观照力才能产生悟性，这是一种能够把知识、感受转化为创造性的特殊能力，它与内在生命感悟和创造性思维有关。我国记录哈雷彗星的出现，始于春秋时代的公元前六一三年，一直到清末一九一零年，两千余年从未间断过，其间哈雷彗星总共出现过三十一次，每次都有记录，这可以称作世界的唯一。虽然记了，但没有人对它进行研究，不知道出现了三十一次的彗星竟然是同一个。到了一八七五年，英国天文学家哈雷依照牛顿的引力定律，计算出了彗星的轨道，预言了每隔七十六年就会回归到太阳身边的周期。可见知识重要，而从知识出发使之成为智慧更重要。流动与平和并不矛盾，智慧和机智联系在一起，机智是外在的表现，智慧是内在的本质。机智有真假之分，智慧追求的是真实，真实的机智是默默细腻的。所以，在学习知识的同时，必须注意保持思维的创造性，要建立起一种固定思维与创造性思维的动态转换机制，这样就不会局限于一种固定不变的思维方式。在学习时要积极主动地接受知识，并思考是否有突破旧知识的可能，以一种评价知识的心态，做好创造新知识的心理准备。智慧不仅与拥有的知识数量有关，而且与掌握的质量有关。在学习与应用知识之中，存在着由量变到质变的过程，如果没有质的飞跃，对知识的认识和应用将是很粗浅的。智慧与所掌握的知识的结构有关，知识结构不合理，将导致某些方面的缺陷，这样所构成的智慧，往往缺乏系统性和科学性，并造成智慧上的残缺。对核心知识做到精通，对外周知识的掌握，要根据发展与需求来确定，不需要对所有的知识都精确掌握。一个人的生命是有限的，而知识的发展是无限的。庄子说："知识是无限的，生命是有限的，用有限的生命去追求无限的知识，就像流星一样短暂而令人伤感。"知识总是外在无限的东西，与其把一生的精力耗费在对知识的追求上，不如更加在意识上警觉，找到原本属于自己内在的智慧。孔子向老子问"礼"的时候，老子没有多说，只是单纯的反应，直接表达事物的实质。佛经的表达完全是翻译式、叙述式的，找不到分析过程和证明过程，因为头脑对超出它理解之外的东西想用逻辑来表达是很困难的，头脑唯一能做的就是完全变成一个翻译家，直接翻译着智慧的感觉，能做到对智慧的近似翻译已经很不错了。智慧教育从开发智慧的启蒙教育开始，就要注重智慧体系的系统性，注重知识、方法、思想、观念的系统性和统一性，智慧教育的特殊性，不仅仅是掌握现有的知识，获得现有知识的应用能力，而是让受教育者懂得，人的智慧到底是什么，智慧在我们的学习、工作中具有什么样的作用，大脑是如何进行工作的，具有什么样的智慧潜能，如何开发自己的智慧潜能。我们需要了解人到底有哪些智慧类型，自己属于什么类型，怎样才能将遗传智慧类型转化为获得智慧类型的优势。弄清智力因素与非智力因素的区别，一个人在智慧之中扮演什么角色，发挥什么作用，这样就显露出一个重要的问题，就是人的发展不但需要卓越的智慧，而且需要进行人生的科学策划。一个人所具有的知识体系，是决定所具有智慧的要素，知识体系是智慧的基础，它决定着人所具有智慧的基本属性和专业范畴。创造力心理学，是研究人在整个创造过程中的心理活动的科学。一个人的创造力代表着他的最高智能，创造力的基础是智力和知识，创造力的根本是联想和想象，创造力的控制是评价体系。智慧教育的中心任务是引导和培养人们的创造力，而创造的根本目的，是人与自然的和谐，是人与自然的可持续发展。其主导观念是让人们获得智慧教育，它是一种最直接的、帮助人们建立完整智慧体系的教育方式，其教育宗旨在于，引导发现自己的智慧，协助发展自己的智慧，指导应用自己的智慧，培养创造自己的智慧。

知识产生动力，智慧拥有魅力

爱因斯坦和牛顿之所以是巨人，并不在于他们生产出了什么实用的产品，而是他们的头脑里产生了伟大的思想，使整个人类的认识水平前进了一大步。伟大的人物看起来好像是世界的主宰，但深究起来真正的伟大之处，还是在于对所掌控世界有着精深的认识，采取了正确的措施，同样是智慧的结果。人之所以为人，就因为有思想。《老子》短短五千言，但能流传几千年，影响世世代代的人类，这才是伟大。智慧的魅力是一种永恒的愉悦，它的魅力与日俱增，绝不会沦落为虚无，美丽的人若拥有智慧，那么美丽就会成为一种永恒的美。有人说做该做的事就是一种智慧，人类智慧活动有多种存在形式，可以说有人类活动痕迹的地方，都刻上了智慧的印迹。智慧教育的根本目的是发展人类的智慧，为了达到目的去了解和认识、学习与研究、掌握和应用这些智慧活动的产物。一个人所具有的价值，不能用他所拥有的知识存量来衡量，而应该用他所具有的价值来衡量。智慧的性质是发展、快乐，智慧的状况是一种愉快的状态。没有人给我们智慧，必须自己找到它。成功人士智慧的来源，一是从知识而来，二是从经验而来，三是从自我反省而来。有智慧的人能坚持到底，有魅力的人充满自信，有智慧又有魅力的人永远散发着成功特质。人并不是富有就会快乐，也不是努力就能成功，决定快乐与成功的是智慧，智慧能转败为胜，能引发创造性的生活。拥有了智慧就产生魅力，魅力可以使人发挥无穷的潜力。人类早日进入全球化，培养有智慧的人才至关重要。因为追求的是一种共生、共享、共鸣的全球化，为了实现这样的全球化，需要政治智慧、经济智慧、教育智慧等智慧，才能解决过去不能解决的问题，才能解决比过去复杂得多的问题。智慧的开启远比传授知识重要。"死读书，读死书，读书死。"过去要不得，现在要不得，将来还是要不得的。人生在世，健康固然十分重要，但如果活在世上没有坚定的信念，没有奋斗的目标，没有朋友之间深厚的情谊，生活的质量就差了。人之所以烦恼横生，对人生困惑茫然，并不是因为没有健康，而是因为没有智慧。纵观古今中外，凡圣贤哲人，无不是胸襟恢弘慧思迭出。即使有人体弱多难，亦能恬淡豁达地直面人生。人的生命并不在乎是否一定要孔武有力，健步如飞，而是在于是否活得有价值。人的智慧将成为一种生产力资源和资本。知识经济时代之后，人类将进入智慧经济时代。只有更好地发展自己的智慧，才能更好地掌握知识。知识教育与学习知识，的确具有开发智慧、培养人的综合能力的作用。但是，这种学习与教育方式，对于人的智慧发展来说，还存在着不够系统、不科学和不合理的地方。因为，知识教育的主要目的，是让人们获得知识，并在这种教育过程中，达到某种开发、培养智慧的效果。在传统教育模式中，老师通常扮演着真理拥有者的角色，具有极大的权威，我国的师道尊严就是这种模式的反映。在今天的美国，情况已经有了很大的改变，很多美国老师已经意识到，他们并不是全知全能的，不管他们知识如何渊博。很多学生知道的，老师并不一定知道，特别是一些最新的知识。学生的问题常常令老师一头雾水，也越发激励老师向学生学习以提高自己，他们并不因此而感到尴尬和难堪。美国还有一种同龄人教同龄人的教育实验，也是值得借鉴的。

三、知识关乎事物　智慧关乎人生

知识固然重要，值得珍视的还是人生智慧、哲学感悟。信息、知识与智慧，处于不同的层次。信息好比是矿砂，是所有容易获得或不易获得认识的总和，可供人们据以分析与参考；知识是人们把大量的事实与认识的矿粉投入熔炉之后，提炼与组合而成的可供使用的材料；智慧则是在人生体验、哲学感悟的基础上，经过升华了的认识，它是知识的灵魂，是统率知识的。知识关乎事物，充其量只是学问，而智慧关乎人生。

智慧越发达人生越获得满足

马克思曾经把哲学形象化，比喻为"迎接黎明的高卢雄鸡"，意思是哲学是武装头脑的，是精神武器，是在前面指导人生的。黑格尔则说，哲学是反思的科学，是事后的思索，因此，他把哲学喻为"黄昏时起飞的猫头鹰"。两位大师讲的都是关乎智慧、关乎人生的。生命潜能不是理论、不是技巧、不是知识，而是智慧和经验。智慧和矿藏不同，矿藏挖出来的是矿产，谁都可以拿去用。而智慧挖掘靠人们有目的的孜孜以求和奋斗不息的思考，且通过发明创造出了成果才能使用，有的使用还要经过实践过程。它的着眼点、落脚点是指引生活方向、人生道路，属于哲学的层次。智慧的开发，每个人对创造、发明一般是有兴趣的。但具体的革新、创造怎样大多数人又不敢问津了。智慧学能够提供这方面的方法，创新要确立发展的观点，相信世界上一切事物总是发展的。善用大脑资源，大脑是认知世界的工具，是世界上最宝贵的资源。很多人不愿意使用大脑，感觉使用大脑累得慌，殊不知人生在世就离不开累。要不然怎能获得生活来源，只有大脑勤劳才能发展，人的发展主要表现为大脑发展。人最容易发生思绪万千的现象，为提高思维效果，有必要对大脑进行某种程度的控制。正如心理学家所指出的，一般人的潜能只开发了百分之二到百分之八左右，像爱因斯坦那样伟大的科学家，也只开发了百分之十二左右。这就是说还有百分之九十的潜能处于沉睡状态。开动大脑要有进有退，进以致明，退以顾全。钻研问题就要钻研进去，不钻研进去就不会把问题弄明白。对问题的明白程度与钻研进去的程度成正比。钻研问题也不要进去不出来。人的思考带有排他性，思考这个问题就不能思考那个问题。要知道人面临的是问题世界，有的问题重要有的不重要，问题和问题之间还有千丝万缕的联系。因此，作为领导者，思考问题要有全局观念。钻研问题进到一定程度就出来，为的就是顾全大局。如果对一个问题太执著了，别的问题和更重要的问题就不能解决了，甚至连本身问题也解决不好。让大脑既增加知识也减少知识，加以致用减以应变。不管是学来的知识还是自我生产出来的知识，都将存在大脑里供使用。要让大脑不断增加新知识，大脑里的新知识越多人的本事越大。也要让大脑不断减少知识，需要减少的是过时知识。许多知识具有时效性过时了就没用，有的甚至不但没用反而有害。在千千万万的事与物中，有的不断发展，有的落后无用。智慧的眼光则是对发展的事物使之加快更好，对落后的事物加以革新使之新生先进。一切事物总是发展前进的，毛泽东同志曾强调指出，倒退是没有出路的。邓小平同志讲，发展是硬道理。这些大智大慧的论断，能帮助人们认识发展的观点。人的新追求属于前瞻性的，就是人们还没有来得及想，并能造福于社会的课题，经过努力可以达到的。电的发明是从炼钢的火花中得到启示。有人提出能将这种火用上就好了，于是就研究这是什么火，研究了是碳与金属碰撞产生的火，进而研究了用碳棒来发电用金属发光，直到最后成功。这要许多人的智慧，针对火、电火、发电等，思考出办法攻克难题，最终实现了直流电、交流电等。如果认为转瞬即逝的火花不可利用，就没有智能在发明电上的作用，电力不知要晚多少年才能问世。还有蒸汽机的发明，用壶烧开水在瓦特时代可能已普遍存在，然而发现壶盖被顶起来，为何只有瓦特想到一壶开水有顶壶盖的力，用来做动力推动机械，而想到了蒸汽推动机器转，构想出了蒸汽机带动纺纱机，构想了传动和皮带。这说明要善于提问，提问是智慧的启动，再深下去就是分析智慧的启动，直到构思出发电机、蒸汽机。智慧是哲学的生活化实际化，可以说智慧是运用于实践中的哲学。草船借箭是智慧谋略，诸葛亮利用大雾迷江的气候，用草人迷惑曹军，趁机获得十万支箭，这是智慧利用了草人、军船，利用了气候条件，利用了曹操多疑，利用了鲁肃诚实的帮助，构思出了一套借箭方案，并凭胆略实施达到目的。

■荣誉使人愉悦不能使人充实

荣誉是形式而不是内容。泰戈尔说："荣誉是生命之流的泡沫。"因为使人充实的只能是人自己，荣誉只负责桂冠的编织。奥地利哲学家维特根斯坦说："贪图功名是思想的死亡。"保罗·盖蒂说："世界上有很多出色的艺术家——画家，雕刻家，钢琴家，或芭蕾舞蹈家——在他们那一行里，即使拥有相同的才华，也经过相同的努力，相同的奋斗，也只有一两位获得成功、名望、财富，其余的人只有落空了。对其他行业的人来说，情形也一样。例如作家、政治家等等。"看不到这一点也容易自以为是，错误地以为只有自己才是真正的英雄。任何荣誉的获得都不是个人的产物。总有集体和他人直接或间接的援助。而且，就是个人荣誉也常常是集体的产物，获取者只不过是代表而已。但这个道理却并不为人普遍地接受，许多得到荣誉的人就很得意，以为那是自己奋斗的结果，岂不知这正是荣誉内含着的陷阱。荣誉是分层次的，要看是什么荣誉。许多荣誉并没有多少分量，像时尚流行中的荣誉，只会被追逐潮流的人欢呼拥戴。那些产生轰动效果的荣誉缺少长久的魅力，因凡是长远的都需要时间认可和见证。当实际得到的少于应得到的荣誉时，人们就会对你产生敬慕之心。当实际得到的多于应该得到的，人们就会说长道短不服气。当实际得到的正好和应该得到的相符时，也会有人产生嫉妒。爱因斯坦说："当我还是一个相当早熟的少年的时候，我就已经深切地意识到，大多数人终日无休止地追逐的那些希望和努力是毫无价值的。而且，我不久就发现了这种追逐的残酷。"培根说："荣誉就像河流，轻浮和空虚的荣誉浮在河面上，沉重的和厚实的荣誉沉在河底。"智慧是伴随着经验觉察而产生的，如果此时觉察到自己内心有悲伤或气愤，而又开始敬重自己生命里的智慧。无论多少人告诉这些悲伤应该或不应该，你会坚定地认为那是一个事实。从这一刹那开始，便跨入了智慧的殿堂。开始了解生命的如其所是，智慧、真相就开始产生。所以，智慧是跟着觉察来，知识只是接受他人告诉什么是对错好坏，智慧则是用自己的灵魂去学习，成为自己身体的一部分。传说释迦牟尼用六年的时间不停地追寻，用尽努力却什么也没有。灰心至极拖着疲惫的身体渡过恒河，在菩提树下静坐四十九天，刹那间看到天上的星辰，突然真正懂得了"放下"。"放下"是释迦牟尼决定放弃的一刹那在生命最深处知道的。智慧是要用自己的每一个过程和经验，带着觉察而逐渐成为生命的一部分。可以说，没有经历过追寻的人，不懂得什么叫"放下"；没有经历过生命里大悲伤的人，不懂得什么叫慈悲；没有经历过害怕和软弱的人，不知道什么叫勇敢。因此，有勇气去经历自己生命里的每一个发生，去看每一个存在的事实，才能在生命里开始拥有智慧。跨入智慧的殿堂之后，将会发现整个世界和以前在知识领域里所看到的表象是不同的。树立"仁者爱人"的人生观和人应该有"足食"的观念，生命才有安全保证的权利。人类同居一个地球，不仅要爱自己也要爱他人，既要自己生存也要使他人能生存。这样社会才能不断发展，科学才能造福人类。子曰："礼之用，和为贵。""君子和而不同；小人同而不和。"人类从互相依存，彼此互助友爱出发，既想到自己，又想到他人去思考问题。文化信仰上，应多元并存而不要强求他人服从。生命潜能是一个跨入智慧殿堂的旅程，学会用极大的勇气去面对所有生命里存在的真相。只有智慧的人，才能有真正的喜乐。真正的明智是一种稳重的精明，人们毫不吝啬地赞扬明智，过度的精细是一种错误的明智；真正的明智是一种稳重的精细，明智地对待别人要比明智地对待自己来得更方便自然。独自明智是一种巨大的疯狂，机敏的疯狂使自己成为最机敏的明智。喜欢有利的责难，甚于喜欢有损害的赞扬，有一些疾病用药反会促其恶化，最大的明智就在于知道什么时候用药。

四、知识产生财富　智慧派生卓越

亚里士多德说：智慧是知识的最完美的形式。一个只拥有知识的人，不能说具有智慧，拥有知识只能说明大脑里储存了知识信息，能很好地应用知识并取得成就，才能证实拥有智慧。

■智慧比知识重要

信息时代之后必将进入智慧时代，信息时代引导社会进入智慧时代。知识经济是以知识为基础的经济，知识已经成为一种资本，成为生产力的主要构成。资本是一种价值，价值是由具体劳动和抽象劳动产生的，现代科技的价值创造，更多的来源于脑力劳动，它反应了价值随时代的转变。生产力是由劳动者、劳动资料和劳动对象组成的，知识经济需要劳动者具有较高的知识素质，劳动资料的知识成分大大提高，劳动对象已转移到以知识为主的劳动中。知识经济的主要特征体现在资本与生产力的结构变化，知识在这里占有重要地位。然而，知识如果离开了人，是没有任何价值的，知识不能单独发挥作用，知识必须通过人脑的智慧，才能发挥出应有的作用。然而，知识只是智慧的产物，具有某种程度上的被动性。在知识经济中越来越显示出智慧的巨大威力，智慧正以它特殊的作用，取代着知识的作用，智慧正以它特殊的价值，取代着知识的价值。拥有知识与利用知识，成了两种完全不同的概念。个人知识不再是单纯的大脑记忆，而转变为一种获取知识的技能。知识的网络化，为个人知识的拥有方式，提供了有力的保障。知识已经转变成一种智慧操作的工具，智慧将要从知识的背后走出来，成为时代的主角，成为经济的主要构成，并建立起以智慧为基础的智慧经济时代。智慧像灿烂的阳光，给人类带来了光明与希望；智慧像澎湃的海洋，孕育出无穷无尽的力量。现代科技是以西方哲学思维和理论为基础的科学体系，如果不以这种哲学思想和理论丰富我们的智慧，就容易远离现代科技发展的轨迹。因为只有更多地吸收新的思想、新的理论，才能不断发展，不断进步。信息时代的重要特征，是为人类认识世界提供了新的理论、新的方法和新的途径，是人工智能理论和人工智能设备的诞生，它彻底改变了二次工业革命的局面，以全新的观念和理论来认识世界和创造科技。随着信息科学的高速进展，智慧越来越显示出巨大的作用。信息时代是充分展示人类智慧的时代，信息的加工处理是大脑特有的功能，是智慧的集中体现。智慧左右着信息产业的发展，智慧主导着信息科学的生命。智慧的人看待命运的起伏认为只是过程，顺境或逆境并无差别，每个阶段皆有美好的一面。总之，主宰命运浮沉的答案是拥有智慧的人，透过现象看本质是智者与凡者的最大区别，就事论事一叶障目，急功近利心浮气躁是庸人的写照。镇定自若高瞻远瞩，深明大义敢舍敢得，坚持原则又务实变通，危中见机机中见危，见机行事又不轻言放弃是智者的特点。以正谋以奇胜是智者的行为模式，智者超乎寻常地对战略关注，坚持战略正确性，在战略正确的前提下，才考虑战术和执行的技巧完美性。庸者对战略总是显得模糊迟钝，或者干脆没有战略，头痛医头，脚痛医脚，津津乐道一时和局部的有利，看不到潜伏的危机。智慧是十分严密的逻辑游戏，是大量实践经验与知识信息的厚积薄发。智慧与遗传、学习、思考和调查研究有关，是一门严谨而深沉的思维艺术。少数精英掌握得尤其精彩，他们对事物的发展趋势甚至结果作出准确预测，能根据各种纷繁芜杂的现象，针对未来作出的判断，经实践证明是正确的，这样的人一定是智者。

智慧比聪明重要

世界上分两种人，一种是聪明人，一种是不聪明的人。聪明人也分多种，有的人只是小聪明，而有的人则拥有大智慧。小聪明者看上去聪明，但用一种更深刻、更长远的眼光来分析，就会发现并不聪明，更算不上智者。因为他们只懂得围绕一己私利去思考和做事，有时为了自己的利益而不惜去伤害他人的利益。这样的人，大家同他相处都会格外警惕，最终他们的生活圈子和发展空间就会越来越小。小聪明者不聪明，主要表现在他们总是认为自己最聪明，别人是愚笨之人。所以，经常表现得过于狂妄，不懂得适度地收敛，也不懂得适当地谦虚，更不愿意虚心向他人请教和学习。结果，最终会因为自己的不虚心、不学习而落后于他人、落后于社会，并且还会引起别人的反感。拥有大智慧的人，往往不是那些在什么场合都过于激进地表现自己的人，真正有大智慧的人不到必要的时候是不会太露锋芒的，因为他们知道水满则溢、月盈则亏的名言，他们清楚太硬易折、太锐易碎的道理。拥有大智慧的人，知道吃亏是福的道理。他们不会与人斤斤计较，不会为了眼前的得失去破坏与他人结成的友好合作关系，他们甚至会为了成全别人而不惜损失自己的利益。其实在内心深处明是非辨真伪，在工作现实中不张扬不虚妄，才是体现出来一种智慧。人们在花店或许多场合中见过一种颜色嫩黄、花瓣小而碎的花朵。这种花常常被作为玫瑰、百合、康乃馨等花的配花，这就是加拿大的一枝黄花。过去，人们虽然经常看到，却没有人注意过它，甚至很多人都不知道这种小花的名字。而当人们注意它的时候，却是决定根除它的时候。因为这种小花的生命力和繁殖力过于旺盛，它几乎霸占了土壤中的所有水分和养分，而使其他植物无法生存下去。如此一来，原本是各种植物共同营造的和谐田野，现在变成了加拿大黄花一枝独秀，自然生态环境的平衡被严重破坏。加拿大一枝黄花本来是从国外引进的，引进这种植物的初衷是要丰富我国的天然植物品种，增加植被覆盖率，可是没想到现在却适得其反。后来经植物学家研究，加拿大一枝黄花在国外之所以能够和其他植物平衡生长，是因为国外的植物种类中有它的自然天敌遏制其生长速度，而当其被引进到我国时，由于它的自然天敌没能形成，所以生长就失去了控制，导致了今天人们要想办法除掉它的局面。如果加拿大一枝黄花没有那么霸道，凭借它的生命力和繁殖力，凭借它的实用性和观赏性，人们怎么会狠下心来对它赶尽杀绝？如果加拿大一枝黄花能够给众多植物以容身之地，能稍微收敛一下，也不至于走到今天的地步。当然，加拿大一枝黄花是没有思想的，但却留给人们以启迪，可见不懂得见好就收的道理，更不知道真正的智慧不仅要为自己争取更广泛的成长空间，还要有海纳百川有容乃大的气度。真正有大智慧者，不仅仅能够借助各种力量去成就自己，更懂得在成就自己的同时留给别人施展的空间，并帮助别人取得成功。只有给别人留下足够的施展空间，自己才能获得更宽阔的人生舞台。只有帮助别人取得成功，自己才能取得更伟大的成功。只有与他人实现共同进步，自身的成长才能更加持久。智慧虽然在各个领域有其特定的含义，从领导者的角度看，无论他在其他方面多么优秀，但在遇到问题时优柔寡断无所适从，就不能算是一个有智慧的领导者。拥有大智慧的人，还知道下结论前需要经过冷静的思考。所以，不会听到一点点流言蜚语就去满世界地传播，会更全面地吸收他人的想法和意见。他们虽然处事果断但又绝不贸然行事。拥有大智慧的人，更懂得山外有山楼外有楼的社会现实，所以他们不会依仗自己的聪明头脑去愚弄和欺骗别人，也不会把所有人都看成是不如自己的傻瓜，更不会自以为是不思进取。相反，他们会抓住一切机会向他人学习，通过各种途径努力提升自身的能力和素质，不断地充实和提高自己，从而实现自身的不断进步和成长。现实生活中，往往越是那些锋芒毕露的人越容易遭受重挫，越是那些爱占便宜的小聪明者越容易吃大亏。而那些拥有大智慧的人，虽然从表面上看不够机灵和敏锐，可内心更懂得轻重缓急。虽然很多时候看上去吃了亏，可是从长远看，他们得到的比失去的多。人的命运起伏如高山大海，如一年的春夏秋冬，每个季节有每个季节的风光。人的命运亦然，如果执著于登高望远，可能失去海底探险的乐趣。

■ 智慧比财富重要

有的人认为智慧重要，因为有了智慧就不愁财富。而有的人认为财富重要，因为人生离不开财富。认为智慧比财富重要的就千方百计寻求知识获得智慧。而认为财富重要的就千方百计捞取财富。说来也怪，两种认识不相同的人获得的结果与本人的愿望恰恰相反。重视智慧的人得到的智慧多，而且不吝惜个人所获得的财富，不断为社会创造财富。重视财富的人获取的财富多，特别吝惜财富，但最终落得个财富和智慧两手空空，因为缺乏诚信缺乏智慧。一个成功的企业家告诉他的孩子：一个成功的人要具备诚信与智慧两个必要条件。子问：什么是诚信呢？父回答：诚信就是明知明天要破产，今天也要把货送到客户的手上。子又问：那什么是智慧呢？父又回答：不要作出这种傻事！当然，这只是个笑话而已。生活实践证明，智慧比财富重要。其实智慧里面就包含着财富，从某种程度上说，智慧比财富更值钱。对国家来说重视创新智慧，坚持科学技术是第一生产力的思想，对个人来讲想致富先富脑。俗话讲纵有家产万贯，不如薄技在身。马丁·路德说："一个国家的繁荣，不取决于它的国库之殷实，不取决于它的城堡之坚固，也不取决于它的公共设施之华丽，而在于它的公民的文明素养，即在于人们所受的教育、人们的这种远见卓识和品德的高下。这才是真正的利害所在、真正的力量所在。"科学家、理论家有着聪明过人的智慧非常重要，但如果众人的智慧都能显著提高，发挥集体的智慧更为重要。智慧比财富更重要，智慧比财富更值钱，愿这一真理能够被更多的人认识和接受，并自觉为社会做出贡献。创造的领域要根据个人的条件和层次进行选择，选择能反映一个人的智慧。有人问杨振宁："是做大题目还是做小题目？"杨振宁回答说："大题目小题目都可以做，但应该常做小题目。大题目成功的可能性小，但得神经病的可能性却很大。"毫无疑问，这是一个智者的回答。遇到利益冲突的时候，跳出私利的圈子，清除贪婪的诱惑。在利益面前智者总是在后面，而不站在前面。把自己应得的算少，使自己心灵满足。对于不幸的人，智者除了帮助以外，还认为对他们的轻视都是侮辱的。保护自己合法的利益不损害集体利益，争取自己幸福的人生，切忌增加他人的痛苦。任何自作聪明的做法都是愚蠢的，都是和智慧的行为背道而驰的。人的一生总是和集体产生联系，处理好这些关系并取得和谐，则是人生的一门最高的艺术。处世的艺术是一个人智慧的集中体现，需要终身的修炼。

勤奋努力是敲开悟门的流石，是
遨游智慧海洋的舟船。智慧是自性
的流露，是成就伟业的基石，是安
身立命的家园。

第二章　智慧之源

一、智慧是认知的引源

智慧是一种认知能力，智慧应当是与自然、人生之道相吻合的关系方式，对人与事物本质的深刻认知及对其发展趋势的大胆利用。一叶知秋是洞察毫厘的智慧，忍辱负重是能屈能伸的智慧，当机立断是敢作敢为的智慧，难得糊涂是韬光养晦的智慧，四两拨千斤是事半功倍的智慧，未雨绸缪是防患于未然的智慧。

拥有智慧造福社会

著名的古生物学家德日进早年提出了智慧圈，著名地球化学家维尔纳茨基也对智慧圈深有阐发。值得注意的是智慧圈的新概念是由地学家们提出的。地学有特殊的认识论和方法论，较诸其他分支学科更容易出思想，自远古以来就有这个传统，而且不分中外。我国当代的地学哲学研究已经走在世界各国的前列。自然界是个无机世界，为什么要从中演化出生命和生物？更加神奇的是为什么从生物中又演化出人类和智慧？这些居然成了千古之谜。生物进化经过百余年来的精心研究现在已有相当了解，然而对于智慧的演化至今却仍然是一头雾水。为什么大自然和人类需要智慧？大脑生理学解剖发现人类大脑中还有很多尚未开发使用的脑组织和部位，这些多余的组织为什么要生长出来？在生物演化中常讲"用进废退"原理，可为什么不用、未用的也生长出来待用？"用进"的规律遇到了质疑。人类之所以成为人类，之所以有别于动物，难道只有劳动才能创造人吗？现在看来，这一立论并不深刻全面。恐怕有无智慧才是更重要的区别。看来智慧不是大自然的垄断产品，智慧实际上是人类创造的。不少动物有奇妙的技巧和本能，但不宜称之为智慧。只有人类才有智慧，才能使人类不仅学会顺应自然，而且还可以利用自然，不久还可以驾驭自然。当前人们已认识到要服从自然规律不能违背，这种认识是个进步，但比较消极被动。大自然用严酷的自然灾害及流行病残害人们，人们不能逆来顺受，要想办法主动去治它们，和大自然要和谐相处，也要对大自然控制甚至改造。智慧是大自然强大的反作用力，这些伟力在于人类不断认识并能找出办法，只有智慧才能治天、治地、治人。大自然的演化主轴已经易主，将改为智慧发展阶段。德谟克利特说，人都有对自己的认识，包括身体的、思想的、行为的认识，这就是自我意识。它还包括自我的情感、自我的意志。智慧才是根本，智慧才是源泉，只有智慧才是主动的，只有智慧才是创造的源泉。人类的文明与文化进化，是播种智慧的土地，是养育智慧的江河，是构筑智慧的基石，是创造智慧的源泉。人类智慧之所以能够获得今天这样的发展和成就，完全归功于社会化的相互作用。博爱真诚善良美好，要一代一代地传下去，下一代人获得智慧并不断地发展。具有高尚道德情操的智慧，是人类所赞美的智慧，是人类所追求的智慧。人的智慧绝不应该是自私的，人们获得智慧的目的也是为了造福于社会、造福于人类、造福于自然，为全社会的共同发展而实现自身价值。奉献自己的智慧，必须具有良好的人生观和价值观。人生的每个阶段总有得有失，三十而立，四十而不惑，五十而知天命，会给人生造成一个段落。人们在工作之前，一直向社会索取，不断地学习获得了知识，成为有用的人才后，应该回报社会，通过劳动创造为社会提供物质财富和精神财富，实现自身价值。在社会活动的协作中，能从中得到他人智慧的启迪。同样，也用自己的智慧启迪他人。这样，人类的智慧才能共同提高不断发展，这是一个人基本的合作精神。人的智慧无论有多高，必定有局限性，如果每一个人都对他人进行智慧封锁，这将是一件悲哀的事。一个人从婴儿到成长为才华出众的学者，完全得益于长辈和老师以及社会的辛勤教育与培养，个人具备了领先他人的学识，也不能进行封锁，而要靠不断进取，向社会投入传递自己的智慧，从而形成优良的智慧品行。应该说你做什么样的事情，就是什么样的人。十九世纪美国思想家、作家爱默生说过："行动是一种原料，心智用这原料塑造出绝妙的作品，这也是一个奇特的过程，在这一过程中，经验变成了思想，就像桑叶变成了软缎，这一奇异的过程从未停息过"。敏感的人能在日常的小事上悟出许多道理，但这需要经历。在经历不多、经验不够的时候，可以养成一种习惯，就是每临大事想问题，无论好事坏事，都要把前因后果想清楚。思考问题要有相反的角度。好事情想其所失，坏事情想其所得。能做到喜事不喜，坏事不哀，那就具有认识自己的能力了。这样生活就会从容、宽松、自然。当进入新阶段、新环境时，再来看原来的自己就清醒得多。所以，这是认识自己的好机会。人是社会的人，会留下不同的印象，请别人给自己提出意见，从自己以外的角度看自己，会得到许多意想不到的收获，会对认识自己起到关键的作用。凡能这样做的都是生活中的强者，庸俗的人按照命运提供给的好处来安排生活。

拥有智慧造福自然

在生物的基因中，记录了整个生物进化的过程，如果能够解读基因，就可以搞清楚生物进化的所有历史。而基因中蕴含的文化就是基因文化，基因中蕴含的生物创造自身的智慧就是基因智慧。在人类进化之中，智慧对于进化发挥着主导作用，从人类的基因中解读到基因文化和基因智慧。从生物分子中看到分子智能，从生物细胞中看到细胞智能，从生物组织中看到组织智能，从生物器官中看到器官智能。智慧和思维都是一种心理活动，都起源于人脑。近三十年来，通过割裂脑的研究发现，脑分为左右两半球。

每半球只对来自于对侧身体的刺激信息做出反应，并调节对侧身体的运动，两半球在结构和功能上都有明显的差异。结构上，右半球比左半球略大和重，各种神经分布也不平衡。功能上，左右两半球协同活动，左半球主要负责语言、阅读、书写、数学运算和逻辑推理等抽象思维，是以线性方式处理输入信息的。右半球主要负责空间关系、情绪、欣赏音乐和艺术等形象思维，是以视觉空间的非线性方式处理输入信息的。根据脑科学和心理学的研究，智慧和思维一样都起源于人脑。人脑为智慧获得和智慧发展提供了生理可能性，提供了必要的客观物质条件。产生智慧结果必然要经过思维结构的加工和处理，智慧的发展，从个体智慧发展过程看，一方面它与智慧材料获取的数量和质量密切相关，另一方面它和思维的方式方法相关性很高。所以，主体获取的知识越多，思维的越多，越聪明智慧。如果主体只收集知识，不进行思维分析过程，智慧得不到发展提高。智慧主体在获取知识过程中，按自身的思维方式、认知结构、态度和情感、动作技能等对获得的广阔信息材料进行内化和外化的思维操作过程。思维操作活动过程越频繁有效，智慧发展越快越好。我们知道，人脑是一个开放的智能结构巨系统，人的智慧是建立在这个智能结构巨系统之上的。脑科学研究证明人脑这个巨系统，具有良好的自我组织、自我进化、自我完善、自我构建、自我发展的智能。一切财富与成功皆源于健康的心理、大脑，从医学上看人的大脑是在母体怀孕十周至十八周内初步建立的。一个新生儿的大脑细胞，就像安装复杂的电子计算机元件一样，科学而有秩序地排列与连接着。人的智力基础就是脑细胞的巧妙装配与牢固联系，而装配智慧之库的材料，需要珍贵的核酸、高级蛋白质和众多的磷脂。因此说人的先天智力条件好坏，与胎儿期从母体吸取的营养有密切关系，婴儿出生后是脑发育的关键时期。两年内脑重量从出生时的三百五十克左右增至一千两百克左右，因此要保证蛋白质等营养的充分供应。人脑聪明与否决定于脑神经细胞间建立的网络规模及各种脑物质的功能状态，构成网络的接点叫突触，突触内有各种各样的脑物质。它们是记忆、思维、信息传递与贮存的物质基础，是造成人与人之间智力与体力乃至气质差异的奥秘所在。完成记忆、思维等的一万亿条神经通道，要靠三十多种"化学信使"从中搭桥。其中乙酰胆碱即是接通各种神经细胞的重要递质之一。胆碱从食物中吸收入血，随血液循环被大脑吸收利用，人体注入胆碱后，可增强健康人的短期记忆能力，这一点已被科学实验所证明。过去探索提高智力方法时，往往只强调后天训练，而忽视了形成神经网络的建筑材料，也就是平常说的营养。目前越来越多的研究结果表明，使头脑更聪明的食物是存在的。如欧美人以肉食为主擅长理论思维，性格刚强、固执。而日本人以米食为主，有较强的实际应用能力和富有创造力。这些民族的特点除与遗传基因有关外，社会环境所形成的饮食习惯不同也是重要因素。因为，脑物质的代谢与精神活动和感情变化有重要关系。大多数脑物质都是由氨基酸合成的，而氨基酸的来源是蛋白质。所以，蛋白质的摄取量在一定程度上决定着人的个性和民族性格。营养三要素是蛋白质、碳水化合物、脂肪。成年人每日需要的热量是两千五百卡，其中百分之二十用于大脑。苏联学者在研究智力劳动的能量消耗后指出，人在用脑时会大量地增加人体的能量消耗，增加有益于智力的营养还得从脑物质说起。脑物质中的5－羟色胺和儿茶酚胺等都是由必需氨基酸合成的。人体自身不能合成必需氨基酸，必须从外界蛋白质中摄取。因此，随着进食的食物质量不同，脑物质的量及其浓度也不同，脑的机能状态也不同。如大量摄取蛋白质时，体内去甲肾上腺素浓度便会增加。去甲肾上腺素与人的学习、记忆能力关系十分密切。这种脑物质分泌、传递越活跃，学习和记忆能力就越强。这也正是以肉食为主的民族注意力和耐力较强的奥秘所在。此外，去甲肾上腺素增加时人的进攻能力增强。因此，摔跤及拳击运动员都以肉食为主。维生素与脑物质及人的智力之间的密切关系也不可等闲视之。脑科学是研究人脑结构及其功能的科学，智慧是人类大脑最高层次的功能。脑科学致力于结构功能方面的研究，这是一项非常艰苦的研究工作。每天都在使用大脑，然而我们却对自己的大脑知之甚少，这样将无法使用好自己的大脑。大脑最喜欢“吃糖”。在传统的蛋白质、脂肪和碳水化合物三大营养素中，糖是大脑唯一可以利用的能源。大脑的偏食并不是它格外挑剔，而是因为只有糖能顺利透过脑屏障进入脑组织被脑细胞利用。大脑的工作效率是惊人的，而它消耗的能量也令人吃惊。只占体重百分之二的大脑，却能消耗人体百分之二十的能量，而且主要是葡萄糖。幸好我们吃的米、面等碳水化合物都可以转化为葡萄糖。糖虽是大脑的唯一能源，但却不是大脑的唯一食品。除了糖以外，大脑还喜欢"吃"蛋白质中的谷胱甘肽和脂肪中的卵磷脂。过度氧化是使脑细胞生锈衰老的元凶。而谷胱甘肽的抗氧化作用，是遏制脑细胞生锈的活性物质，能有效地提高脑细胞的活力。动物肝脏和鱼肉中含有丰富的谷胱甘肽和脑细胞所需要的其他氨基酸成分。卵磷脂在体内能释放乙酰胆碱，而乙酰胆碱是脑神经细胞之间传递信息的桥梁物质，对增强记忆力至关重要。蛋黄、黄豆中卵磷脂含量较高。大脑在利用以上营养物质的过程中，离不开维生素和某些微量元素的帮助。因为它们是大脑营养物质分解酶的激活剂。菠菜、胡萝卜等蔬菜中维生素含量比较丰富。水果属碱性食品，能消除脑力劳动时因酸性代谢物的聚积而产生的大脑疲劳。如果在食品中再佐以橘子、柚、柑、橙、柠檬之类，有利于大脑的能量代谢。俗话说：药补不如食补。对于无病的人来说，补品最好是未经加工的天然食品，并且应该根据"药物归经"和"虚则补其母"的原则加以选择。饮食与智力、健康、寿命直接相关，秦始皇因食丹药而折寿，杜甫因食腐肉而丧生，罗马帝国因王宫贵族崇尚使用铅制器皿，而饮食中含铅过多而衰亡。保健食品，食物疗法，饮食文化，几乎无人不与之结缘。因此，人们了解大脑，认识大脑，更科学地运用大脑尤为重要。认知心理学是研究人在科技活动领域中的心理活动规律与特点的一门科学。如果不了解感觉、知觉、记忆、思维和想象的活动规律，将无法从根本上提高人们的智慧。智慧教育就是让人们对习以为常司空见惯的感觉、知觉、记忆、思维和想象，进行更深入的了解和认识，建立起独特的感觉与知觉，建立起适度的记忆，建立起具有独特个性的思维和想象。

■ 拥有智慧造福人类

如果说人类进化的早期是智慧形成的进化过程，那么当这个智慧形成之后，人类的进化就进入到在智慧引导与控制下的智慧进化时期。智慧核心的进化是通过这种进化得以实现的。如果一定要给领导者的智慧分类，则可分为以下几种：一是用人的智慧。能明辨能力高下、忠奸贤愚，量才施用，无论才高八斗学富五车的高士还是鸡鸣狗盗梁上君子之徒，皆能为我所用，游刃有余。二是做人的智慧。谦逊低调能屈能伸可进可退，吃亏是福，该计较时最计较，得饶人处且饶人。上善若水厚德载物，仁信豁达广结善缘。智慧融进深沉毅力注入远见，大智乃大愚也。三是做事的智慧。始终知道目标与真正需求，计划严谨应对有方，大事认真小事糊涂。善于抓住一切机遇而快速突破困局，善于整合一切资源为我所用，善于凝聚一切人脉众志成城。四是沟通的智慧。察言观色直指其心，利害得失娓娓道来，不动声色引蛇出洞，高屋建瓴豪情万丈，山重水复柳暗花明，都是领导者处事的智慧之选。智慧虽有遗传但更需后天努力觉悟，智慧是心灵的芬芳，人获得智慧是在知识沃土上耕耘的结果。人的智慧既有先天的因素，又有后天的因素。遗传基因为人们提供了智能结构，后天努力是开发和获得智慧的关键。一个人智慧的高低与后天的努力密切相关。如果只有先天高智能结构，而不去很好地开发，就会白白地浪费，也不可能获得更高层次的智慧。人类能拥有智慧，是经过漫长的进化才得到的，现在所得的知识和智慧，是经过多少代人努力奋斗才换来的，没有理由不珍惜。智慧讲的是大脑接受外界信息后将其加工、储存又进行利用的能力。智慧的使命是让人拥有智慧，并造福于人类。人们必须对智慧高度负责，因为它具有利与害的双重性。如计算机使人们从繁重的脑力劳动中解放出来，计算机的广泛应用，使人们的生活、学习和工作发生了巨大的改变。然而，有的人却利用自己在计算机方面精湛的技艺，进行犯罪活动。所以，不但要珍惜自己的智慧，还要对自己的智慧负责。从狭义的范畴上来说，一个人的智慧属于个人所有，从广义的范畴上来说，则属于整个社会所有。因为智慧是全人类群体智慧的共同财富，如果脱离了社会，人将很难生存，智慧的发展将会受到限制。朗道是苏联非常著名的物理学家，具有很高的世界声望，是一九六二年诺贝尔物理学奖获得者。他思维敏捷，喜爱打破常规，标新立异，常常提出很有创见性的意见，创造了光辉的业绩。但是，朗道却是个争强好胜、自以为是的人。英国物理学家狄拉克提出了一个十分重要的粒子空穴概念，建立了自己的理论，朗道却给了两个字的评价："废话。"他对自己不喜欢的理论也统统称之为"病态"。伊凡宁柯本来是他最要好的伙伴，两人还联名发表过五篇论文，但后来也变成了"病态"关系。在编选朗道的论文集时，朗道不允许纳入他们合写的作品，还坚决不允许伊凡宁柯参加他的讨论会，甚至到了任何人也不许提伊凡宁柯的地步。后来，他的这种作风和心态又造成了一个巨大的失误。苏联科学家沙皮罗通过对介子衰变的研究，否定了人们一直认为正确的"宇宙守恒定律"，得出了介子衰变中的宇宙不守恒的结论。沙皮罗写成论文，把论文交给朗道的时候，朗道冷冷一笑，就把论文扔到了一边。而这之后，李政道和杨振宁却发表了具有相同结论的论文，并由此获得诺贝尔奖，这使苏联失去了这次获奖的机会。在科学史上，或者说在人类历史上，像这样的事情屡见不鲜。总是喜欢争强好胜的人，不但经常造成自己的悲剧，也常常造成别人的悲剧。说中国人聪明没人有异议，有一种说法认为世界上最聪明的人是犹太人、日本人和中国人。中国人聪明是不争的事实，因为博大精深的中华文明摆在那儿，四大发明摆在那儿。但应该看到，国内科学家至今无一人获得诺贝尔奖，连国内设置的中国科技大奖中的某些奖项也是一连几年空缺。科研和生产领域凡是先进的设备，多数是引进的。在做人的方面，有些人为了争得一己私利，竟不择手段地采用打击、诬陷以至采取政治残害等极不人道的手段。这种争强的心态是什么，所谓争，自然是跟别人争，而不是跟自己争。这种争法既短视又盲目，有的人不把时间和精力用在提高自身上，而只是瞅着别人，把对方当对手而对自己的认识就会越加模糊。长处无以发挥，短处无以了解。生活的乐趣、情趣、追求、目标就都变了。到后来连为什么活着也无法回答，这是有的人生活的悲剧，人际关系会越加紧张。如果争抢是相互的，就不但会因矛盾牵扯进许多精力，而且会造成很大的心理失落、心理压力，带来压抑的情绪，甚至病痛。本来可以很好合作的许多事情也无以成功。这种损失就很直接了。应该说，凡是自己的别人也争不了。有时，外在的结果被别人争走了，但内在的过程，过程中的经验、能力还在自己手中。别人的争不来，就是争来了，也只能是外在的，外在的就长远不了。因为争的是眼前具体的东西，过时后东西也就没了，可别人还会创造。凡事有一个过程，需要等待，过程没有结束非要结果，就违反客观规律，遭到惩罚的只能是个人。现实生活中，人们有时把要强赋予表现好的人，要强也确实是成功人的心理要素之一，应该说要强的精神是可嘉的，但细想要强也确有它负面的问题。因为要强是一种比较，在比较中显示强与弱。在比较的具体过程中容易陷入突出自己的毛病，有时会跟着比较的对象走，容易失去目标变得盲目。要强人的行为大都在眼前具体事上，容易失去长远的理念。要强人还往往不舍弃任何获胜的机会，今天领导抓这个问题，明天领导抓那个问题，他都跟着去抓，结果使目标不断转移，分散了主要精力。而领导者不可能样样精通，不可能事事都做得很好。这样，要强也就容易引出许多矛盾和冲突，造成人际关系的压力和烦恼。因此，对要强的问题要做具体分析。人生的初始阶段，青年时期争强好胜，表现了年轻人的自尊和自信，这时的要强对自身进步会起到促进的作用。但极其要强时，思想就会产生灰暗，要人有负于他，这时就容易做出一些违背做人思想、做人道德、做人标准的荒唐事来。实质上，这种要强是最大的软弱，也是最大的悲哀。

二、智慧是快乐的泉源

人的智慧是快乐的源泉，智慧越发达，人生越满足。快乐是智慧的表情，让自己快乐起来。契诃夫说："智慧是没有别的东西可以代替的快乐。"

■ 智慧创造是人生快乐的主导

人生的路也就是爬不完的山。心理学讲人格的三要素：以智慧为主导的理想主义，以道德为主导的人道主义，以意志为主导的英雄主义。其实人的成功也就在这三个主义上。理想人格可以称其为人的主体人格。理想的追求是人主导的追求，它的主要标志是事业的成功。创造性、开创性是成功的重要基础，所以才称其为以智慧为主导的理想主义。这样的成功者也都是科学和智慧的追求者。道德人格可以称其为人的基础人格，道德的完善是对人的基本要求。因此，人们对道德高尚者给予极大的关注和赞许，这也是人生成功的重要组成。道德人格的重要标志是对他人、对社会的激情。英雄人格是理想人格和道德人格的特殊闪现。人可以一瞬间做出英雄的行动，也可以通过长时间的积累，成为左右时势的英雄人物。无论是哪一种英雄，都标志着他们的成功。他们是为实践某种理想、某种道德而表现出的英雄行为，是这种理想、道德的标志和榜样。人从懂事开始就想着要成功，从小就有想干什么、想当什么的思想，在进入社会后，又想着取得更大成功。由于在人生的旅途中，在重重的困难里，付出了努力也没有得到成功，导致有些人从此不再追求，自觉地排在了成功的队列之外。不过，在绝大多数人的心里，成功的种子从来也不会死去。就是自己实现不了，也会把成功的愿望寄托在自己所希望的人的身上，人就是这样不断追求，人生的意义也就在这里。罗素说："人类最大的、最主要的欲望是权力欲和荣誉欲。"那么，成功是什么？埃及前总统萨达特说："内在的成功是一个绝对永恒的力量，不受制于任何外来的影响。恰恰相反，外部的成功是按照外界的环境和因素不断发生波动和变化的，因而它的价值从来就是相对的，外部的成功……这是我不屑一顾的，因为它缺少对自己的诚实。而且，谁相信它，谁就不会对人诚实。就永远是自己的要求、愿望和欲望的奴仆。这是我所拒绝的。"他从外在回到了自己，从外在的权力、地位、荣誉、成就等回到了内在的满足。应该说，人在没有得到外在的权力或荣誉的时候，也难以回到内在的满意。因为权力、地位、荣誉等毕竟是人的价值实现，不管这种价值是否正确。而在经过了权力和荣誉这样的高峰体验之后，也便容易了解，逝去的感情事件，无论痛苦还是欢乐，无论它们一度如何使我们激动不已，隔开久远的时间再看，都是美丽的。我们还会发现，痛苦和欢乐的差别并不像当初想象的那么大。欢乐的回忆夹着忧伤，痛苦的追念掺着甜蜜，两者都同样令人惆怅。这是说当痛苦已经揉进心灵，变成灵魂一部分的时候，它便可以转化为财富，变成欢乐和甜润的幸福观中。发现工作创造成就，这是幸福。尼采说："唯一的幸福在于创造。"智慧是创造发明的能力，是攀登科学高峰的能力，顶尖能力是天才才有的。

■ 智慧培育是人生快乐的创造

智慧是一个人思维能力的综合体现。这种能力潜在于人的大脑中，如不挖掘培养它，就会逐渐降低直至消失殆尽。同时，一个思维清晰充满智慧的人，是人们日常追求的理想境界。不仅可以提高人生质量，还可以提高人生品位，让人们快乐幸福地生活着。所以培养一个人的智慧具有重要的意义。培养智慧，可以让我们在解决现实问题时具有敏捷性、深刻性、广阔性、灵活性、策略性、多元性、成熟性。在美国西雅图的一所著名教堂里，有一位德高望重的牧师戴尔·泰勒，他向教会的学生们先讲了个故事：那年冬天，猎人带着猎狗去打猎。猎人一枪击中了一只兔子的后腿，受伤的兔子拼命地逃生，猎狗在其后穷追不舍。可是追了一阵子，兔子跑得越来越远了。猎狗知道实在是追不上了，只好悻悻地回到猎人身边。猎人气急败坏地说："你真没用，连一只受伤的兔子都追不到！"猎狗听了很不服气地辩解道：我已经尽力而为了呀！再说兔子带着枪伤成功地逃生回家了，兄弟们都围过来惊讶地问它："那只猎狗很凶呀，你又带了伤，是怎么甩掉它的呢？"兔子说："它是尽力而为，我是竭尽全力呀！它没追上我，最多挨一顿骂，而我若不竭尽全力地跑，可就没命了呀！"泰勒牧师讲完故事之后，又向全班郑重其事地承诺：谁要是能背出《圣经·马太福音》中第五章到第七章的全部内容，他就邀请谁去西雅图的"太空针"高塔餐厅参加免费聚餐会。《圣经·马太福音》中第五章到第七章的全部内容有几万字，而且不押韵，要背诵其全文无疑有相当大的难度。尽管参加免费聚餐会是许多学生梦寐以求的事情，但是几乎所有的人都浅尝辄止、望而却步了。几天后，班中一个十一岁的男孩，胸有成竹地站在泰勒牧师的面前，从头到尾按要求背诵下来，竟然一字不漏，没出一点差错，而且到了最后，简直成了声情并茂的朗诵。泰勒牧师比别人更清楚，就是在成年的信徒中，能背诵这些篇幅的人也是罕见的，何况是一个孩子。泰勒牧师在赞叹男孩惊人记忆力的同时，不禁好奇地问："你为什么能背下这么长的文字呢？"这个男孩不假思索地回答道："我竭尽全力。"十六年后，这个男孩成了世界著名软件公司的老板，他就是比尔·盖茨。泰勒牧师讲的故事和比尔·盖茨的成功背诵对人很有启示：每个人都有极大的潜能。谁要想出类拔萃、创造奇迹，仅仅做到尽力而为还远远不够，必须竭尽全力才行。然而事物是发展的，如果大多数人都会就成了普通能力了。当然这一天的到来还有相当长的时间，目前还只是起步。现在进入了高科技时代，科技知识普及到了千家万户。革新、创新已经相当发展，不论农业、工业，谁创新谁先富的客观现实，推动着人们开发智慧。竞争中谁的智慧高就站住脚，谁差就被挤下，逼着人们多智多慧。

■ 人人智慧是人生快乐的追求

智慧学科的广泛推广，为人人智慧提供了理论依据和开发的思路，加上文化水平的普遍提高，科技意识的增强，特别是当人们认识到落后就要挨打，愚昧就没有出路的道理后，一个人人智慧的浪潮必将席卷神州扩展全球。智慧可以兴邦，智慧可以兴盛，智慧可以提高人的素质和水平。人人智慧科技兴，社会文明、国家富强、人民幸福就会实现。人的能力和一切客观能力一样，用就发挥作用，不用就不起作用。有多大的能力主观反映不出来，只有通过工作对象才能表现出来。体力有多大是通过挑、提、举、握的客观实物表现出来，技巧力是通过技巧表演表现出来。一位哲学家解释得更为清楚，他说："幸福永远同创造性的劳动联系在一起。在拍卖行里，亿万富翁可以出三千万美金买凡高的一幅画，但买不到凡高当年在构思、创作并最后完成这幅伟大作品时的激动心情和创作过程的快感、幸福感。你看，上帝毕竟是公平的。这一公平对穷困的艺术家当是一大安慰。"这种把工作、创造以及成就作为幸福的幸福观，可以说是理想主义的幸福观。只要是他们在工作、在创造，他们就已经获得了幸福。有种幸福观是人道主义，以爱为幸福的主要特征，像给婴儿洗澡的母亲，就是这种幸福观的写照。持这种幸福观的人更为实际。他们爱别人，从别人那儿得到爱，只要有爱，心里便有美的洋溢。还有种幸福观是英雄主义，以忘我奉献为主要特征。一位志愿军排长在上甘岭战役中与副排长约好，不管谁在战场上牺牲，都要负责抚养对方的父母。而在这次战役里，副排长在炸掉敌人的一个暗堡时，身中七颗子弹英勇牺牲。从此，这位排长开始履行他们约定好的义务。在朝鲜战争结束后，排长已经提升为营长，他转业后来到了战友的家乡。与战友的妹妹结了婚，抚养起战友的老人，还有弟弟、妹妹。当老人去世以后，最小的妹妹结婚时，他已经是五十多岁的人了。这是一个令人激动的故事，他幸福吗？不同的人有不同的回答。不管是悲剧、喜剧，都一律把这作为幸福收在心里。在战场上他是英雄，在平凡的生活里也还是英雄！德国哲学家叔本华说："拥有足够内在财富的人，他向外界的寻找也就很少，甚至一无所求，这种人是何等的幸福啊！"这也告诉我们，幸福是人自己创造的，也只能由人自己来体味来获取。同样的生活，同样的工作，同样的创造，有的人乐观、幸福，有的人则很难享到这种福分。外在的东西总是变化的，没有一定的标准，内在的精神却可以有个自我的确定，由自己来体会享受。泥泞的路才能留下脚印。鉴真和尚刚刚剃度遁入空门时，寺里的住持让他做了寺里谁都不愿做的行脚僧。有一天日已三竿，鉴真依旧大睡不起。住持很奇怪，推开鉴真的房门，见床边堆了一大堆破破烂烂的草鞋。住持叫醒鉴真问："你今天不外出化缘，堆这么一堆破草鞋做什么？"鉴真打了个哈欠说："别人一年一双草鞋都穿不破，我刚剃度一年多，就穿烂了这么多的鞋子，我是不是该为庙里节省些鞋子？"住持一听明白了，微微一笑地说："昨天夜里落了一场雨，你随我到寺前的路上走走看看吧。"寺前是一座黄土坡，由于刚下过雨，路面泥泞不堪。住持拍着鉴真的肩膀说："你昨天是否在这条路上走过？"鉴真说："当然。"住持问："你能找到自己的脚印吗？"鉴真十分不解地说："昨天这路又坦又硬，小僧哪能找到自己的脚印？"住持又笑笑说："今天我俩在这路上走一遭，你能找到你的脚印吗？"鉴真说："当然能了。"住持听了，微笑着拍着鉴真的肩说："泥泞的路才能留下脚印。"这个故事给我们留下沉思和深思。该做的事就马上去做，千万不能一拖再拖。很多时候都需要我们严格掌握时效性，绝不能拖延到明天，以免付出更多的代价。

■ 减少欲望是通向快乐的捷径

人一出生就面临个人利益问题，如果有两个孩子需要同时吃母亲的奶，两个孩子是要去抢奶吃的，这是本性和天性。在人进入社会能自立后，也有自己的利益，无论从生存的需要，还是成长发展的需求，都需要利益的保证。实际问题是，自利和自私并不是一回事，人为了在社会中获取利益，就必须向社会贡献自己，这是互惠的。只要利益而不付出就叫自私。自私就违背了社会生存的法则，违背了公众的利益。自私既背理又背众。所以，自私的人和自私的行为从来难以获得根本性的收获。恩格斯说："当一个人专为自己打算的时候，他追求幸福的欲望只有在非常罕见的情况下才能得到满足，而且决不是对己对人都有利。"德国哲学家叔本华说："欲望是经久不息的，需求可以至于无穷，而所得的满足却是短暂的，分量也扣得很紧。何况这种最后的满足，本身甚至也是假的，事实上这个满足了的欲望立即让位于一个新的愿望。前者是一个已经认识到的错误，后者是一个还没有认识到的错误。"他得出的结论是，痛苦就成了具有自我意识的人的一种无法逃脱的命运。自然，他的结论是错误的，不能认为生命就是痛苦，但从他的话里，却可以悟出应该认识到的道理。不管什么事情，都有舍有取。人生也是这样，不可能什么都要，什么也丢不得，什么也不想丢，就会什么也得不到。艺术是遗憾的艺术，人生也是遗憾的人生，不想遗憾就什么都遗憾。应该说，人有欲望是正常现象，问题不在于有没有欲望，而在于有什么样的欲望，在于怎样去实现这些欲望。减少欲望是通向富裕的捷径。享受的欲望会变成纵欲的追求，纵欲的追求会导致极端的个人主义，而个人主义是找不到出路的，它只能是一种对社会群体和群体利益的无助的摆脱，最后落入自己挖掘的陷阱。懂得收缩欲望保留遗憾才能活得明白。人在小的时候会有各种爱好，到青年时期会放弃几种爱好，到后来爱好越来越少，人也就成长起来。不能不舍弃，不能不集中精力做非常需要或者乐于投入的事情。所以，欲望不可过多，欲望多了就什么也实现不了。任何事情都有一个度，凡是过度的都会适得其反，欲望也是这样。爱因斯坦说："我们不能用产生问题的同一思维水平来解决问题。"也就是说，在一个水平上不能解决问题时，必须突破这一思维水平的限制，寻找另外的思考方式。当今世界科学文化技术知识不断飞跃发展，一日千里，使人应接不暇。可国与国、种族与种族因经济上的差异、权利上的冲突和思想意识形态文化之间的不同，形成大大小小的战争。这些战争在先进科学技术支持下，可以将繁华的城市变为废墟，使无辜的妇女儿童和善良的平民炸得血肉横飞，千百万家庭流离失所饥寒交迫，在死亡线上挣扎。现在世界各国拥有的原子弹、氢弹等如果都用在相互仇杀的战争之中，便可以毁掉地球灭绝人类。"战争解决一切问题"的错误指导是立不住的。目前人类思想文化的潮流，主要是要求和平反对战争。孔子"和为贵"、"推己及人"的思想，对于解决国家、民族之间的争端，应当说优于用战争解决一切问题的思想方法。孔子是从人的思想认识深处，促进人们自觉地解决人类的纠纷，而不是用暴力伤害他人的方法去强迫他人服从。如果把注意力完全集中于信息管理上，将永远无法进入知识世界。如果把注意力完全集中于知识构建上，将永远无法获得真正的智慧。自然世界和知识世界不是所能控制和征服的东西，但可以通过深入理解其中的复杂现象，解开其中的秘密。在知识的海洋中，寻找自己需要的知识，采集对自己发展有用的知识，组织起所需要的知识模式，创造出未来的知识工具与知识智慧。现实中团队智力大大超过个人智力，能够掌握更多的知识。现在的工作方式，正由以个体为单位的方式，向团队或工作组的工作方式转化。协作是创造新知识的最好方法，现代管理中，传统的管理知识、管理方法已经落后，要想成为一个时代的强者，就必须更新整合知识，在常规的学习中将新学习的知识与已经掌握的知识进行比较。将已经掌握的知识与新学习的知识，进行逆向比较，并以新的概念和观念来替代旧的概念和观念，人们才能进行知识进化、知识更新，进行智慧进化、智慧更新。什么是真正的成功？成功意味着什么？人是精神的、思想的动物。许多得到外在成功的人，又总想得到内在的成功，获得自己生活的意义和情趣。华盛顿说："我将在平静的哲学光辉中，用安详的心情注视着忙忙碌碌的世界。这些是追逐荣誉的军人和热衷名望的政客们所无法享受到的。"他超然于物外，享受着内心。其实，如果我们真的能够懂得内在的、心理的成功，也就找到了真正的成功的途径。人能够做他所做的，但不能要他所要的。在成功的过程中，考虑的是能做什么，而不是做了什么。衡量成功不是看你做了什么，而是你能做什么。在获得了成果的时候，不要在意外在的结果，而要看是否尽可能的努力。这样，就做了自己想做的事情，做了自己能做的事情，追求努力了就得到内在的成功，就也一定会同时获得外在的成功。

三、智慧是勤奋的起源

有志者事竟成，成功永远属于那些勇于奋斗的人，不是一番寒彻骨，怎得梅花扑鼻香，敢于探索是成功的开始，这类智慧之宝的箴言，将引导人生走向辉煌。

■智慧来自勤奋

智慧不仅在于能洞察眼前的事物，也在于能预见未来的事物。一段唤醒去奋斗的人生哲理，能唤起永不言败的斗志。智慧的火花稍纵即逝，它是生命中的无价之宝。在人的一生中曾经拥有无数个绝妙的想法，它是在日常工作、生活、学习和思考中铸造的智慧结晶，它像天上的流星，只是一闪而过的智慧光芒稍纵即逝。它的价值甚至能够改变人的一生，改变一个国家的命运。改革开放前，谁要搞经济建设就是走资本主义，谁要致富发财就是挖社会主义的墙脚。那时国家一贫如洗。今天终于明白了，国家富强了不能缺少观念的力量。大多数人认为自己很平庸，不可能干出一番惊天动地的大事，随波逐流，慢慢地消磨着大好的青春时光。影响智慧的兴旺与衰败，应当有多维多元的函变量。假设我们把"塔结构"视为智慧的酵母，这酵母应该在怎样适宜的环境里才能充分发酵呢？重视后天的学习和实践。有些人先天的智力条件很好。"早慧"表现得很突出，如我国唐朝的王勃十岁能赋诗、明末的夏完淳九岁善诗文等。但他们如果不重视后天的学习和实践，同样也会出现"老大徒伤悲"的情景。我国北宋时期的方仲永，少年时期显示出了超人之才，但到了青年就泯然了。德国近代哲学史上的费尔巴哈，在同资产阶级哲学家辩论基督教本质的时候，也曾显示出了超人的天才，但他后来由于隐居乡村，也同样泯然了。古人说："赤子生而幽闭之，不接习于人间，壮而出之，不辨牛马矣。"意思是说，一个人与世隔绝，不接触实践生活，连牛马都会认不出来。没有在实践中汲取到丰富知识，没有实践机会，自然就不可能产生智慧。促使智慧兴旺起来，关键之一就是要正确认清自己的智力优势。人的基本智力有七项：语言、音乐、逻辑、数学、知己、知人、空间形象。对多数学生来说，在学校里接受较多的智力考察只有两项，即语言和数学。而一个人同时拥有七项智力优势，绝无这种可能，但一无优势的除痴呆者外也不可能。相当多的人在适宜的智力运动场所会变得头脑敏锐，创造力很强，而在不适宜的智力运动场所变得头脑迟钝，毫无创造力。这种智力运动的畸变，往往会制造出爆冷成才的现象。有的爆冷成才的现象，甚至能在学校要求教学的基础知识，掌握得很不全面、很不扎实的情况下令人瞠目结舌地出现。智慧的兴衰与智力因素有密切关系，但智慧的放大与缩小程度，却是由非智力因素的点击所决定。非智力因素中的情感和意志，其作用人们的认识比较统一，而对气质和性格，多数人不以为然。不同气质和性格的人都可能成才，都可能富有智慧。气质反映出智力活动的方式，性格则决定着智力活动的方向。楚汉相争，刘邦项羽争夺天下，刘邦依靠智慧总量上压倒对方而最后取胜，不能不说是他气质和性格上的优势使然。还有"诸葛亮三气周瑜"，也很能够说明气质和性格是影响智慧产出的一大变数。无论做大事或是小事，都是从一个想法开始的，如果觉得什么都不可能，把困难设想的太多，就会束缚自己的手脚。美国少年斯克劳斯受母亲的影响自小就喜欢时装，他的母亲是个小裁缝。尽管家境贫寒，但阻止不了斯克劳斯要做一名出色的时装设计师的想法。斯克劳斯常常将母亲裁剪后的布角偷来，东拼西凑地做成各种各样的小人衣服。由于母亲的布角有限，并且那些布角都是要用来做鞋垫的，斯克劳斯总是遭到父亲的责备。斯克劳斯感到自己的创作欲望得不到满足，有一天将父亲从自家凉棚上撤下来的废棚布，制成了一件衣服，这种粗布在当时是专门用于盖棚的。斯克劳斯穿着自己做的衣服走在大街上，很多人都说他是疯子，母亲也觉得斯克劳斯太过分了。斯克劳斯的母亲见儿子沉迷于服装设计，便鼓励儿子去向时装大师戴维斯请教，她希望儿子能成为像戴维斯一样成功的时装设计师。那一年斯克劳斯十八岁，带着自己设计的粗布衣来到了戴维斯的时装设计公司。当戴维斯的弟子们看到斯克劳斯设计的衣服时，忍不住哄堂大笑，他们从来没有看到过如此粗俗的衣服。可戴维斯却将斯克劳斯留了下来，在他的鼓励与帮助下，斯克劳斯设计出了大量的粗布衣。可是没有人感兴趣，衣服大量积压在仓库里，后来连戴维斯都对自己收留斯克劳斯的决定产生了怀疑。但斯克劳斯很固执，坚信自己的衣服会受到人们的欢迎，于是试着将那些粗布衣服运往非洲，销给那里的劳工们。由于那种粗布价格低廉、耐磨，很受劳工们的欢迎，衣服很快销售一空。斯克劳斯又将那些粗布衣服做成适合旅行者穿的款式，居然又很受旅行爱好者的欢迎。斯克劳斯又设计出了许多种款式，人们惊奇地发现，那种衣服穿在身上不但随意，还有一种特别的风味，且不分季节、年龄，什么人都可以穿，一时间都争着穿起了粗布衣。如今那种衣服已风靡了全球，这就是以斯克劳斯与戴维斯为品牌的牛仔服。一个人只要认为所做的事是正确的就大胆地去做，哪怕梦想只是一件粗布衣，只要坚持下去，粗布衣也可以成为漂亮的时装。一个人的大智大勇，是从点滴的积累开始的，如果不注意这种积累，那么一生中的所有智慧珍宝，就会付之东流。挖掘那些隐藏在潜意识中的深层智慧，这就是人的潜意识智慧。这一类智慧处于潜意识层，需要经过长时期的酝酿、提炼，才能使之渐渐地形成，它们隐藏在潜意识层，平时无法感受到存在。当智慧发展到一定层次，有了丰富的积累，并以一种忘我意志，经过长期探索与思考，在某一特殊时刻，才能激发出这一类智慧，这就是我们平时说的灵感。

■ 勤奋创造智慧

知识是靠努力思考获得的，而智慧不是靠努力记忆才能获得。梭罗说，只有当我们完全忘掉所学过的东西时，才会开始真正地拥有知识。为了认识一个事物，必须走近它，就像走近某个完全陌生的事物一样。梭罗建议，读书首先要读好书，不过你们根本来不及读完这些书。塞内加告诫读者注意，不要因阅读许多作家的作品及各式各样的书籍而造成认识上的模糊和混乱。应当以那些无可置疑的杰出作家来培养自己的智慧。多余的阅读会分散脑力，使人放弃独立的工作。叔本华说得更加干脆，坏书不仅无用，而且有害。要智读万卷书。笛卡尔说：阅读好书就像跟过去那些写书的、非常杰出的人物谈话；确实，就像是一次精心准备的谈话，那些在谈话中向我们表露的是他们最好的思想。读书要有选择，与自己的修养、事业和奋斗目标有紧密关系的书就多读，否则就少读、不读。在定位的基础上，好书就多读，否则就少读、不读。读书要有窍门，只有极少的书需要从头到尾读，绝大部分的书可以只读重点、读目录，甚至读题目。书中只有极少的内容需要一字不差地背下来，绝大部分内容只需要知道个大体意思就行了。读书要有目的，读书的目的是为了认识世界，而认识世界的目的是为了改造世界。不为读书而读书，不搞读书主义。读书能够认识世界，而认识世界不完全靠读书，还要靠在实践中去感觉去直觉去体悟。书能给先进的东西，也能给落后的东西，能给正确的东西，也能给错误的东西。为了正确地认识世界，需要站在书上读书，而不能钻进书里读书。要有一个明确而又崇高的学习目的，成功的学习需要持续不断的坚持，需要百折不挠的恒心，需要不达目的绝不罢休的意志。缺乏坚持不懈的顽强毅力作保证，任何学习都将会半途而废。方法科学是成功学习的捷径，学习必须讲究科学的方法，成功的学习常常是勤奋刻苦与科学方法的结合，方法对事半功倍，方法错事倍功半。对于领导者来说，掌握科学的学习方法很多，但最重要的是要掌握两类：一类是系统学习法，即整体学习法、结构框架学习法或内在联系学习法。实质是要求从所学知识的整体结构上、内在联系上把握知识的根本和纲要。一类是重点选择学习法，即目的价值学习法、选择取舍学习法、聚焦专一学习法。就是根据所学知识本身的价值和自己的实际需要，有选择、有目的、有重点地去学习。成功的大道即成功者应遵循的大道理、大原则、大准绳或大规矩。做个智慧的人，要有思考能力，要有分清事情的轻重缓急并妥当处理的能力。不能事事干处处干，否则会一败涂地。有这样一件事，一位著名的物理学家走进实验室，看到一个研究生正辛勤地在实验台前工作。两个人有一番对话。物理学家关心地问：这么晚了，你在做什么？学生回答：我在工作。你白天做什么了？我也在工作。你整天都在工作吗？是的，教授。可我很好奇，你用什么时间来思考呢？这段对话不说自明，由此可以看出善于分析自己的工作时间，才能创造出效率来。不要让自己陷入忙碌的陷阱中，忙碌让人在无尽的忙乱中耗去宝贵的时间。华盛顿国会图书馆，天花板上悬挂着著名诗人波普的一句话：秩序，是天国的第一条法则。一个人不可能总按事情的重要程度，来决定做事的先后次序。可是按计划做事，绝对要比随兴致去做事好得多。漂流在荒岛上的鲁宾逊，也订出每一个钟点应该做些什么事的计划。所以，人要用心体会人生的智慧，道家的思想是一门有意思的学问，它包括了所有人际关系、心理辅导的人生态度，尤其是无为无不为的原始含义，对于一切运行的承接与包容。不能这山看着那山高，不务实际，异想天开。有一个故事，说的是一个人在教堂里祈祷，他觉得做上帝真好，受到那么多人的喜欢，而且权力很大，因为每个人都要向他祈求点什么。他想如果我是上帝，那该多好呀！上帝听到后就来到教堂对他说：好呀，请你做几天我所做的事，我去守门，但你坐在天上聆听时，必须不能出声。守门人非常高兴，心想不说话太容易了。一个有钱人进到教堂说：上帝呀，我捐献一笔钱，希望保佑我将来赚更多的钱。他向捐献箱内投入了钱之后离开了，但他遗落下了一包钱，守门人想告诉他，想起自己不能说话只好忍住。第二个人进教堂对上帝说：上帝啊，我家很穷，一大家子人等着吃饭，求你帮助我吧。这时，他发现了捐献箱旁有一包钱，他忙向上帝感谢，拿走了这包钱。守门人很着急，想要告诉他这钱不是上帝给的，是别人丢在那儿的。但是他不能说话，只好紧闭着嘴巴。第三个人是个海员，他就要登船了，特来求上帝保佑他行船安全。这时，第一个富人回到了教堂找钱，看到这个海员认为一定是他把钱拿走的。海员觉得莫名其妙，两个人就争了起来。守门人很生气，就问在地上当守门人的上帝为何不发一言？他觉得一定要主持公道，就下来对富人说：你弄错了，海员没有拿你的钱，而是那个穷人。上帝这时开口说话了：你不是许诺要不做声的吗？守门人辩驳说：我不能再不说话了！我这是在主持正义！上帝说：你认为这就是正义？让我告诉你，什么是正义吧。这包钱原本是这个富人要拿去嫖妓的，而那个穷人不但用这笔钱喂饱了一家人，而且还帮助了其他的人。而海员的船因为暴风雨沉了，海员因争论误了船期，反而保住了性命。你告诉我什么叫做正义呢？什么又叫做生活的公平、生命的正义呢？美国哲学家弗罗姆说："虽然人类创造出许多力量，征服了大自然，但却不能自己控制这些力量。人类运用智慧创造了许多科学的发明，但另一方面却又无理智地受到这些发明的苦。"人制造了工具，却受到工具的役使。人创造了财富，却受到财富的支配。辩证法就是如此。而在这种役使和支配之中，人们的精神也受到了压抑和约束，这也便引出孤独。如果从人的深层意识分析，孤独还有更为深刻的原因，是人的自我意识的分离。在人的意识中是区分自我与非我的，即主体与客体。正因为有了这种区分，在人独立地面对外在世界的时候就意识到，是自己独立地承担着一切事件、风险、后果和责任。在这种意识状态之中，面对如此宏大的世界，如此复杂的社会，就必然会产生孤独感。有一个猎人从松林里捉到了一只小松鼠抱回家，装在一个玻璃缸里逗乐。第二天开门出来，头顶上纷纷有松果、小棍棒砸在了他的头上，地上也拉了满地的屎。他抬头看去，远近的枝头和草地里有无数的松鼠在向他吼叫。他明白了这是它们在向他抗议，要他归还被囚禁的小松鼠。他被震慑了，急忙回屋搬出了玻璃缸，将小松鼠放了。松鼠们这才全部撤走了。一鼠有难而万鼠支援，弱小动物们凭群体的力量竟能战胜人类的猎手，其情商、智商之高简直不可思议，它们的行动足令我们刮目相看。假如一个人独自到达宇宙中，看见群星的美丽，他并不能感到快乐，他总想找一个人述说所见的奇景才能快乐。

四、智慧是幸福的原源

人人都想过美好幸福的生活，都想领略生活中的无穷妙趣。幸福生活需要有智慧之光的指引才能得到。费尔巴哈说："所有一切属于生活的东西都属于幸福。因为生活（自然是无匮乏的生活，健康的和正常的生活）和幸福原来就是一个东西。"哲学智慧能提供理解人生的新思路或新视角。倘若没有哲学的智慧，也就没有人能够有幸福的生活。

■ 幸福生活需要智慧之光

哲学智慧是人们的寓所，在这样的寓所之中才能得到幸福的生活，才能欢享真正的自由，在这样的寓所中，才能自由自在无拘无束。智慧的特征是喜悦、欢乐、幸福、愉悦。这种深沉而平静的喜悦是智慧所结的首要果实。苏格拉底在当时被认为是最有智慧的人。于是有人去特尔斐神庙求神谕，询问是不是有比苏格拉底更聪明的人。传达神谕的女祭司回答说：苏格拉底确实是最聪明的人，没有再比苏格拉底更聪明的人了。此神谕传到苏格拉底耳中，他感到大惑不解，为了证明神谕是错的，他走访了不少自认为是很有智慧的人。结果他发现这些人都有某些方面的知识，但是他们却犯了一个共同的错误，就是以为自己有了某一方面的知识，便就以为自己是无所不知、无所不能的。他认识到和这些人的区别在于，他意识到自己是无知的，而那些人却不承认自己是无知的。于是苏格拉底从中悟出了神谕的真正意义在于告诉他：神不是真的说他最有智慧，而只是用他的名字做例子，仿佛对我们说，人们中最具智慧的就是像苏格拉底那样，认识到在智慧方面实际上是不足道的。人只有承认自己是无知的，才能发掘自己的理性能力向智慧过渡，从无知变成有知。在柏拉图的《斐德罗篇》中，苏格拉底说：我认为智慧这个词太大了，它只适合于神；但爱智这个词倒适合于人，并认为爱智是人的自然倾向。可见，追求智慧应该是人的本性。人都应该有追求智慧的渴望和激情。人具有追求智慧的本性和激情。人人都在追求幸福美好的生活，而智慧是指导人们过上美好生活的艺术，所以智慧内在于人，智慧的外在表现形式是知识。人追求这种智慧就是从无限超越的视角来关注自身的生活。"不识庐山真面目，只缘身在此山中"。我们身处此世此时，不可能对自身所处的世界有全面深入的了解。要解决这个问题，就必须脱离自身的狭隘性，学会从超越的视角关照现实世界。哲学源于生活，生活是哲学的源泉，这个视角或观点就是哲学所追求的智慧。智慧究其实质就是庄子所说的道。道既是日月星辰、山川大地、花草树木、人类与社会的本源，又是关照万事万物的一种超越和无限的视角。《庄子》一书的《秋水篇》，其中有"以道观之"和"以物观之"的说法。"以道观之，物无贵贱。以物观之，自贵而相贱。"这是说，从"道"的观点来看，万物之间是没有什么贵贱之别的，但如果从"物"的观点来看则不一样，物总是认为自己是贵的，别的物是贱的。"以物观之"说的就是人的智慧，"以物观之"得到的知识是思想冲突产生的原因。如像儒家和墨家之间的争论，都以为自己是对的，对方是错的，"以是其所非而非其所是，欲是其所非而非其所是"。以自己的观点来否定别人的观点。比如我与你辩论，你胜了我或者我胜了你，你一定是对的我一定是错的吗？或者说我一定是对的你一定是错的吗？在这样的情况下，即使请第三者来也无法判定谁是谁非。这真是"此亦一是非，彼亦一是非"。那么究竟是谁对谁错呢？有没有一个统一的标准呢？庄子认为站在"以物观之"的立场是找不到这样的标准的。他指出，在这样的立场上标准不但找不到，而且只能使是非纷然杂陈，使人莫衷一是，甚至最后连人究竟是在做梦还是醒着也在疑问之中。我们不要斤斤于人所具有的小的智能，应该痛下决心抛弃"以物观之"的视角，另找出路。出路何在？庄子的答案是采纳"以道观之"的视野。现在的问题就是究竟什么是道。庄子认为道不是思辨的对象，也不是语言所能把握到的，当然更不是感觉的对象。这就告诉我们，不能说"道"是什么。说道是什么有点像苏格拉底在与人讨论问题的味道，我们说道不是什么，说它是什么，那么也就意味着道肯定又不是什么。所以说道是什么是从以物观之的角度提出的问题，这在庄子看来是小知。道不可言说，却能够为人所体会或领悟。庄子所说的道不但是形而上，而且也是形而下，是无所不在，存在于万事万物之中。道既是物质的也是精神的，既是万物的根源，当然也是人的本源。人的伟大是由于有思想有智慧，而人的思想和智慧按照庄子的观点来看显然是源于宇宙的最高存在，是人得道之精华而成的。庄子主张要以道观之，就是要从道或智慧的角度来关照万物，那么这个世界的事物就会呈现出不同的意义和价值。以道观之就能齐生死，万物不足以扰乱其心。当生活中感觉到苦楚山重水复疑无路时，应该乞求哲学的智慧有足够的能量，顿感柳暗花明又一村。

■ 幸福生活需要智慧之策

　　智慧的寓所谁都可以进入，只要具有哲学的洞见和慧根。智慧渗透于哲学的洞见之中，人具有追求智慧的自然倾向，智慧是属于人类的财富，如果人类没有追求智慧的无穷激情，世界就不可能繁衍生息至今。智慧是人类历史发展的源头活水。回首历史体悟人生，富贵贫贱兴败存亡，悖逆劣子孝子顺孙，忠臣良将，朋党奸臣，大千世界，情与无情。诸法缘生，因果循环，性空缘起，缘起性空。天下一致而百虑，殊途而同归。知识认识是打开智慧之门的钥匙，精神力量是把握刹那灵光的闪烁，培育无住生心的摇篮。勤奋努力是敲开悟门的流石，遨游智慧海洋的舟船。智慧是自性的流露，是成就伟业的基石，安身立命的家园。可以通过知识而接近于智慧，知识是追求智慧过程中的阶段性的产品。要学会运用耳朵去听，敞开胸怀用心灵、用整个生命去感受和探索。智慧就是一条道路，是一条既在我们面前无穷地绵延，也在我们身后无尽地伸展的道路。赛力曼通过调查发现，悲观的人和乐观的人对事物的解释方式不同，往往出了差错时，悲观者倾向于责备自己，乐观的人则会寻找事情的漏洞发火或抱怨别人。如果成功悲观者觉得侥幸，乐观者则归于自己的努力。实际上两种人对生活所抱的态度也不相同，乐观的人是向前的，不在意已过的事，悲观的人在意发生的事，计较成败的得失。由此，他们的生活质量也就不同，乐观者重在所得收获生活，悲观者重在所失放弃执著。乐观者向前走，悲观者向后看，乐观者给自己和别人带来的是愉快，悲观者给自己和别人带来的是烦恼。不同的心态会产生不同的收效。有一个人被派到非洲去卖鞋，到了那儿很失望，写了一封信给公司老板说："老板，你要失望了，因为这里的人不穿鞋，我想我们的鞋会卖不动的。"老板又派另一个人去考察，那个人去了非常兴奋，也写了一封信给公司老板说："老板，你要开心了，因为这里的人大多没鞋穿，我想我们的鞋的市场会很大。"这个故事常常被用来鼓励人们要用积极的态度来生活。人总是在社会中生活的，也总要在社会中获得自身的价值和幸福，人要从自己出发，向外拓展，然后再回到自己。这时人才真正地找到心的归宿，也才得到了属于自己的心境的情趣。今天许多人产生了强烈的回归自然的意愿，在城市的人们向往着田园风景，可以称为恋祖情结，就是说人要回归到最初的生活，这是人的自然情结和对清纯的向往，也是人们恋而不舍的情思对精神家园的回归。在现实生活中，人们对精神的追寻分为两种：一种是宗教信仰。它教人活着的时候做事，死了就可以去天国，去美好的地方。这样他就有了希望和寄托，死后的归依是他精神的支撑，去天国的愿望成为精神的归宿。法国启蒙思想家伏尔泰说："如果有一个世外桃源。它要想太平无事，就必须有一种宗教。我要让我的律师、裁缝和我老婆都信奉上帝，这样我就会少受些骗，少上些当。如果上帝并不存在，也必须创造一个。"这就是宗教的最为一般的作用。另一种是理想。理想不同于宗教，希望不在天堂而在地上。从古希腊柏拉图的理想国，到康有为的大同书，到空想社会主义以及科学共产主义。不管是道德理想，还是政治理想，都成了许多人的精神追求和寄托。英国元帅蒙哥马利说过："一个国家之所以被称为'二流强国'，并不是由于它缺少原子弹或者大量的军队，而是由于它缺乏远大的理想。远大的理想比大量的军队更具有生命力。"从现实生活看，理想已经成为国家、民族以及群体和个人最主要的精神力量。理想的凝聚力是无以匹敌的，许多人都把一生献给了真理的追求，甚至献出生命。拿破仑讲：胜利属于最不屈不挠的人。人们把事业作为追求理想和真理的实现方式。我国京剧表演艺术家关肃霜说："一个人必须对自己的专业热爱。有瘾，入迷，如醉如痴，否则，不会有什么成就。"这如醉如痴的热爱便有自在的精神追寻。荷兰画家梵高一幅画已经卖到几千万美元，可他活着时，一幅画连一餐饭钱也换不回，一生穷困潦倒，经常挨饿，终至精神失常，在三十七岁时开枪自杀了。梵高的家庭是当时欧洲最大的画商，几乎控制着全欧洲的美术市场。作为一名画家有得天独厚的条件，完全可以像平庸画家迎合时尚以谋利，但他不屑于这么做。他说，做艺术家并不意味着卖好价钱，而是要去发现一个未被发现的全新的世界，一个万物在阳光中按照同一节奏舞蹈的世界。应该说，人的家园就在精神上，就在情感里，就在生活的每一天中。因为，人既是现实的又是理想的，既是历史的又是终极的。人总是用理想超越现实，用历史逼近终极。现实与理想之间，历史与终极之间的张力，便是人的精神家园。也正是因为人类有这样一种广阔的精神空间，才始终能够在真善美的追求中，保持着自强不息的、战无不胜的朝气。

■幸福生活需要智慧之力

智慧是什么呢？工具书解释聪明就是智慧。聪明即耳聪目明，耳聪即耳力聪慧、听力敏感。目明，即眼睛明亮、目光敏锐，观察事情清晰透彻。聪明给人的第一印象是，偏重强调了耳朵和眼睛的信息收集作用。孔子是中国一座智慧的高峰，他在两千多年前，竟活了七十多岁，这在古代人生七十古来稀的时代堪称奇迹，这和他的智慧、他的善、他的胸怀坦荡是分不开的。所有中国人都为他感到骄傲和自豪。相传佛祖释迦牟尼寿命也至八十岁高龄。他一心想要获得解除人生苦难的终极办法。经过四十九天的冥思苦想，终于大彻大悟领悟到了解脱生死的涅槃之道，创立了佛教的基本教义。那年他三十五岁，看到他的智慧就是善，心里只有普渡众生。现在佛教是世界第二大宗教，佛教徒遍及世界各地。古波那齐说："世界上的恶，是为了宇宙的善而存在的。"看来世间的狡猾，也是为世间的智慧而存在的。就像没有黑夜，就不知道白昼有多么明亮；没有丑，就不知道美有多么绚丽。智慧的表现就是做一件事能使双方或所有涉及者都能公正地从中得到益处，或在万不得已的情况下，能以最少的损失换取最大的利益的行为。智慧运用的好坏，在于智力的高低。人只要在社会中生活，就会对事情作出判断。正确的判断导致正确的决策，错误的判断导致错误的决策。相传王戎小时候就聪明过人。一天，他同村里的孩子跑到村外去玩，秋高气爽万里无云，孩子们的心情也格外好。大家边走边说笑，不知不觉已经来到了离村子很远的地方，一个孩子说：现在又累又渴，若能碰到野果子就好了。经这孩子一提醒，大家都感到渴了。于是放慢了脚步，将目光集中在道路两旁的各种树上。只有王戎说：这里不可能会有好吃的果子的，还是回去吧。此时孩子们哪里会理会王戎的话呢，他们还是不停地向前找着。忽然孩子们不约而同地欢呼起来，原来发现前面不远的路边，有一棵结满鲜润果实的李子树。孩子们一下便跑到李子树下，几个动作快的，像灵巧的猴子一样爬到树上去了。只有王戎还在后面慢慢地走着，来到李子树前只是站在那里也不捡掉在地上的李子。孩子们在树上兴奋地招呼他。王戎摇摇头说：这树上结的果子不好吃，也许全是苦的呢。这时，树上和地上的孩子都拿出最大最红的李子尝了尝，哇！全都不约而同地吐了出来。真的太苦了！王戎，你怎么知道这些李子是苦的呢？孩子们连声问道。王戎不慌不忙地说，你们想想看啊，这棵李子树就长在路旁，每天来来往往的行人很多。如果树上结的李子不是苦的，那不是早就该被人摘光了吗？孩子们听了王戎的话，信服地点点头，沮丧地扔掉了手中的李子。由此联想到领导者的决策，领导者大部分时间都在处理问题和解决问题的过程之中，成功无不来自于正确的判断，失败同样也是因为错误的判断，所以判断力是衡量领导者能力的最重要的标志之一。人的智力发展历程可分为不同阶段。在明智的阶段，属于人类中的精英。表现在面对复杂问题，能够迅速作出有效的举措。这些举措是果断的，能引起绝大多数人的赞同。大智若愚阶段是人类精英中的精英、佼佼者中的佼佼者，这个智力阶段是非常难以到达的。当一件极其复杂而又重大的事情需要处理时，他的举措在开始时，往往会遇到指责或讥笑，甚至一些高明的人也会认为是愚蠢的。但随着时间的推移，问题得到解决，那些曾对此嘲笑或非难的人又会赞叹不已。同样是高明的策略，智力低下的人去运用则会产生失败。自然科学是智慧的开拓，哲学是智慧的总结，历史是智慧的记录。法律、军事等是智慧的运用，谚语是智慧的折射。人类之所以具有比其他动物更发达的综合能力，是因为人类具有其他动物所没有的智慧。自从人类脱离了动物属性之后，人类的进化一刻也没有停止，人类用自己的智慧创造了整个世界，创造了无比丰厚的物质财富和精神财富。认识智慧的目的，是通过系统的智慧教育，更好地开发自己的智慧，优化自己的智慧，建立起一种具有独特个性的完整的智慧体系。知识进化带来了前所未有的知识革命，知识经济的迅猛发展，使知识转化为一种生产力、一种资源和资本。知识的拥有方式，已经转化为获得知识的方法，知识已经成为一种工具。对于智慧来说，知识是外在的，具有某种程度上的被动性。而只有人的智慧，才是主动的，才具有生命的活力，才是创造力的根本。

■ 幸福生活需要智慧之情

　　人的智慧活动与情绪活动存在着某种关系，越是高智商的活动，与情感关系越密切。进行一项重大的科学实验，必须高度集中精力，有高度的责任心。还需有极稳定的心理素质，更需要有面对失败的勇气，具备坚持不懈的意志和优秀的品质。这些都是与情商有关的要素，实际上情商在人的一生中占有极为重要的地位。大凡成功离不开能力加上机遇，高层次的情商是智慧的助燃剂，能使人具有极为出色的表现，获得更多的机遇。情商是指人的非智力心理素质，一个人的情商和他所处的环境及接触的人有很大的关系，特别是父母对孩子的心理影响最大，父母所表现出来的心理状态，直接影响孩子的心理发展方向。如父母生活中安详、镇定、平稳地对待生活，孩子也会形成同样的心理素质。情商教育应该在正确的引导下进行，在情绪激动的情况下，有意识地控制自己情绪。在遇到外界压力时，保持镇定自若，把握自己心理平衡。情商是智慧的心理支柱，是智慧的一个极其重要的组成部分。领导者千头万绪首为定，也就是人们常说的定气，定者清醒，定能生慧，善定者有成。无为而无不为，无不为而为，才是理事一如的大智慧。无住是智慧之本，是心灵本来的体现。生心是智慧的运用，成就不朽业绩的龙头。生心是空性智慧的生起，智慧应世的大用。无住生心是盘若智慧，有住生心是世智辩聪。无住是心灵的回归，回归的纯心才能产生无为的功用。假如情绪自控能力很差，智慧不能得到很好的发挥。假如承担外界压力的能力很弱，不可能担负重要工作，很少有发挥智慧的机会。假如不能把握自己心理平衡，日常生活就会出问题，更谈不上雄才大略驰骋疆场。

人的心理活动非常复杂，各种心理活动的沉积物，会像垃圾一样堆在心里，会引起负面的心理反应，如不明原因的烦恼、急躁，对周围的事情不感兴趣，闷闷不乐想发火等。在心理学上，"踢猫效应"是这样说的：某公司董事长为了重整公司一切事务，许诺自己将早到晚回。事出突然，有一次，他看报看得太入迷以致忘了时间，为了不迟到，他在公路上超速驾驶，结果被警察开了罚单，最后还是误了时间。这位老董愤怒之极，回到办公室时，为了转移别人的注意，他将销售经理叫到办公室训斥一番。销售经理挨训之后，气急败坏地走出老董办公室，将秘书叫到自己的办公室并对他挑剔一番。秘书无缘无故被人挑剔，自然是一肚子气，就故意找接线员的茬。接线员无可奈何垂头丧气地回到家，对着自己的儿子大发雷霆。儿子莫名其妙地被父亲痛斥之后，也很恼火，便将自己家里的猫狠狠地踢了一脚。这是由于心理健康状态失去平衡，正常的心理活动受到压抑所致。过分地劳累，而造成的心理能量透支。无论是心理透支，还是体能透支，都将对健康造成极大的损害。心理透支表现为精神疲惫、缺乏活力、智慧下降、逃避社会、远离人群、过早衰老等。心理健康状况对人的智慧影响是肯定的，因为人的智慧活动，需要一个良好的心理环境，智慧活动本身与人的情感活动非常密切，人的思维能力、记忆力都需要一个良好的心理环境。心理波动与太阳、月亮的运动规律有一定的关系，如早晨太阳升起的时候，人们会有一种生机勃勃、奋发向上的感觉。中午烈日当头，会感到情绪比较疲惫，思维也有些迟钝。到了晚上月亮初升，皎洁的月光会让心感到格外的安静。调整心理健康状态。人的正常心理活动是一种动态平衡过程，不同的事物会引起相应的心理反应，如遇到高兴的事会很开心地笑，遇到痛苦的事会很伤心地哭，情人的分别会让人深情的思念，突然袭来的危险会让人感到惊惶失措，这属于正常的心理活动。然而那些毫无原因的烦恼和急躁，不知为什么就出现的苦恼和伤心，则属于异常的心理活动。心理健康出现了问题，需要进行适当的调节。这些心理特点以同样的方式，表现在各种活动中的心理活动的动力上，如心理过程的强度、速度、稳定性、灵活性和指向性等。

幸福生活需要智慧之气

人们情绪体验的强弱、意志努力的大小、知觉或思想的快慢、注意力集中的时间长短，以及心理活动是倾向于外部事物，还是倾向于自身内部等，都是气质的表现。气质是一个人最基本的心理特征，对每个人的认识活动、情感活动以及意志活动都打上了烙印。气质是人的外在人格，是人的典型的、稳定的心理特点。但是，气质只是给人的个性行为涂上某种色彩，不能决定为人的方向。任何一种类型的气质，都有积极的一面，也有消极的一面。所以，要根据每个人的气质特点，利用其积极的方面，塑造优良的个性品质，尽可能缩小气质的消极影响。不同的气质适合于不同的学习方法，适合于不同的工作，要利用其积极的特征，来控制其消极的影响，绝不可以用同样的标准来要求不同气质的人。胜利者是指一个确实可靠、值得信任、敏锐而且实在的人。成功的领导者最重要的特征是真实，能够坦诚地面对自己，并在相当长的时间里拥有自主性。有独立的人格和思维能力，决不伪装自己，也不怪罪别人。对情境做出适当的反应，保全别人的尊严。自然地做一切事情，也能自在地享受一切。关怀这个世界和人类，也了解自己的真实感受和能力的局限性。充分施展自己的气质优势，缩小自己气质特征所带来的负面影响，用自己气质的独特魅力来感染周围的人，树立自己的气质形象。人的气质与他的修养关系密切，提高自己的修养，能丰满自己的气质内含，增强自己的气质力度。成功者需要积极进取，有时需要收敛锋芒。有时需要与众交融，有时需要默默寡居。有时需要哭泣，有时需要大笑。有时需要抗衡，有时需要退缩。有时需要发言，有时需要沉默。有时需要把握良机，有时需要屏息等候。卡耐基从失败中培养成功，障碍与失败，是通往成功的两块最稳靠的踏脚石。失败者是指不可靠的、缺乏信任的、无法确实对情境做出反应的人。失败者接受无助与依赖，尽可能地逃避责任。失败者很少真实地活着，心思完全盘踞在过去的记忆或对未来的憧憬，他毁弃目前的一切。没有独立的人格和思维能力，善于伪装自己，总是怪罪别人。不懂得珍惜时间，也不会自在地享受一切。气质特点只能影响智力的活动方式，不能预先决定人的成就和智力的发展高低。良好的内在气质带来良好的内部环境，能增强自信，提高思维活力，增强智慧的张力。意志是为了达到一定的目的，自觉调节自己的行为，并与克服困难相联系的心理过程，是人用以认识、理解、思考和决断的能力。在这一过程中，人的性格对人的认识、理解、思考和决断能力有一定的影响，表现出认识的方式、理解的层次有所不同，思考的侧重不一致，决断的标准也不尽相同。良好的社交能力是智慧必不可少的要素，社交智慧是人智慧的重要组成部分，集中体现在交往能力和沟通能力上，是基本的社会生存能力。深邃的洞察力，让人拥有了洞穿一切的能力。由一个人的姿态可以洞察他的深层心理，眼睛是心灵之窗，是了解深层心理活动的最容易的地方，通过服装和化妆同样可以洞察深层心理，服装是第二层皮肤，是自我的延长。甚至连笔迹也成了解他人深层心理活动的线索。语言艺术是人们表达和交流的主要工具，可以通过对话来摸对方深层的心理活动，根据话题的内容来推测对方的深层心理活动，根据话题的展开方式来推测对方的深层心理活动。真情是指真诚的情感，具有巨大威力，真情能迅速打开对方的心扉。真情能让彼此的心灵融合在一起。真情的微笑是最感人的笑容，真情的话语最能打动别人的心。朋友之间的真情就是真诚的友情，是发自内心的一种情感，是真实的生命。

激情是智慧的催化剂，坚韧是智慧的兴奋剂，宽容是智慧的稳定剂，控制是智慧的黏合剂。

第三章　智慧之魂

一、智慧永恒成果的智魂

智慧是人类潜在的功用，是自性流露的甘泉，是聪明的登峰造极，是清净慈悲的结晶。做一个成功的领导者，是每一位从事领导工作的人经常认真思考，并试图努力解决的一个重要问题。成功者自有妙法，高人者自有高招。大凡成功者都有一套成功的方法，大凡高人都有高人一筹的成功胆魄。

智慧是人生航程的指路灯

做成功的领导者既需要妙法也需要高招，把妙法和高招统一起来，着重从方法论上讲成功智慧与成功哲学。智慧是心花结成的果实，是人生实践中的得心应手，像心海上空的彩虹，像人生航程的指路明灯。知识非学问，知识是记忆符号的累积，是意识对事物感知的烙印，是人生经验的加减乘除。学问是知识的升华，是理论在实践中的衍生，是人格风骨的完美，是德道操行的光明，是知识之苗结出的硕果，是人生整体素质的外用。抗日战争初期，毛泽东同志在延安窑洞里写成的《论持久战》，对指导中国人民抗战取得最后胜利发挥了巨大作用，并产生了世界性的影响。《论持久战》确实不仅是中国抗日军民战略战术的指南，还是一种灵魂和精神支柱，它在洞悉中日双方政治、军事、经济、天时、地利、人和各种因素的基础上提出英明预见，从而成为中方克敌制胜的宝典。中国人民经过八年艰苦抗战终于打败了日本侵略者，证明了毛泽东同志预见的正确性，只有具备卓越的智慧才能做到。这是因为毛泽东同志客观地分析了各种因素特别是中日双方人的因素，洞悉人的因素在战争中的能动作用得出的科学论断，可以说《论持久战》又可视为智慧的光辉典范。其实人们在生活中没有艰难的思索，就不会有独到的创造。每一次的创新大都是思考所绽放的鲜艳花朵，创造与思索是艰难的，有时甚至是痛苦的，但却蕴藏着特殊的魅力和幸福感。萧伯纳说："人生有两大悲剧：一是没有得到你心爱的东西，另一个是得到了你心爱的东西。"占有会给人带来痛苦，得不到满足自然是痛苦的，而满足之后又会感到索然无味，这是人生的悖论。破解之道在于不断地思索、创新，就会把两大痛苦变成两大快乐。没有实现所向往的，可以从潜心思索奋力追求中得到快乐。已经实现了所向往的，可以在品味成功中进行新的创造，也同样获得欢乐。人们视角的不同，阐释出来的道理就随之而异，视角和眼光是联系着的，爱因斯坦看世界，用的是宇宙的眼光，因而能够跳出人为中心的成见，得出人类没有骄横跋扈的理由。地球已经有四十六亿年了，而人类的出现只是大约二三百万年的事。人和一切生物都是自然的创造物，地球则是人类唯一的居所。人类要生存繁衍，要获取必要的物质与精神资源，就丝毫也离不开周围的环境。可惜，后来很多人逐渐地把这个最基础的事实淡忘了，结果无限制地自我膨胀，声威所及，生态环境遭受到惨重的破坏，制造出重重灾难。领导者的成功智慧不是讲具体方法的道理，而是讲掌握成功的道理。从方法论的层面才能产生智慧。领导者将成功的理想变成现实，要有足够的动力，动力决定成败，动力足毅力强，没有动力任何领导者都不可能成功。领导者要懂得成功的目标不一定是最高的，而是最适合于自己的，适合是领导者的一种境界。要搞好环境定位，不能轻视所处环境对自己成败的影响，善于区分环境有利及不利的因素，善用其利避其不利，在现实环境中走出一条适合成功的道路来。如何打开悟门开启智慧。古圣先贤，近圣今贤，人同此心，心同此理。老子曰："道常无为而无不为"。孔子曰："吾道一以贯之。"有为是聪明世智辩聪，无为是智慧圣者的胸怀。无为是智慧的本体，智慧活水的源头，智者修证的共法，宇宙法界的实相。无不为是智慧妙用，是变大地为黄金，揽长河为酥酪，化腐朽为神奇。相传有个年轻人去找上帝："上帝，你能不能给我智慧？"上帝说："可以给你呀！""智慧在哪里呢？"上帝说："它就在海边，每天都去捡起石头看一看，时间长了会找到有智慧的石头。

有智慧的石头闪闪发光，捡到这块石头揣进兜里后，无论做什么事都会有办法了。"于是，年轻人天天早上去海边，捡起一块石头，一看不像就随手扔进海里。时间长了也就不再那么细心了，天天机械地重复着一个动作，捡起一块石头再扔出一块石头，觉得自己没有希望找到智慧了。一天，他捡起一块石头仍然往外扔的时候，突然发现这块石头闪闪发光，可是晚了，因为就在这一刹那间，石头已经被他随手扔进大海。所以说，寻找智慧要有耐心，因为智慧从来都是生活中的某些经验的积累。生活的历练说得好，人人都有生活，人人都可以有智慧。成功的人能把每一件东西变成财富，因为懂得智慧地换角度，智慧地换眼光。

■ 智慧是删繁就简的常青树

契诃夫说："简洁是才华的姐妹。"简单是金，要致力于领导工作的简约化。无论是自然界还是社会领域，简单是一种朴素的自然法则。简单化是识别科学理论所蕴含价值的重要标准。爱因斯坦就非常重视这个标准，认为"科学理论唯一事关紧要的基础就是逻辑的简单性"。中国的先哲们更是认为"治大国若烹小鲜"，通常以"无为而治"为统治的最高境界。无为而治的实质就是减少控制，推行简约。在大多数人的直观印象中，现在的领导好像事情越来越多，工作越来越忙，显得越来越重要。实际上，繁和简是相对的，用现代领导科学的观点来看，二十一世纪领导者的工作，不应该越来越繁杂，而是越来越简约。最有效的领导，就是减少领导，使领导工作的量不断减少，领导工作的质不断提高，领导者由多为到少为，领导工作从无限到有限。强调领导干部要管头管脚，但不是从头管到脚。简约是高超的领导艺术，看似简单的表现形态，背后有着极其丰富的内涵，支撑简单的是丰富的知识、睿智的头脑、深邃的眼光和强烈的责任感。要很好地学习和把握简约化领导思想，强化简约的领导观念，运用简约的领导艺术，把自己从具体事务中超脱出来，把有限的精力和时间用在把方向、抓大事、谋发展上，提纲挈领，举重若轻，通过"删繁就简三秋树"，实现"标新立异二月花"。一九三一年，一个获奖者在台上滔滔不绝，台下听众或被催眠或外出，等那些人回来，那个获奖者竟然还在讲。那年是奥斯卡颁奖第一次通过电台直播，所以全美国的听众都见证了冗长发言的乏味和仪式制作人的无能。于是，以后的奥斯卡颁奖就有了规定。一九四九年因扮演哑巴而获奖的简·怀曼树立了一个很好的榜样，她说：这一次我因为没有开口而获奖，我十分感激，所以今天我最好还是闭嘴。简洁是智慧的灵魂，不要让人觉得听你说话是一种忍无可忍的受罪。食物虽美味，多吃会伤肠胃。话语虽好听，说太多也会让人讨厌。最深刻的真理，往往是最简单和最朴素的。简短的谈话未必是最好的，但最好的谈话总是简短的，如果话讲得太多，就是妙语也会变成赘言。很多爱发言的人显然不明白这个道理。他们经常喋喋不休说个没完没了，认为自己能说会道善于社交，并富有生活乐趣。但也许他周围的人都希望他闭嘴，以便别人能够插上一两句话。长篇大论和漫无边际的闲言碎语不会为表现者的脸上贴金，而且会使其本身的魅力降至最低。人们虽然都喜欢彼此之间的交流和沟通，但是当交流和沟通变成一方无休无止的漫谈时，只能引起他人的反感。无论现在还是以前，人们既嘲笑那些沉默不语的人，也嘲笑那些夸夸其谈的人。沉默是金，人们要学习怎样说话，主要是学在什么时候保持沉默。阿拉伯俗语说到，要说话时你的话必须要比沉默更有益。如很想说先问自己为什么想说话，是为自己的利益，还是为了别人的利益。如果是为了自己，那就努力保持沉默。对失去理智的人最好的回答就是沉默，回答他的每一个词都会反过来落到你头上，以怨报怨等于火上浇油。沉默是能力的保证，袒露之心是一封公开的信。只有城府很深的人，才能保有秘密，以其广阔的空间和微小的沟壑来隐藏重要的东西。沉默源自自我控制，而自我控制是一种真正的胜利。《金刚经》归纳精髓只有八个字：无住生心，生心无住。在物欲横流的竞争中，在名利纷杂的吵闹中，不为欲牵不被境转，心有定力超然物外。心不被人事物境所缚，物来则应物去不留，百花丛中过片叶不沾身。生心是无住产生的机用，用出世的情怀做入世的事业，立足现实觉悟人生。纵览古今中外领导者的成败经验，知止而后有定，定而后能静，静而后能安，安而后能虑，虑而后有得。东汉末年皇室衰弱，天下大乱群雄割据，曹操以其雄才大略，扫平豪强统一了北方。有一次两军对垒，敌方士兵想一睹他的风采，他策马上前说，大家很好奇想看看我长什么样子，其实我也是娘生父母养，也只有一颗头两只胳臂，只不过多了些智慧罢了。从而留下了"曹公多智"的典故。曹操的智慧中用人智慧十分卓越,之所以驭人有术,是因为他洞悉人性,能够应人所求予人所需,识人所短用人所长。

智慧是心海纯洁的佳环境

智慧是心海的纯洁明净,是心花的开放灿烂,是海纳百川胸育万物的雍容大度。心境清凉当下解脱,只问耕耘不问收获,超越现实建功立业。有住是妄想的驰奔,知幻即离,离幻即觉,才能生起无量智慧。洞达事物的本质,生起的是无量智慧。智慧理性的雨露浇灌众生之心花,化有住为无住,变有为达无为。这就需要观察体悟,需要回首圣贤的经典。看那初春的嫩芽,秋天的果实,春有百花秋有月,夏有凉风冬有雪,若无闲事挂心头,便是人间好时节。与其有一个好的环境,不如有一个好的心境。有求皆是苦,无欲智慧生。孟子曰:"养心莫善于寡欲。"每减少一分欲望,则增长一分功德,每增长一分功德则开启一分智慧。智慧能丰富学问完成道德,智慧是真诚奉献的力量源泉。要走圣贤路,需乘智慧船。静中观物动,闲处看人忙,动中能取静,忙里会偷闲,才是安身立命的功夫。能动能静,能忙能闲。动不乱心,静不寂寞。忙而不累,闲而能安。琐碎杂事,过而不留。荣辱一如,心境泰然。人的惯性意识非常强,生活在那个环境里,活动在那个圈子中就很难跳出,而人生的悲剧往往由此而生,因为被局限被迷惑了,跳到圈外可感生活的新鲜感。芝诺是古希腊一个极善于诡辩的哲学家。他的"阿基里斯永远追不上乌龟"的诡辩是这样的：阿基里斯是古希腊神话中善跑的英雄，假设乌龟先爬一段路然后阿基里斯去追它。芝诺认为阿基里斯永远追不上乌龟。因为阿基里斯在追上乌龟之前必须首先达到乌龟的出发点，可这时乌龟又向前爬了一段路了。于是阿基里斯又必须赶上这段路，可是这时乌龟又向前爬了。由于阿基里斯和乌龟之间的距离可依次分成无数小段，因此阿基里斯虽然越追越近，但永远追不上乌龟。当然，这个结论在实践上是错误的，但奇怪的是这一论证在逻辑上却没有任何毛病。人们往往习惯于从实践角度去评价，总是根据事实去说话。在古希腊还有一个很妙的诡辩：一粒谷子落地时没有响声，两粒谷子落地时也没有响声，三粒谷子落地时还是没有响声……以此类推，一整袋谷子落地时也不会有响声。这在实践上是错的，但逻辑上对。怎么看诡辩，这种评价其实是没有真正理解那些古老诡辩家的意图。那些诡辩家自己也知道这些诡辩在实践上是错误的，他们也并不真的想否认事实，谁也没有这么傻，真正傻的是那些认为诡辩家是犯傻的人。那些人傻就傻在不去想一想诡辩到底说明了什么问题。其实，"实践上错，逻辑上对"是为了说明思想情况和事实情况是不同的，思想中的真理和事实上的真理是不同的真理，这两种真理分别有着不同的用处。人对自己的了解总是有限的，人类的成长是个过程，个体就更是这样。无论已经做出了什么，无论处在什么样的岗位上，都不会脱离这种状况。像马克思说过的，多少年以后的人们看我们，我们不知有多么可笑。所以，还是要与自己拉开距离。英国的功利主义者边沁主张"个人利益是唯一的现实利益","最大多数人的最大幸福"应该成为社会和人的最高目标的思想。可见个人的发展，必须建立在集体公共的利益之上，而在这之上产生着人类的崇高。作为个人只有融入到公共利益中，才能与社会结成一体，推动社会的发展。就在平凡事情发展的过程中，当达到了跃迁点的时候，伟大也就随之出现了。正派的人不会吹嘘自己，骄傲是无法自制的自私自利。人们的骄傲之心很难消灭，刚补上一个洞，转眼又要去补另一个洞。只爱自己是骄傲的根源，骄傲的人认为只有自己最好，骄傲的人始终认为自己是十全十美的。人对自己越满足，实际上自身值得满足的就越少。物理学上讲，物体越轻越松占的地方越大，骄傲就是这种形象的表现。骄傲的人害怕任何的批评，害怕是感到不牢固，只要自己所吹起的泡上出现一个小洞，这种伟大也就维持不下去了。愚蠢可以不伴随骄傲，但骄傲一定伴随着愚蠢。一个人越骄傲把他作为蠢人看待并利用他的人就越多，骄傲无疑就是愚蠢。它妨碍人去完成人生的主要事业，妨碍人改善自己的生活。假装正派的人是掩盖自身缺陷的人，正派人是那些完全认识到自身缺陷并坦白地承认的人。许多人向往轰轰烈烈，其实轰轰烈烈的事也都是由一件件平凡的事累积起来的。爱迪生是一位伟大的发明家，电灯、蓄电池等重大发明都是他的杰出贡献。但爱迪生也犯过嫉贤妒能的错误，比如打击他的门生特斯拉。特斯拉在爱迪生手下有过许多贡献，他的许多合理化建议创造过很大的经济效益。正是因为特斯拉是个很有才气的人，爱迪生一再地打击他甚至撕毁合同。特斯拉曾经提出过一个交流电系统方案，对交流电的使用会起到巨大的推动作用，很有科学和社会价值。但爱迪生却声称交流电比直流电危险得多，企图压制特斯拉，封锁特斯拉的发明。为了打破爱迪生的技术垄断，特斯拉做了一个试验装置在记者招待会上演示，让交流电通过自己的身体点亮电灯，还能熔化电线，才使人们开始认识到交流电并使用交流电。嫉妒发生在人们十分崇敬的人身上，很难叫人接受。究竟是什么限制人的视野，使许多很有造诣、很有成就的人也成了心胸狭窄的人，这个问题是值得研究的。

二、智慧驾驭情绪的主魂

要用智慧驾驭领导者的情绪，用激情为事业增色。黑格尔讲，"没有激情，世界上任何伟大的事业都不可能成功。"激情是主宰和激励一切才能的力量。成功与其说取决于能力，不如说取决于激情。

■ 激情是智慧的催化剂

人生激情是潜藏在人心底的火种，将唤起对生活的渴望，人生激情是燃烧在胸中的烈火，将赋予神圣的使命。一个人追求成功的激情和热忱越强，他获得成功的几率就越大。激情是工作的灵魂，甚至就是生活本身。人生激情让你坚忍不拔百折不挠。人生激情不仅仅是一时的兴趣，更不是脆弱的冲动，人生激情是百折不挠的意志力，人生激情是坚忍不拔的心理耐力。通向成功之巅的永远是高耸的雪山，需要跋涉的永远是沼泽与沙漠。人生激情是生命中喷薄而出的朝阳，将引导人们去奋斗去搏击。人生激情是凝聚在人心底的"核能量"，如能将这种心理能量释放出来，就会成为奋发图强的力量。情绪是直接影响领导行为的心理因素，做好领导工作就要用智慧控制这种情绪，减弱情绪对领导者的影响。在人们的印象中，将理性与情绪对立起来，其实是错误的。理性中蕴含着智慧，情绪中同样包含着智慧。情绪智慧的高低，决定着水平的高低。干好事业取决于能力，成就事业离不开激情。激情是一种强烈的情感表现，人在激情的支配下，最能调动身心的巨大潜力。能力是做好事业的重要资本，激情是做强事业的核心驱动。能力代表实力，激情催生活力。卡耐基说："热忱是个性原动力。没有它，任何你可能拥有能力，便只有静止不动；我们可以肯定地说，几乎人人都有很多尚未发掘出来的潜能。你也许有学问，有正确的判断力，有优秀的推理能力，但是除非你知道如何将自己的心，放入思想和行动之中，没有一个人——即使连你在内——会晓得你是这样"。激情从本质上讲也是一种能力，是一种难以抑制的强烈情感、激励产生的强大心力。剧作家尼尔·西蒙讲，"我这一生的主题是激情，激情是主宰和激励我一切才能的力量"。相对能力而言，激情更具主观性，它折射一个人对事业的情感和态度。激情是事业的助推器，没有激情任何行为都不可能持续长久。正如革命家王若飞所说，"激情，像熊熊的火焰，是一切的原动力，有了伟大的激情，才有伟大的行动"。要想成就一番事业，就必须具有这种人生激情，用这种人生激情燃烧自己的生命，让自己的生命放射出绚烂夺目的光彩。人生激情是生命的召唤，人生激情是奋斗者的呐喊，人生激情是搏击者的心理能量。开拓者都有这种人生激情，时刻为自己平添拼搏的力量。管理学中有一个概念，叫"拿能力说话"，拿能力说话也就是拿实力说话。没有能力就没有实力，也就干不成事业。当今时代，能力与激情愈来愈成为领导者不可或缺的双重品质。只有集这两种品质于一身的人，才能把领导工作做得更加富有成效。毛泽东同志的领导能力和革命激情，吸引和影响了一代代中国人，成为激励人们奋勇前行的精神财富。以大师而非工匠的精神对待工作，实现能力和激情的高度融合，就会贯注极大的忠诚和热情，从而不断创造新的更大的业绩。圣经中的箴言告诉人们：不轻易发怒的人，大显聪明，情绪暴躁的，大失水准。人必须把自己融入集体里，为集体服务，为集体献身。即使为爱情献身也绝不只产生在两个人之间，而是社会集体生活的产物。只爱所爱之人，而不爱他人的人，也一定要失去所大爱。人不能太爱自己，要在感情上与自己拉开距离。热情是智慧的兴奋剂，兴趣是智慧的催化剂，意志是智慧的稳定剂。爱自己是人的天性，因为这也是保护自身安全、发展自身能力的必然需要。漂亮的人喜欢自己的长相。不漂亮的人喜爱自己的长处。女人喜欢自己的妖媚，男人显示自己的气概，几乎是天生的秉性。有多少人陷在自我的感情里不能自拔，人不能没有感情，但理智是处理问题的唯一准绳。做事要适可而止留有余地，不能让一时的冲动支配自己的行动。古人说："欢乐极兮哀情多。"是说掌握好度，不要铤而走险，退一步往往海阔天空。

坚韧是智慧的兴奋剂

英国哲学家罗素讲，伟大的事业根源于坚忍不拔的工作，要全副精神去从事，不避艰苦。车尔尼雪夫斯基也讲，人有一个无法放弃、无法搁下的事业，就能变得无比坚强，就能变得无比坚韧。2008 年 5 月 12 日，四川汶川发生了大地震，顷刻间，山崩地裂、房毁路断，不要说人的身体，就是钢筋水泥也不堪一击。但在强大的意志力和对于"生"的强烈渴求下，人的生命又是那么坚韧顽强。几乎每个被救的幸存者在被救前，都坚信自己肯定会被发现、被救出，对生还充满希望。正是这种对生命的强烈渴求，对生命的希望，让死神也望而却步。事实证明，生命因为坚信而变得坚强，因为希望而变得坚韧，因为对爱的信念而变得有力。生的信念就是生命的支柱，求生的欲望就是自救的方舟。只要有了信念，即便是在灰暗的季节都会出现彩虹；只要有了信念，任何巨大的困难都阻挡不了前进的脚步；只要有了信念，再迷茫的人生都有航标……乐刘会被困近七十个小时，压在废墟中的她告诉央视记者："被困时，我没有掉过一滴眼泪"，"我坚持着，我现在还活着，我很高兴！"获救的乐刘会神志清醒，脉搏正常，精神状态也很好。面对灾难，一个人如果能保持超常自信、从容心态和坚定意志，其心理和生理指标就会保持和谐状态。不紊乱，不气馁，不悲观，不惊慌，更不会陷入那种难以自拔的绝望，她就能凭借这种体能和心智承受力为生命的延续点燃希望的火种，创造出生命奇迹。一个弱女子，在漫长的七十个小时的抗争中，竟没有掉一滴眼泪，用柔弱的肩膀和黑暗、死亡进行不屈不挠的斗争和赛跑，不放弃，不灰心，毫无怯意，而且将这种弱势和逆境化作智慧的刚强，为自己撑起了铜墙铁壁般的精神盔甲，凭借这身盔甲，她就能在抗灾中居于主动，蔑视灾难，挑战灾难。因为她深深懂得，灾难不相信悲恸，抗震不相信眼泪。所以，灾难倒下了，奇迹也造就了。我们从中可以获得很多很多，思考很多很多，总结很多很多，就是这些人们眼中的平凡人，却在关键的时候，采用了坚信的信念，顶起了自信的精神，用敢于胜利的斗争胆略，为最终胜利构建了坚固的精神保障。列宁讲，没有人的感情，就从来没有也不可能有人对于真理的追求。毛泽东同志也讲，搞不好工作，有人说是方式方法问题，其实是感情问题。激情支配人的思想和行为，影响事业发展的速度。激情是事业的助推器，没有激情任何行为都不可能持续长久。充满激情就要充满坚韧，因为坚韧是激情的基础。一个充满激情的人，心态总是年轻的，始终保持生机与活力。卡耐基讲，"你有信仰就年轻，疑惑就年老；有自信就年轻，畏惧就年老；有希望就年轻，绝望就年老；岁月刻蚀的不过是你的皮肤，但如果失去了热忱，你的灵魂就不再年轻。"以激情投入工作，就会激发创造的灵感，产生智慧和力量，工作本身也变得快乐起来。爱迪生每天工作十八个小时，当问及他成功的秘诀时回答："我一辈子从来没有工作过，我只在享受快乐而已。"对事业狂热的追求和激情，成就了爱迪生不朽的人生。对事业而言没有激情是不可想象的，缺乏激情工作就会陷入无休无止的苦役中。更多的时候工作的激情并不取决于工作本身是否有趣，而在于有没有诚心诚意投入工作。以积极的态度对待工作，再枯燥的工作也别有趣味。责任驱动事业，能力成就事业，激情推进事业。把职业当事业干，要以干好职业为前提，以尽好责任为根本，以提升能力为基础，以迸发激情为动力，才能更好地钟情事业投入事业，献身事业创造事业，使事业的发展更加蓬勃兴旺，事业的成就更加辉煌。达尔文本着对自然科学的热爱和痴迷，二十二岁起就乘船进行科学考察，先后忍受了晕船的痛苦、疾病的折磨、大地震的危险，以及冰雹和风暴的袭击，以持久的激情坚持观察与研究工作，最终出版了《物种起源》，提出了进化论观点，被恩格斯称为十九世纪自然科学的三大发现之一。实践反复证明，凡事用力做虽很累，但受累就能受益。凡事用心去做虽很苦，但吃苦就有进步。我们常讲不吃苦不进步，小吃苦小进步，大吃苦大进步。付出越多，机会越多。多做一点，便多了一次展示的机会，别以为多做是吃亏。即使最终没有得到上级的重用，也从经常多做一些中学到更多的东西，拓宽了职业发展的通道。只要始终保持积极进取的精神状态，以蓬勃旺盛的激情对待事业，就一定能成就不平凡的人生。谁追求不止，谁就青春常在。以激情投入工作，就会发现其中的乐趣，从而点燃思想的火花，激发创造的灵感，产生智慧和力量，工作本身也会变得快乐起来。当今时代，各项事业飞速发展，对领导者的期望越来越高，要求领导者全面启迪智慧，激发创造活力，努力成为智慧型、魅力型领导。可以说，能力与激情已经成为现代领导者必不可缺的双重品质。只有集这两种品质于一身的人，才能把领导工作做得更加富有成效。在毛泽东同志身上，能力与激情就得到了高度的融合与统一。在革命战争时期，毛泽东同志用极具个性的领导能力和革命浪漫主义激情，把党的理想信念、中国革命的使命和马克思主义思想传递给广大官兵和人民大众，激励他们以满腔的热忱置身于革命的洪流，导演了中国革命波澜壮阔的恢宏画卷。这些满腔的激情，在他的诗文中也得到充分展现，像《沁园春·雪》、《七律·长征》，还有"不到长城非好汉"、"为有牺牲多壮志，敢教日月换新天"等诗句，都是革命领袖的战斗豪情与革命激情浑然一体结成的奇葩。可以毫不夸张地说，毛泽东同志的领导能力和革命激情，吸引、熏陶和影响了几代中国人，成为激励奋勇前行的精神财富。爱因斯坦说：一个人只有以他全部的力量和激情致力于某一事业时，才能成为一个真正的大师。日本著名管理学家稻盛和夫也认为：人生成就等于想法乘以激情乘以能力。能力和激情的高度融合，能开拓新业、成就大业、创造伟业。构建履职尽责的能力优势，把职业升华为事业，能力素质是基础。只有自身能力素质上高人一筹，才能形成优势先人一步，对事业而言以能力创造胜势，领导干部没有激情是不可想象的，缺乏对工作的热情，工作就会成为无休无止的苦役。而带着激情工作，一切就会变得不同凡响。只要保持良好的精神状态，以激情对待事业，以激情放飞事业，一定有所建树有所发展。正如约翰·钱伯斯所说的："就像煲汤一样，慢慢熬，最后把你激情的香味熬得很浓，你的行为就会发生改变。"

■ 宽容是智慧的稳定剂

心胸宽阔的人有一个特点就是超脱，把名利看做是外在之物，与自己的心境和幸福并无大的关系，对名利超脱，对事业执著，对社会道德，对人类从来都是极为关注的。爱因斯坦说过一句话："仇恨之箭也曾向我射来；但它们永远未射中我，因为，不知何故它们总是属于另一个世界，而我同那个世界一点关系也没有。"仇恨之箭是世俗的，而爱因斯坦早已走进了自己的科学和道德世界。在思想方法上，心胸狭窄的人有很大的区别，就是在如何认识自我的问题上，因为不满意自己的能力，不满意自己的社会地位，而把不满转移到别人身上并向别人发泄，表现出狭隘的世俗心态。纠正这种不健康的意识状况，根本的方法是把目标转回自身从我做起。能力水平和情操高居于众人之上，可以俯视的时候心胸开阔，以善报恶宽恕一切。而这样去做的人所感受到的喜悦也莫过于此，以善来报答恶就像在心中扼杀了在恶中所看到的快乐，体验到宽恕的幸福。以善报恶宽恕一切，只有所有人都来这样做的时候，恶才会从世上消失，也许没有足够的力量这样做，但要知道希望只在于此，因为这是从痛苦中拯救出来的唯一途径。宽恕并不意味着说一句宽恕就行了，而是要从心中排除懊恼，以及对欺侮者的不良情感。歌德说："我要在我的胸中堆积上一切幸福和一切悲叹。"这是一种博大的包容。现在干部写鉴定中经常提到有时有急躁情绪，急一些还可以，但不能躁，一躁就容易使认识偏离事物发展的特点，使行为违背事物发展的规律。作为一名领导是完全可以改造的，急躁情绪对人的身心健康是不利的。人在急躁时，由于交感神经兴奋，血压上升，会使病情加重，古人早有认识，如中医认为"怒伤肝"、"气大伤神"等。急躁时情绪处于激动中，可能引发其他不理智的情绪，甚至会对别人造成伤害。可见，急躁和愤怒于己于人都不是什么好事，要想办法控制自己的情绪，让自己少发脾气。有个实例说的是，林肯正在办公室整理文件，陆军部长斯坦顿气呼呼地走了进来，一屁股坐到椅子上一句话也不说。从以往的经验来看，林肯知道他肯定是又被人指责了。"怎么了？给我说说，说不定我能给你出出主意。"林肯笑着对斯坦顿说。斯坦顿像是找到了发泄的对象，对林肯一阵咆哮："你知道吗？今天有位少将竟然用那种口气和我说话，那简直是侮辱，他所说的事根本就不存在啊。"满以为林肯会安慰他几句，痛骂那名少将几句，但林肯并没有这样做，而是建议斯坦顿写一封信，回敬那位少将的无礼："你可以在信中狠狠地骂他一顿，让他也尝尝被指责的滋味。""还是你想得周到，我非得大骂他一顿不可，他有什么权利指责我呢？"斯坦顿说完立刻写了一封措辞激烈的信，然后拿给林肯看。林肯看完以后，对斯坦顿说："你写得太好了，要的就是这种效果，好好教训他一顿。"然后把信顺手扔进了炉子里。斯坦顿看到自己写的信被扔进了炉子，忙责问林肯："是你让我写这封信的，那你为什么把它扔进了炉子里呢？"林肯回答说："难道你不觉得写这封信的时候你已经消了气吗？如果还没有完全消气，就接着写第二封吧。"急躁和愤怒是一种削弱力量的情绪，它不仅能够损害人的健康，而且可以扰乱人的思考，给工作和事业带来不良的影响。林肯的处事方法又说明，反击或发泄给别人也不是什么上策。所以，只能自己想办法消除心中的不满，或是把它转化成一种力量，这才是一种超越的心胸。

▇控制是智慧的黏合剂

人的不满情绪和糟糕心情，一般会沿着等级和强弱组成的社会关系链条依次传递，由金字塔尖一直扩散到最底层，无处发泄的最小的那一个元素则成为最终的受害者。一般而言，人的情绪会受到环境以及一些偶然因素的影响，当一个人的情绪变坏时，潜意识会驱使他选择下属或无法还击的弱者发泄。在现实的生活中，很容易发现，许多人在受到批评之后，不是冷静下来想想自己为什么会受批评，而是心里面很不舒服，总想找人发泄心中的怨气。其实这是一种没有接受批评、没有正确地认识自己错误的表现。挨批评心情不好这可以理解，但批评之后产生了"踢猫效应"，这不仅于事无补，反而容易激发更大的矛盾。人并不是孤立的存在，社会中的每个人都需要面对其他人，领导者在领导一个单位的时候更是如此。无缘无故地被人丢了一个包袱过来，当然要想办法甩掉它，而最直接的办法，就是把它甩给自己的下属。而下属只能再甩给更弱者，这股无名之火只能转来转去。在现代社会竞争日趋激烈的生存与发展环境下，到处是诱惑和压力。作为领导者，成就感和进取心都超过普通人。在这种情况下，如何保持良好的风度，对人能做到与人为善和真诚，做到心胸宽容和大度，做到不去与别人斤斤计较并不迁怒于人。那些面对强大对手仍能"羽扇纶巾，谈笑间，樯橹灰飞烟灭"的将帅，那些自己承受着巨大的生存压力仍能为大众呐喊"安得广厦千万间，大庇天下寒士俱欢颜"的正直之士，虽然身世各异，但豁达的风度同样令人尊敬。在压力下能够保持风度，意味着对自己心理弱点的征服，意味着人格魅力的提升。领导者遇到挫折或不顺心的事就拿下属当出气筒，这样的领导者即使事业上取得了一定的成绩，也难有真正的成功。情绪是客观事物作用于人的感官而引起的一种心理体验，当然也就有好情绪和坏情绪之分，所以造成情绪感染的效果也有正负面。同时就会产生积极的和消极的两种心态。良好的情绪会让人有一种健康向上的心态，因此也就会形成一种轻松愉悦的气氛和愉快的心情。而厌烦、压抑、忧伤、愤怒的消极情绪则会造成紧张、烦恼甚至是充满敌意的气氛。而这样的坏情绪又会直接影响和波及你的家人、朋友和同事，也极有可能造成一系列的连锁反应。就像扔进平静湖面的小石头，涟漪一波一波地扩散，也就将情绪污染传播给了社会。要克制愤怒不是没有办法，通过意志力控制愤怒，使愤怒情绪少发生，或有愤怒不发作。努力控制自己的情绪，当愤怒时多想想盛怒之下失去理智可能引起的不良后果。不断提醒自己不要发怒，这样可以起到控制愤怒的作用。将心中的愤懑、不平向人倾诉，从亲朋好友处得到规劝和安慰，可以缓解怒气。向使自己愤怒的人说明自己的不满，说出自己的意见，使矛盾得以调和，不满得以解除。尽量避免接触使自己发怒的环境，减少愤怒情绪，或者在即将发怒时通过转移注意力而减轻愤怒。尽快离开当时的环境，避免进一步的刺激，使愤怒情绪消退。战胜愤怒，比战胜劲敌更难。身体上的伤口和心灵上的伤口一样都难以恢复，控制你自己，笑对你的朋友，他们是你最大的财富。哲学家笛卡尔说：不求改变命运，只求改变自己。改变你所能改变的，接受你所不能接受的，这是很重要的、很有用的人生智慧。清代政治家林则徐说：“谁道崤山千古险，回头只看一泥丸。”这是看破人的自然本质，又超越了自然的睿智和从容。感激是对更大恩惠的渴慕，期待别人对所给恩惠表示感激，但发现这感激不如期望的那样大，不符的原因是给者的骄傲和受者的自尊在恩惠的价格上意见不能统一。所有偿还了感激之账的人，决不能因此就自以为要得到别人的感激，有人会愉快地去清偿那些小的人情。很多人对那些中等的人情也会表示感激，但几乎没有人对那些巨大的恩惠不忘恩负义的，更经常地是限制感激而不是限制欲求和希望。

三、智慧长城起点的力魂

在领导者成功的征程中，自身的能量和能力起着至关重要的作用。领导者要站在长城起点上前进，无能便无动力，有能就能促进。领导者的高素质，是催生高能力的来源。领导者要使自己获得成功，具有乐观向上、宽容博爱、心地善良的良好心态至关重要，心态决定成败。

■ 攀登智慧长城要有高超的借智

领导者具备认识问题和解决问题的能力。借助能成为领导者成功的智慧和手段，借能生慧。诸葛亮是智慧的化身，很大程度上凭借助的智慧，借助于刘备的三顾茅庐出山，借助东风草船借箭，借助水淹七军，借助火烧赤壁，一个借字成了诸葛亮智慧的核心密码。荀况在《劝学篇》中说："假与马者，非利足也，而致千里；假舟楫者，非能水也，而绝江河。君子生非异也，善假于物也。"古往今来，有所作为的人无不是靠凭借、依靠和利用来获得成就，可以说善借者有为，一个人的力量是微不足道的，但善于借助环境的力量、社会的力量、团队的力量，那力量将是巨大的。强有力的人常常是善借力的，善借者大成。领导者善于把个人融入整个环境和社会当中，融入集体和群众当中，凭借利用环境和社会的力量，以及集体和群众的智慧来成就事业。无论做任何事业，要想成功都要上凭天时下借地利中靠人和，善于借助良好的社会平台，以及各种有利的条件成就事业。借"机"下蛋，借势成势，善于借智借慧借力，取长补短发展完善自己，适者生存适者发展。领导者唯变所适，善适者神圣。只有不断调适自己的思想和行为，与时俱进，与时变化，才能跟上发展变化的步伐，进而达到变化万端、通达万物的境界。在顺利的环境当中保持清醒的头脑，有居安思危、福兮祸伏的忧患意识。场上当做下场念，盛时当做衰时想。在逆境中有勇于正视现实的态度，保持积极向上的乐观情绪，有勇于战胜逆境的坚强意志，有豁达的胸襟和刚正不阿的心态。要适应必须通达，而通达也是人生的境界。善适者必善通，善通者必神圣。不管是什么时代、什么时候和在什么地方，都有一些人走在时代前头，人们称他们是时代的"弄潮儿"，给予很高的评价，是时代的英雄。但大多数人命运一般，只有少数人成为人们的崇敬者。当"弄潮儿"就要有牺牲的精神，有一种无畏的精神。科学手段是实现目标的桥或船，能迅速快捷地达到成功的彼岸。手段定位的关键在巧妙，在定位过程中，坚持主观与客观的结合，理想与现实的统一，个人诉求与社会需要的对接。定位实际上就是找一个平衡点，领导者就在于站得高，看得远，能抓住关键问题。见识是一种远见卓识式的战略眼光和统摄全局的战略头脑，见识貌似知识的孪生姐妹，但两者有重大区别，知识是外界输入的认识，见识则是自身生成的认识。具有智慧性质的见识，蕴涵着对传统见解的突破，对已有认识的超越。不停涌动的思维，不断地冒出新的疑问、新的发现、新的见解、新的境界，这些见识无疑是创造力的体现。方法，很可能是智慧概念中权重量最大的一种元素。见识是成功者的望远镜，见识是人生的一种高境界。高度决定远度和关键度，高度决定领导活动的效益，高度决定命运，高度决定一切。"不识庐山真面目，只缘身在此山中"。"会当凌绝顶，一览众山小"。苏东坡和杜甫上述两种诗意境界的强烈反差，充分说明了高度的重要。领导者提高见识，要"读书破万卷，下笔如有神"。见多识广知识渊博，自然就站得高看得远。要通过多实践来增长见识，社会实践活动是领导者增长见识的泉源。高明的人常有其远见和卓识，要多向高明的人学习，多和高明的师友接触交流。见识、知识、胆识三位一体，而高素质的基本途径是"充电"，就是增加能量。光工作不学习，光输出不输入，能量耗尽或能量不足，就不可能产生足够的动力，去获得领导工作的成功。要讲究科学的方法，方法是形成能力的最核心要素。能力在很大程度上是方法问题。找不到解决问题的方法，就不可能正确解决问题。能力实质上是办事的本事或才干，有所不能才能更好地有所能。如何处理好能与不能的关系，是领导者的智慧，成功需要成功的智慧。做人们喜欢和拥护的领导除了德才这个主体要求外，做人做事还要倡导忠诚、忠实。其实忠实只是吸引别人信任自己的一种手段，旨在使自己高出别人一头，并成这一些最重要的秘密的保管人。人们受到诋毁更多地是由于他们对我们做出那些小的不忠，而非他们对别人做出的那些大的不忠。当厌倦爱时，很容易忍受别人对我们的不忠，以便解除自己忠诚的义务，应根据一个人对品质的应用来判断其价值。

攀登智慧长城要有深邃的内涵

光有伟大的品质还不够，还需好好地加以运用。好的品质就像感觉，是内在的东西，既看不到又不能理解它。现实领导中，不应根据一个人的卓越品质来判断他的价值，而应根据他对这些品质的运用来判断。人的一生是个变化的过程，自然科学工作者把新的知识、技能提供给人们，社会科学工作者告诉人们还不知道的东西，指引人们的思想和行为。在领导科学中，中高层级的领导工作多是理性的，而理性工作往往是抽象的，所以必须要与实际相结合才能产生更好的领导效果。现实中，理论和实践不相符是个永久的大课题，因为理论应该超前实践，通过先进的理论，有效地指导实践，解决具体问题。同时，生活的实践又丰富了理论的认识，从而不断推动事物的良好发展。现实中对未知进行探索，就必须允许个人观点的存在，也必须允许具有个性化的特点，允许个性与个性的碰撞，个性与个性的矛盾。很多人不知道自己的无知，很多人在自己无知时却认为自己有知。在一个影响很大的专业学术论坛上，经常有来自各地的专家、学者高谈阔论，发表自己的最新观点和见解，为了证明自己观点的超前和正确，论坛常常充满了火药味，激烈的争论、争吵乃至谩骂时有发生。论坛的一位工作人员注意到，每当发生激烈的争吵，受雇于论坛的一名勤杂工就会停下手中的活计，专注地观看专家之间的争吵。工作人员感到非常好笑，一个没有受过多少教育的勤杂工，居然装模作样地听起了专家之间的辩论。专家们所谈论的高深的学术问题连自己都听得云里雾里。他断定勤杂工连专家们争论时所用的拉丁语都未必完全听得懂。工作人员决定嘲讽勤杂工一番，他走到勤杂工面前，问道"你听得懂他们在争吵什么吗？"勤杂工不好意思地挠着头回答道："我从没有听懂他们所说的任何一个字，他们干吗不用英语争论，而非得用法语呢？"工作人员忍不住笑了起来："你说他们用的是法语？"勤杂工再次挠了挠头："不是法语吗？我曾经给一位法国人做过工，他说话就是这个样子的。"工作人员无意再和这个无知的勤杂工多费口舌，他轻蔑地对勤杂工说道："这是学术论坛，不是一名勤杂工应该关注的地方。"勤杂工有些不平地回道："你能听懂他们谈论的内容，却未必知道谁对谁错，我虽然听不懂他们的话语，却能够判断出谁对谁错！"工作人员被勤杂工的话气得发狂："你一个连法语和拉丁语都分不清的勤杂工，居然夸口能判断专家们孰对孰错！"勤杂工并不理睬工作人员的挖苦讥讽，不紧不慢地对他说道："你看台上两位正在争吵的先生，这次错的一定是那位身穿黑色西服的先生。"果不其然，没多久那位穿黑西服的先生就狼狈地败下阵来，勤杂工接着又连续三次提前预告了错误的一方。面对着眼前不可思议的情形，目瞪口呆的工作人员甚至疑心面前的勤杂工是一位学识渊博的大学者装扮的。先前的轻蔑不恭一扫而光并问道："你真的是一名勤杂工吗？"勤杂工如实回答道："我在这里做勤杂工才三年，以前是在别的地力做勤杂工的。"工作人员满脸敬意地向勤杂工讨教道；"那么，你是如何提前判断出专家们的对错呢？""这很简单，"勤杂工轻描淡写地回答道："有点脑子的人都知道，最先发怒的一方肯定是错误的一方！"如果不愿意失败，那么就应理智地接受劝告。康德说："如果你想因行为不端而指责一个人，那么不要把他的行为和话语称为愚蠢，不要说，也不要想，他的行为或他所说的话毫无意义。"相反的是，你时时都要设想，他愿意在行动中表现出理性来，并且努力去寻找它。应当努力找出骗人的假象，并指给他看，以便让他自己用理性去判断，他是错的。要知道能够说服人的只有他的理性。同样，要说服一个有不道德行为的人，只能用他自己的道德情感，不要先入为主地以为最不道德的人不能做出合乎道德的事来。超前还反映在人们的思想和行为是正确的，但正确的东西并不一定就能实行，就是实行了也并不一定会得到好的结果。人们认识的限制导致不能马上接受，甚至反对你的观点和行为。就像历史上的变法者王安石、康有为等，都是历史上的悲剧人物。现实生活中，有些改革者做出了出众的业绩，仅仅是因为出现了某些失误或者错误，而遭到不公正的待遇就说明了这个问题。有些事情早两年出现就是问题，就要被处理。晚两年出现就被认可，就什么问题也没有了，反映了人们的认识水平给超前者带来的利害关系。思想是正确的，但行为超前了，也不一定得到好结果，这就不是认识问题了，而是认识脱离了实际。就是说思想没有错，但并不真的了解实际情况，思想和实际脱节了，结果受到了惩罚。人的生活经历不同，社会阅历不同，如果对从事的工作缺少经历、阅历和经验，那么认识或行为就必然存在脱离实际的问题。理论认识水平不够，缺少认识事物的方法。在这方面很有知识和经验的人也会出现问题，因为社会知识变化太快，谁也不能保证不出错。认识问题总是从事物的一极、一端入手的。然后再认识事物的另一极、另一端，最后把握住这两极、两端的结合点。这是个困难的过程，往往在一极、一端上停留许多时间，这就难免造成拘守一极、一端的情况。思想方法是个人问题，也常常决定人的命运。人类进步在呼唤和要求超前，而超前者又常常因为人家不能接受，成了枪打出头鸟的对象。这是无以摆脱的二律背反，作为超前者只能在这悖反中寻找自己的路。真诚是一种心灵的开放，很少发现十分真诚的人，通常所见的所谓真诚，不过是一种想赢得别人信任的巧妙掩饰。对谈论自己和展示愿给别人看的那些缺点的欲望，构成真诚的一大部分。再没有比请求劝告和给予劝告的方式更不真诚的。虽然他只不过是想要人赞同他的意见，为他的打算提供担保。而给予劝告的人则表现出一种真挚热情的无私来回报这种信任，尽管在给予的劝告中最常寻求的只是他自己的利益和光荣。意志薄弱的人不可能真诚，不管对那些谈论人的真诚抱有怎样的怀疑，总是相信他们的话比对别人说的话更真实。

■攀登智慧长城要有抑制嫉妒的力量

要赢得美德的名声，就得真正做一个有美德的人，衡量一个人的美德，不是看他是否做出过惊天动地的伟业，而是看他是否做出过日常的努力。苏格拉底认为，要赢得一个美德的名声，最快捷可靠的方法，不是在人们面前做出有美德的样子，而是在自己身上下功夫，真正做一个有美德的人。利希腾贝格则直言，让别人认为我们是好人很难，不如去做一个好人，即我们想要别人认可的那样的人。当人习惯了只为世俗名望而生的时候，他就觉得做人很难，如果不照所有人的行事方式去做，他就会落个愚蠢和无知的名声，甚至被人视为坏人。只有在对古今智慧全面整合的基础上，经由现代人类创造性实践，方有可能寻求人类文明发展整体观的正确性。实际上总有些人找不到正确认识问题的归宿，出现了一些不良现象，嫉妒就是不愿意别人比自己好。人在很小的时候就有嫉妒了，而且毫不掩饰。看见别的孩子有了好东西就想自己也有，如果没有就贬低或是敌视，至少是不高兴。长大了进入社会，嫉妒也便有了。值得说明的是，嫉妒是人的挫折心理的一种表现。实际上是看到别人的成绩、长处等产生了自卑、自馁，自己又无以自强，由此才有嫉妒的。这才是嫉妒的真实根源。现实社会上的流言、诋毁、争夺、报复、打击、残害等都成了嫉妒的工具。法国服装大师皮尔·卡丹就说过："我已被人骂惯了，我每一次创新，都被别人抨击得体无完肤。但是，骂我的人接着就做我做的东西。"在一九五九年他成为巴黎第一流设计师的时候，却被巴黎时髦女服辛迪加驱逐出组织。心理学理论中有个"酸葡萄效应"，出自伊索一则寓言。那只够不着葡萄的狐狸说葡萄是酸的。一些人也有这种酸葡萄效应的表现，总爱和人比较，不服气又妒忌。

产生的心理根源是生活态度不对，眼睛总是瞅着别人而不是自己，不是把力量放在自己身上，想办法发挥自己的优势，却今天这个事明天那个事，似乎是在为别人活着。把力量放在自己身上，努力提高自己，是能把握自我的人。把力量放在别人身上，计较别人，是缺少自我的人。从自然界到人类社会，嫉妒似乎无可避免。应该说，任何事物都有它内在的原因，嫉妒也是一样。人为了生存，也为了发展，必然要保护自己。不只是外在的身体，也包括内在的心理。这种保护的基础就是自尊和自信。如果缺少自尊和自信，人也就失去了基本的自我保护能力，嫉妒就是自尊和自信的外围防护。尽管这是一种不健康扭曲了的心理，但嫉妒毕竟有一种自尊在里面，所起的作用也是不使自尊和自信受到伤害。心理学有一种叫作"保护性偏见"的心理现象，是人在评价自己和他人时，往往过高地评价自己，过低地评价别人。而对成绩和错误的归因，则多把成绩归于自己的努力，多把错误归于外在的因素。嫉妒就是在此之上产生的带有情感性的认识偏见，起着保护自己的作用。所以，嫉妒也会激发起自尊基础上的竞争。英国科学家波普说："对心胸卑鄙的人来说，他是嫉妒的奴隶，对有学问、有气质的人而言，嫉妒却化为竞争心。"自然，竞争心并不就是由嫉妒引出，只是说它也起了一定的作用。所以，确立自己的主体意识，唱自己的歌走自己的路，才是克服嫉妒的根本所在。从人的认识上看，嫉妒是在比较中产生的，在比较中不服气便产生嫉妒。而在比较中，人的认识却会产生一系列的误区，自己有的别人没有自然就看得清楚，并可以据此骄傲。但如果自己没有而别人有，就看不清楚了，便容易产生嫉妒。在社会中生存，不能只看眼前的得失成败，把视线放在长远的未来，登高望远自然是另一番景象。能够忘记跟幸运有关的事情，而不是跟技巧有关的事情。人们记得最清楚的事是那些最好加以忘记的事，记忆不仅是难驾驭而且是它在最被需要时丢弃人们。记忆也是愚蠢的，它在不被需要时插上一脚。它在痛苦的事情之中显得活跃，但却疏于回想愉快的事。时常治疗疾病的唯一药品是忘记疾病，而我们所忘记的却是药品。无论如何，人们应该培养好的记忆习惯，因为记忆能够使生活成为天堂或地狱，天真地享受单纯快乐的快乐之人是一种例外。一位学者说："一个平庸的人，往往只要谈几句话就可以断定他的平庸。一个伟大的人，却多半要在长期观察以后才能确信他的伟大。我凭直觉可以避开最差的东西，凭耐心和经验才能得到最好的东西。"实际上，伟大多是在别人宣扬了伟大，众人才跟着说伟大的。长期观察也观察不到自己认识不到的东西，人往上多不情愿看比自己强的人，往下看比自己弱的人没有心理障碍。往下看既居高临下，又可欣赏自己。熟悉很难产生敬畏，反而容易产生嫉妒。就像墙里开花墙外香，墙里人对优与劣都看得比较清楚，自然是很难高大。而墙外人只凭名声来评价。从根本上说人类还远没有成熟，消极的往往浅露在面前，深刻的却躲藏在背后，因了解的少不可避免地会产生误解和嫉妒。英国哲学家罗素有段名言："在普通的人性特点中，妒忌是最为可叹可悲的……它不是从自己拥有的一切里汲取快乐，而是从他人拥有的东西中汲取痛苦。只要他能够，就设法去剥夺他人的优点长处。如果任凭这种热情肆意泛滥，那么它对任何美德甚至对最有用的特殊技巧的发挥都是致命的伤害"。培根也说："与其他感情相比，只有爱情与嫉妒是最能令人消瘦的。这是因为没有什么能比爱情与嫉妒更具有持久的消耗力。"值得注意的是，嫉妒在相似的人中间更容易发生，如年龄、性别、职业、职务、水平、成绩等。再有那些闲暇的人嫉妒相当容易流行。因此，根除嫉妒不是件易事，但区分小我与大我、近我与远我可能是最为紧要的。

四、智慧金字塔上的巨魂

智慧是那样的神秘，又是那样的坚实，就像埃及的金字塔。知识是第一层次，是智慧金字塔的塔基，无知即无智，无知就无能，这些指出了基础在形成智慧中的重要性。

■ 理性是走进智慧金字塔的钥匙

理性中蕴涵着智慧，情绪中同样包含着智慧。情绪智慧的提法越来越得到广泛的认同。情绪智慧的高低，决定了一个人对自己情绪的意识水平、管理水平的高低。情绪智慧高的人，无论在工作还是人际关系中，都能够取得成功。方法是产生智慧的催化剂，智谋本质上也是方法，只不过它侧重于在社会生活中运用罢了。人类已经进入智慧进化的辉煌时代，生命科学、生物工程、脑科学、信息科学、系统科学的迅速发展，极大地促进了人类对智慧的研究与发展。智慧的含义当然不能用简单的公式表示，但公式便于论述和记忆，借助公式表示在理论研究上已被广泛采用，所以在公式引领下阐述智慧的含义无可厚非。人的智慧等于知识加上智力加上方法。人脑对三者的综合，不是线状链式综合，而是塔状三角综合。这种塔，不能与物质世界中的金字塔等同观之。知识、智力、方法，虽然处于高度相对不同的层面，也有相对的独立性。但它们又是密切融通、互相依存、相互促进的。掌握系统的知识是发展智力选择方法的条件，但在掌握知识过程中，又离不开借助多种智力和运用科学方法。产生智慧的塔式结构，基础层面储备知识，包括直接知识、间接知识两种。中间层面运用智力，大致包括观察力、记忆力、想象力、思维力、创造力。上面层面产出思维成果，人的知识是有局限性的，而方法却有很大的灵活性和创造性。著名的科学方法，凝聚了许多科学研究成果的精华，是人类思想的结晶，是思维宝库中的金钥匙。方法是智慧皇冠上的明珠，虽然它处于智慧的顶端，但是其光泽却能使智慧的中下层同样熠熠生辉。一个人的知识系统中有方法子系统，该系统使知识与方法相互作用，形成滚雪球的机制，就会使知识形成优化的结构。培育一个人的智力，借助科学的方法才能高效快速。方法的作用如同飞机使人们邀游太空，如同显微镜使人们看到微观世界，计算机帮助人们高速运算。如今人们在破解智慧产生的奥秘探索智慧开发的途径时，又创建完善了系统论、信息论、控制论、耗散结构理论、系统动态学等。及时吸收这些新的科学思想、方法，能为增强智力提供极大的补益。用智慧去撩开智慧的面纱，人们常常将理性与情绪对立起来，其实这是一个错误的认识，要知道人都不会放弃道德自由的可能性。在苏格拉底看来，有这样一些人喜欢发怒，他们往往无缘无故地发怒并危害别人，吝啬的人总会想占有别人的财富，危害别人是为了自己的利益。人总是以自认对自己有利的方式行事。因此，爱比克泰德告诫道，如果你能牢记住这一点，那么你对任何人也不会发怒，对任何人也不会指责、咒骂。因为，如果一个人做了令你不快而确实对自己有利的事，那么他就是对的，也不可能不这样做。如果他做了错事，做了对他不利而有害的事，那么他就会不好受，这时应当怜悯他，而不能对他发怒。圣经中的箴言告诉人们，不轻易发怒的人，有大聪明。情绪智慧是可以控制和锻炼的，关键看个人的意志。有这样一个耐人寻味的故事：有一个坏脾气的男孩，他父亲给了他一袋钉子，并且告诉他，每当他发脾气的时候就钉一个钉子在后院的围栏上。第一天，这个男孩钉下了三十七根钉子。慢慢地，男孩每天钉的钉子减少了，他发现控制自己的脾气要比钉下那些钉子容易。有一天，这个男孩觉得自己不会失去耐性而乱发脾气了，就告诉了父亲。父亲又说，每当能控制自己脾气的时候，就拔出一根钉子。一天天过去了，男孩告诉他的父亲，终于把所有钉子给拔出来了。父亲拉着儿子的手来到后院说：你做得很好，我的好孩子！但是看看那些围栏上的洞，这些围栏将永远不能恢复到从前的样子。你生气的时候说的话就像这些钉子一样留下疤痕。如果你拿刀子捅别人一刀，不管你说了多少次对不起，那个伤口将永远存在。话语的伤痛就像真实的伤痛一样令人无法承受。现实中，人们在发怒时的言行给别人造成的伤害是无法弥补的。我国古代荀子说过：伤人以言，深于矛戟。

■ 聪明是走进智慧金字塔的阶梯

能足智者天不穷。聪明和智慧自然是有不一样的内涵。聪明是一种小智小慧，而智慧则是一种大聪明。中国文字的创造是极少重复的，每一个词汇的出现都有它特有的含义。聪明是知识的根基，知识是聪明的记忆，先天的聪明加上后天的努力会取得丰富的知识。智慧是把知识过渡到学问的桥梁，是化知识为学问的催化剂，知识的运用需要智慧，只有智慧才真正运用知识。人生天地之间，头顶青天脚踏厚土，沐浴阳光雨露，食用地生百谷，当效法天地以尽人道，弥补天地之不足，共参天地之化育。如果把聪明比做小家碧玉的话，那么智慧就是大家闺秀。聪明是一种感性的东西，智慧则是十分理智的产物。聪明更可能是先天带来的，而智慧是后天培养的，是建立在聪明之上的智力。聪明的人未必都能达到智慧的境界。智慧的人没有不聪明的。生活的历练可以增长人的智慧，所以智慧还是可以通过后天的努力获得的。《辞海》里对聪明的解释是视听灵敏，重在感官上的表现。可见，聪明更强调的是一个人先天的财富，说明的是一个人的质地优秀。人的聪明与智慧是应该有区别的，它们就像猿人的手与脚一样，既有区别，又有重叠。而《辞海》对智慧的解释则是事物能认识、辨析，判断处理和发明创造的能力。显然智慧理性多了，智慧是生活中的某些经验，也是某些经验的总结，最重要的是智慧是一种创造的能力。聪明侧重的是智力的表述，智慧侧重的是对能力的肯定。聪明和智慧在心态上也有不同的表现。智慧相对于聪明而言，是一种更加成熟的心态。可能看到一个聪明的人暴躁，却很少见到一个智慧的人乱发脾气。面对困境的时候，智慧的人是冷静的审视，客观的判断，适度的行为，行事的完美。而聪明的人可能急于下结论，考虑欠周全。当然这仅仅是两者的微妙区别，共同点是一种高于常人的智力，是一种对才智的赞美。人并非生而完美，每个人都得发展自己的个性和事业直到完美，以使我们的成就和美德达到圆满的境界。要达到如此境地，必须具有纯良的嗜好、清晰的思想、成熟的判断以及坚定的意志。有的人永远也无法达到完美的境地，总是欠缺什么，还有人则需长时间的修炼方能初见成效。完美的人应该说言语明智，行为谨慎，更得贤者青睐，他们愿与之亲密结交，并乐得与之为伍。品味更需脱俗，在鉴赏力方面应与众不同，当事迹取悦众人时，过分的欢迎和喝彩不能满足明智的人。有些人对于名气显得反复无常，不是在太阳神甜美的滋味中发现愉悦，而是在众人的呼吸中发现愉悦。另一方面，在智力方面也与众不同。减少无知，减少惊奇，应高度重视这种现象。宁静是生命的一份从容，事业的造就需要宁静。居里夫人一生追求宁静的家庭环境和简单的生活方式。作家孙犁坚持不赶时髦的风潮，不受庸俗的捧场，为自己创造一个宁静、清爽的天地。齐白石到了暮年还为求得画风的改革，言明"饿死京华，公等勿怜"，闭门十载而出大气。可见"非淡泊无以明志，非宁静无以致远"是多么深刻。静思时海阔天高，天地豁然博大。一个人的智力发展要以遗传因素为基础，这是无法更改的，人们所做的只能是后天的培养。后天的努力是将先天的优势发挥出来的关键。科学家最新研究表明，天才主要是后天努力的结果。勤能补拙是良训，一分辛劳一分才。像华罗庚和爱迪生这样的科学家仍然强调后天努力的重要性。在西方，古时候有个国王召集一些大臣，要编一本《古今智慧录》，将世界上最聪明的思想留给子孙。大臣们完成了一本洋洋十二卷的巨著。国王看了说："各位大臣，我相信这是古今智慧的结晶，但它太厚了。我怕人们读不完，请把它浓缩一下吧！"这些聪明的大臣又进行了长期的努力工作，几经删减后，变成了一卷书。然而，国王还是认为太长了，又命令他们再浓缩。结果大臣们把一本书浓缩为一章，然后缩为一页，再变为一段，最后变为一句。国王看到这句话时，非常满意。他说："各位大臣，这确实是古今智慧的结晶，全国各地的人一旦知道这一真理，大部分的问题就可以解决了。"这句凝聚世界上最聪明思想的话就是："天上不会掉馅饼。"还有一种生活态度，就是用愿望支撑自己的精神，用牢骚填补失去以后的虚空。人丢掉自己的只找别人的，就失去了最基本的立足点。人不能丢掉社会的只找身边的，这样就失去了更高层次的财富和水准，如同眼前的山挡住了视线丢了山外的天，人不要丢掉了长远，而只顾眼前，这样就失去了富有的生活和生命，只有今天没有明天。在认识问题时不要徘徊，要敢于一跃而下。比如当人们在冷天游泳时，有些人先蹲在池边，将水撩到身上，使自己能适应之后，再进入池子游。有些人则可能先站在浅水处，再试着步步向深水走，或逐渐蹲身进入水中。更有一种人，做完热身运动，便由池边一跃而下。最安全的方法，是置身池外，先行试探。其次则是置身池内，渐次深入。最感觉冷水刺激的是第一种，因为置身较暖的池边，每撩一次水，就造成一次沁骨的寒冷，倒是一跃入池的人，由于马上要应付眼前游水的问题，反倒能忘记了周身的寒冷。与游泳一样，当人们要进入陌生而困苦的环境时，有些人先小心地探测，以做万全的准备。但许多人就因为知道困难重重，而再三延迟行程，甚至取消原来的计划。又有些人先一脚踏入那个环境，但仍留许多后路，看着情况不妙抽身而返。当然更有些人，心存破釜沉舟之想，打定主意全身投入，由于急着应付眼前重重的险阻，反倒能忘记许多痛苦。在生活中不妨做一跃而下的游泳者，虽然可能有些危险，但会发现当别人还犹豫在池边，或半身站在池里喊冷时，因为敢于一跃入池，早已自由自在地来来往往，把凛冽的寒气丢在了脑后。在陌生的环境，由于敢于一跃而下的人较别人果断和快速，较别人敢于冒险和实践，因而能把握更多的机会，所以往往也是成功者。

一个富有智慧的人，眼界是宽阔的，思维是发散的，方法是灵活的，能够兼收并蓄，收放自如，让一切创造活力充分迸发和涌流。

第四章　智慧之策

一、智政是领导力提升之策

智政是一种更高层次的领导活动形态，它是时代的呼唤和社会进步的产物。所谓智政，就是富有智慧的现代领导活动形态，是体现领导科学规律，体现现代领导工作需要的一切领导实践的统称。它表现在注重开发、运用领导者与被领导者的智力、智能和智慧，以追求领导工作的最大效能。

▇智政领导方式的深刻变革

有"智"者事竟成。这句话道出了现代领导活动的真谛，因此现代领导者要善于用智，努力实现智政。智政是领导活动发展的新趋势，纵观国内外领导活动的发展史，可以清晰地看到几个前后相继的发展阶段。首先，经验领导是普遍现象，接着科学领导占一定优势，后来是艺术领导不可阻挡，现在则是智慧领导成为新的时代潮流。在农业社会和工业社会初期，领导活动形态以专制为主要特征，管理者靠的是施用权术，实行的是经验领导。当时的劳动生产力十分低下，社会分工特别简单，社会发展极为缓慢，领导环境几十年甚至上百年一成不变，领导活动几乎都是一个模式。在这种情况下，有较为丰富的领导经验，靠一定的权术就足以应对一切。所以，那个时候主要是凭借个人地位和权力实施家长制领导，特别强调祖宗之法、先贤遗训，尊崇外儒内法。工业社会成熟时期，社会生产力长足发展，人们思想得到极大解放，产生了工业化大生产所需要的管理技术，科学领导成为主流。科学领导的标志就是定量化、模式化。科学管理的鼻祖泰勒在设计生产流程时，甚至把工人使用铁锹装卸货物的动作都一一进行了分解。然而，社会生活是丰富多彩的，管理活动也是丰富多彩的，不可能像大摆钟一样滴滴答答、按部就班地走下来。领导工作存在随机性、多样性和不确定性，用纯粹的技术来规定，把握不了领导工作的实质。随着生产力水平的进一步提高，物质财富日益丰富，人的需求越来越复杂，行为科学应运而生，反映到管理理论和领导思想中，就是要求领导者在重视对生产过程、生产成本控制的同时，更重视对人的认识、理解和关心，善于运用"软权力"，讲究领导艺术。社会在不断发展，领导活动也在不断发展。当今社会进入一个全新的转型期，生产方式发生了深刻的变化，一是从物质型生产向非物质型生产转变，二是从体力劳动向脑力劳动转变，三是从封闭性、地区性向开放性、全球性转变。这些变化带来了整个社会的经济结构、文化模式以及人们的社会关系、思想观念、价值取向的深刻变化。现在知识更新的速度是新的"摩尔定律"，知识已经资本化，已经成为生产要素中最重要的组织部分。信息化、网络化的发展，使信息的获取和利用具有同时性、同位性的特点，各种思想、文化广泛交流，激烈碰撞，相互渗透融合。在这样的社会大背景下，领导活动也不可避免地要发生与之相适应的变化。在实践中，一些"领导悖论"逐步显现出来，领导工作是理性的、有规律可循的，同时，它又是非理性的，没有什么规律可循的。领导工作是共性的、普遍性的，同时又是个性的、特殊性的。领导工作是科学的，又是艺术的。领导工作需要丰富的经验，但应反对经验主义。领导活动究竟是什么样的？过分的理性或者过分的非理性，只讲科学或者只讲艺术可能都不适宜，最明智的做法是使这些看似"悖论"的东西高度地、有机地融合起来，使我们的领导工作既不仅是技术，也不仅是艺术，而是更加富有智慧，朝着"智政"的方向发展。领导者要努力把握领导活动发展的新趋势，不断摸索特点规律，使思想、观念、行为更加符合时代发展的要求。智政是建设政治文明的新课题，建设政治文明，是党在新时期、新阶段全面建设小康社会的一个重要目标，领导者是政治文明建设的设计者、组织者，更是实践者、带头人。要大力加强和改进领导工作，使之更加适应社会发展，体现时代性，把握规律性，富有创造性，这也就是智政的要求。政治文明要丰富和发展具有时代特点的领导精神，即坚定的政治信念、强烈的社会责任感、尊重人理解人的平等意识、崇高的荣誉感和自豪感。要树立现代领导的价值观，科学决策的观念，开放竞争的观念，依法治政的观念。政治文明体现在领导方式和行为上，就是既要勤政，又要廉政。勤与廉是做人的基本道德和为政的必要品质。在一个讲发展、求发展，快速发展、协调发展的时代，领导者仅有勤和廉是远远不够的，还需要有智，不仅要办事，而且要办大事、办好事、办经得起历史检验的事。党的领导人在处理重大事件时，比如抗战结束时的和谈、建国后外交局面的打开等，也都充分体现了大智慧。可以说，没有党的高度智慧，就没有今天这样的成就。但从时代的发展要求看，一些领导讲智用智还不够，办蠢事的现象也有。有的为了追求政绩工程，头脑发热，不顾实际情况瞎指挥。有的为了蝇头小利，不惜破坏环境，毁灭资源，竭泽而渔。在著名风景区耗巨资修起一座号称世界上最高的观光电梯，搞得不伦不类，大煞风景。作为领导者头脑糊涂比身子懒惰更可怕，瞎干事比不干事更可怕。智政是推进建设与发展的新要求。毛泽东同志之所以智慧出众，胆识超群，不仅是因为他具有突出的聪明才智和意志品质，更重要的是他找到了获得智慧的正确方法，他说："凡是忧愁没有办法的时候，就去调查研究"，"我是靠总结经验吃饭的"，这就是毛泽东同志提出的一个重要方法，也是他的经验总结。调查研究、总结经验这八个字看似简单浅显，实则奥妙无穷。总结经验就是要上升层次，调查研究就是要求真务实。但也要注意事物的另一面，经验毕竟是具体的、零散的，本身有着很大的局限性，满足于领导经验，就必然会成为经验领导，容易产生以偏概全的片面、刻舟求剑的僵化、先入为主的随意，甚至陷入经验主义的泥潭。实现智政要深层次开发智力，不断提高认知能力。高智力来源于科学的思维，一个人智力的多寡、质量的高低，反映着主体素质。近年来生理心理学的研究与实践表明：人类进化的程度取决于使用大脑的程度。脑力劳动的主体地位决定着人们要有理性的思维，而思维的深度和广度又反映着智力的水平。科学的思维方式主要来源于对基本理论的学习掌握。一些同志只关注自己所分管的具体工作，对学习基本理论不够重视，似乎基本理论主要解决政治信仰和政治立场问题，与做好实际工作关系不大，这是思想认识上的误区。基本理论提供的世界观方法论，是科学思维的指导，是认识论、方法论的基石。辩证思维可以摆脱传统的思维模式，拓宽认识的视野，尤其是在加速发展和变革的时期，各种探索和超越，领导工作的创新，都需要理论作为先导。重视利用有形的物质资源，更要着力开发无形的知识资源和智慧资源，领导工作的本质，就是对组织资源的配置，把资源配置好正是领导者的价值所在。智慧和知识这种无形的资源可以反复使用，不断升值，是取之不尽、用之不竭的。领导工作的全部意义在于实践。领导者的真知也来源于实践。离开了实践，知识就是教条，智慧也就形成不了。领导干部要自觉尊重实践、勇于大胆实践，不断在实践中丰富才识、增长见识、培养胆识。我们要认识到，没有理论指导的实践是盲目的，没有深入思考的实践是浅薄的。要坚持思与行的统一，自觉以科学理论为指导，在思考中寻求实践的正确方法，在实践中不断升华思想认识，以拓展实践的空间，提升实践的层次，延伸实践的深度和广度。实现智政要充分发挥智能，突出强化领导效力。所谓智能，就是用智的能力。智能为大家所熟悉，是从人工智能这个概念开始的。其本意就是赋予机器一定的程序，实现操作的自动化，以提高工作效率。智能引申到领导科学研究领域，就是强调领导者在适当的时机，运用适当的知识，做出正确的决策，使组织的运转更加灵敏高效。现代领导者要特别重视领导工作的效力，要充分发挥领导工作智能，讲求领导工作的科学性，努力以最少的投入，最简捷的办法，求得最好的结果。要着力培育法治精神的土壤，法就是规矩，就是程序，就是原则。守着规矩就意味着守着自由，有规矩能按规矩办事，善于按规矩办事，领导工作才能更加得心应手，更加富有效力。但是，由于在传统文化中，君权至上，崇尚人治，法治的精神始终没有很好的土壤，没有生下根来。现在都讲究科学领导，希望通过规范化、程式化、制度化使领导工作简捷高效。一是要用主要精力做好制定政策、完善制度的工作。邓小平同志讲，"没有制度工作搞不起来"。依靠制度开展工作是最大限度地拓展我们的脑、延伸我们的四肢最有效的办法。制定一项好的政策，比开一打会、讲一千遍理还管用。二是要使法规制度具有至上至善的品质。立法不是立罚，按制度管人不是把人管死，而是要管活管好。好制度造就好人。在制度设计上，一定要给制度一个理性的杠杆，体现至上至善的原则。这样，才能把管理者和被管理者双方的切身利益最大限度地联系起来，把组织意志和群众意愿有机地统一起来，使群众具有普遍服从的内驱力，以保证法规制度的生命力。三是要严格执行制度。严格的制度本身不会造成自律，只有严格执行制度才能带来自觉的自我约束。管理的灵活或许是一种艺术，制度的灵活必定是一种灾难。在实际工作中，有一种比较普遍的现象，就是有的领导虽然自我要求比较严，但因为怕丢选票怕得罪人，不敢大胆管理当老好人，这种做法也十分有害。领导工作是需要坚持底线的，无原则的畏缩和放弃，从小的方面说领导的个人尊严不断递减，从大的方面说一个单位的正气容易弱化，部属上进的精神容易受到影响。衡量领导的能力，重要的是看解决问题特别是解决棘手问题的水平。实践中，有的领导潇潇洒洒，谈笑间问题迎刃而解。有的领导忙忙碌碌，到头来还是问题成堆。有的领导从容面对妥善处之，让方方面面都满意。有的领导优柔寡断举措失当，致使矛盾激化，小问题变成大问题，这反映了领导者处理问题的智能不同，结果就会大不相同。智慧领导者，应该是出色的矛盾解决者，出色的问题解决者，能够敏锐掌控问题和机会之间的差异，善于化危机为转机，在解决问题中推进工作，在解决矛盾中提升工作。当然，解决问题需要感情，更需要勇气。古人讲，智者不惑，仁者不忧，勇者不惧。作为领导者要有勇气面对问题和矛盾，要用艺术的手法解决问题和矛盾。更进一步说，解决问题光凭艺术还很不够，更需要付诸感情。高明的艺术来自真挚的感情。有一位年轻的母亲买菜回来，远远看到自己孩子爬到了阳台上，眼看就要掉下来。她焦急万分不顾一切地拼命往前跑，刚好在孩子掉下来的一刹那，稳稳地把孩子接住。这件事在当地引起轰动，电视台用布娃娃作道具，想重现这个奇迹，连试三次这位母亲都没有接住。大家很不理解，这位母亲一语道破，因为孩子不是自己的并且是假的。这说明只有倾注感情，才能真正解决问题。各级领导应自觉贴近实际、贴近生活、贴近群众，把工作当事业干，把单位当家园建，特别是在涉及人民群众切身利益的问题上，更要倾注感情做工作，真正做到权为民所用，情为民所系，利为民所谋，这样才能最大限度地发挥智能，把领导工作中遇到的矛盾、问题妥善解决好。

■ 实现智政要全方位启迪智慧

充分激发创造活力。领导者的一切创造，来源于领导智慧。智慧是人类的内在本质，是最为灵动神秀的东西。在日常生活中智慧无所不在，但又很难说清楚。对智慧的定义，自古以来仁者见仁，智者见智。智慧是创造的源泉，是创造力的根本，当今是信息时代、网络时代，智慧已成为这个世界的主宰。要努力学习知识，更要努力增长智慧。从领导科学的角度来讲，一个富有智慧的领导者，眼界是宽阔的，思维是发散的，方法是灵活的，能够兼收并蓄，收放自如，让一切创造活力充分迸发和涌流。所以说领导智慧是所有领导素质中最精粹的部分，是最高境界的综合性领导素质。它以悟性和创造性为基本特征，包含了充分的科学性和艺术性。要运用领导艺术的魅力。领导艺术是领导者巧妙地运用各种领导条件、领导原则和领导方法，创造性开展工作的领导技能，是领导者智慧、学识、才能和胆略的综合体现。有艺术才有魅力，有魅力才能增强影响力。领导者的影响力往往比强制性的权力更能左右部属的思想和行动。领导艺术贯穿于领导活动的方方面面，但领导艺术无论怎样玄妙和高超，表现形式多么不同，都是领导者的主观能动性和领导活动的客观规律性相结合的产物，是有规律可循的。要很好地予以把握，灵活自如地运用。一是要把握领导艺术个性化特征。领导艺术来源于领导者的阅历、知识、经验，往往具有浓厚的个性色彩，有着难以言传的个人魅力。领导艺术没有唯一正确答案，你的方法是正确的，他的完全不同的方法，在另外的情境下，也是完全正确的。二是要把握领导艺术非模式化特征。领导艺术是非规范化、非程序化、非模式化的，没有固定的公式，没有现成的套路，更多的是例外，需要感悟，需要灵感，需要很多非理性思维。运用之妙，存乎一心中的妙，就是这种非模式化的体现。同样是批评人，有时就是拉拉袖子，有时则要一针见血，有时需要和风细雨，有时就要板起面孔。三是要把握领导艺术创造性特征。领导艺术与领导变通、领导变革连在一起，是灵活的、开放的、不断变化的，需要因事、因地、因人、因时而异，具体问题具体分析。四是要把握领导艺术融合性特征。领导艺术不仅要以领导者的知识和经验作为基础，而且要以领导者的才能和气质为前提，是各种知识、才干和方法的综合运用。

因此，单一的方法、技巧是有限的，只有综合运用多种方法和技巧，才能达到预期的效果。如抓领导班子的团结就需要有沟通的艺术、协调的艺术，乃至激励的艺术、批评的艺术。库姆说，权力就是这样一种工具，借助于它，可以驱使自己的追随者去做他们本不情愿的事，当这种工具不再发挥作用的时候，它曾产生的效果也就消失了。若想引导人的行为，有两种手段。一种是掌握人的意愿以理服人。另一种是强迫人违背自己的意愿和观点去行事。一种方法是被经验所证明的，并且总会取得最后的成功。另一种是被无知所利用的，其后果就是一无所获。一个民族与别的民族进行战争，其目的就在于，以强制的方式取得理想的地位，无知曾经引导人类，且至今仍在引导走暴力之路，永远将人类引向失望。要开发部属自我领导的潜力，领导工作从某种意义上讲，就是激发群众积极性和创造性。但现实中，有的领导要么是保姆型的事事包办，要么是警察型的什么都管。这样的领导方式，要激发大家的积极性和创造性只能是良好的愿望。最有效的办法，就是开发每个人自我领导的潜能。自我领导顾名思义，就是被领导者自己影响自己、自己作用自己、自己约束自己、自己激励自己。现代领导科学认为，被领导者在领导活动中绝不仅仅是被支配者，而是能动的要素。任何领导活动，都离不开被领导者的作用。对此，有人作过一个形象的比喻，说自我领导的结构像太阳系，每颗星星都很重要，星与星引力均衡，自行运转不息，达到统一和谐的效果。实际上，我们党的领导人早就创造性地提出了自我领导的思想，周恩来同志一九四三年就提出，领导群众的方式和态度，就是要使他们不感觉我们是在领导。实现自我领导，需要领导者提供服务、提供支持，创造环境、创造条件，更需要领导者进行有效的激励。优秀的领导者应该是动力专家，懂得如何运用不同的激励方式，引导部属快快乐乐地完成该做的事。激励有自身的逻辑和规律。如先我后他的逻辑，领导者必须首先激励自我，才能激励他人。你自己先得是太阳，才能温暖和照亮别人。先心后智的逻辑，先把精神层面的东西激励出来，有了信心、有了热情、有了兴趣、有了动机，然后才谈得上开发智慧的问题。先激后励的逻辑，激和励是不同的，激在行为之前，励在行为之后。激励要着力满足合理需要，实现物质激励与精神激励的统一。有人曾描述过领导的四种境界：一是"侮之恨之"的领导，就是领导者通过强迫命令等简单粗暴的方式实施领导，被领导者虽然表面上屈从，但心里很恨。二是"惧之敬之"的领导，领导者主要依赖行政命令和惩罚的方式实施领导，被领导者对领导敬而远之，保持一种畏惧感。三是"亲之誉之"的领导，领导者与被领导者的关系融洽，心理距离和感情距离近，大家感到领导可亲可近，当面背后都称赞。四是"不知有之"的领导，领导者的影响无所不在，但被领导者感觉不到被管理、被领导，总是不用扬鞭自奋蹄，自觉、自主、自如地干好自己的工作。生活中没有最好，只有更好。我们不可能做到完美，但尽量追求完美。领导干部要树立更高的标准，最大限度地开发智力、智能和智慧，不断提升领导工作的境界，努力完成时代赋予的使命。

二、智慧是优美的痛苦之策

法国作家罗曼·罗兰说："超越知识，拥有智慧知识越多，智慧就越多苦难——命运的恩惠。"要敢于正视痛苦，尊敬痛苦，欢乐固然值得颂赞，痛苦亦何尝不值得颂赞，这两位是姊妹，而且都是财富。

■ 苦难是成功的起点

有人问美国作家海明威，对初学写作者有什么忠告。他说最好是出门找一棵树上吊，倘遇救而后写作，并以上吊为开头。这话对一生中不知遭遇多少次风险、磨难、死亡，又以硬汉著称的海明威来说是可信的。没有体验过痛苦怎么懂得生活，苦难究竟能够给予什么。人的意志品质是很难从人为的渠道得到的，它几乎无一例外地生长在苦难、苦痛的磨练中。高尔基说："偶然的幸运，在我的身上渐渐地养成一种顽强的意志。生活条件越是艰苦，我就觉得自己越是坚强，甚至越是聪明。我很早就明白了，人是在不断反抗周围的环境中锻炼出来的。"贝多芬的《命运交响曲》是他耳聋的结果，但耳聋的打击却使他对命运的内涵有了更为本质的体验，由此他的作品就产生了永续不绝的震撼力量。一位学者说："喜欢谈论痛苦的往往是不识愁滋味的少年。而饱尝人间苦难的老年贝多芬却唱起了欢乐颂。"在痛苦中产生了向上的目的和冲力，我们面对的就绝不是灾难。许多智慧的领导者就是在苦难中脱颖而出的，巴尔扎克说："痛苦也有它的尊严，能使俗人脱胎换骨。"正是苦难把俗人造就成了英雄，也正如生物的变异，那些经常遭受突变打击的生物，会不断地产生变异，成为更为优异的、逐渐占据优势地位的种系。生活中苦和乐是一对矛盾，人们排斥苦而喜欢乐是天性，然而理性却并不等同于天性。《简·爱》的作者夏洛蒂·勃朗特说："就我记忆所及，但凡我获得什么重大的收益，都是以同等的痛苦为代价换来的。"贝多芬说："我们这些具有无限精神的人，就是为痛苦与欢乐而生的。可以这样说，最优秀的人物通过痛苦才得到欢乐。"这是说，生活是由幸福和痛苦这两极构成的，这两极相互依存，相互渗透，构成了生活的全部。要理解痛苦就需要幸福相关照，要理解幸福就需要痛苦来滋润，否则无法真正了解什么是痛苦。一位哲人说：你的心志就是你的主人。有这样一个故事：有个人遇到了难事，便去寺庙求拜观音。当他走进庙里猛然发现观音像前也有一个人在拜，那人长得和观音一模一样。于是便问："你是观音吗？"那人答道："是。""那你为何还拜自己？""观音"笑道："因为我遇到了难事，可我知道，求人不如求己。"是啊，如果人人都拥有遇事求己的那份坚强和自信，也许人人都会成为自己的观音。困境在智者的眼中往往意味着一个潜在的机遇，只是不曾想过。一个屡屡失意的年轻人慕名寻到老僧释圆，沮丧地说：像我这样的人，活着也是苟且。有什么用呢？释圆听后什么也不说，只是吩咐小和尚：施主远途而来，烧一壶温水送过来。小和尚送来了一壶温水，释圆老僧抓了一把茶叶放进杯子里，然后用温水沏了，放在年轻人面前说：施主，请用茶。年轻人呷了两口，摇摇头说：这是什么茶？一点儿茶香也没有呀。释圆笑笑说：这是名茶铁观音，怎么会没有茶香？释圆又吩咐小和尚说：再去烧一壶沸水送过来。沸水送来后，释圆起身，又取一个杯子撮了茶叶放进去，稍稍朝杯子里注了些沸水。年轻人俯首去看，只见那些茶叶在杯子里上下沉浮，一丝细微的清香袅袅溢出来。年轻人禁不住欲去端那杯子，释圆忙微微一笑说：施主少候。说着便提起水壶朝杯子里又注了一缕沸水。年轻人再俯首看杯子，见那些茶叶沉沉浮浮得更杂乱了，同时，一缕更醇更醉人的茶香轻轻弥漫。释圆如是地注了五次水，那一杯茶水沁得满屋生香。释圆笑着问：施主可知同是铁观音，茶味却为什么迥异吗？年轻人思忖着说：一杯用温水冲沏，一杯用沸水冲沏。释圆笑笑说，用水不同茶叶的沉浮就不同。用温水沏的茶，茶叶浮在水之上没有沉浮，怎么会散逸它的清香呢？而用沸水冲沏的茶，冲沏了一次又一次，茶叶沉沉浮浮，就释出了它春雨的清幽。是的，浮生若茶。

■ 磨难是成熟的起点

善于利用别人的智慧。一个人不管能耐有多大，智慧和才能是有限的。唯有借助他人的能力和智慧取长补短，为我所用，才能广采博集，发挥集体的智慧。蚂蚁是生物界中体形弱小的一种，由于个体的弱小，所以蚂蚁们特别懂得与其他生物取食共生，互惠互利。单个的蚂蚁在外面觅食或是侦察时，也从来不逞一时之勇，而是善于借助其他生物的力量，与其他生物相互合作。不借用其他生物的力量，是无法维持庞大的蚂蚁帝国的，更无法促使整个群体得到快速的发展。希腊哲人阿基米德说过："给我一个支点，我就可以撬动整个地球。"对于人类社会来说，这个支点，就是他人的智慧。一个人也好，一个集体也罢，不要嫉妒别人的能力比你强，而应懂得借助他人的力量与智慧，为自己所用。相传，佛祖释迦牟尼问他的弟子："一滴水怎样才能不干涸？"弟子答不上来，释迦牟尼说："把它放到大海中去。"可见，集体的智慧和力量是巨大的，单个人的智慧和力量总是有限的。比如踢足球，尽管你的技术很好，但如果在场上不和其他的队员配合，只打个人英雄球，那么不管谁当教练，都会把你换下来。因为只顾表现个人的队员，配合不好的球队是不能夺冠的。牛顿说得好："如果说我看得远，那是因为我站在巨人的肩膀上。"的确，除了他的自身实践之外，如果没有前人创造的高等数学和力学知识，牛顿也是不能创立地心引力论的。当然，浩瀚的大海是由千千万万滴水汇聚而成的，集体的智慧和力量也是由个人聚集而成的，只有每一个人都发挥才智，集体才会有无穷的智慧和力量。借助别人的智慧解决和处理问题，往往能够收到事半功倍的效果。自我反省就是智慧学堂，自我了解是自我改进的开始。不要屈服于不良习性。伟人从不被他人印象所左右，知道一个人的性情且体谅它，以便发现人的心机与天性之间的中庸之道。有的人天性骄狂，总是由着性子行事，稍有风吹草动就情绪波动。由于受不良习性的支配，总是卷入矛盾之中，这种过分的性情不仅毁灭意志的坚定，而且减弱他们做人做官的形象。而无畏是灵魂的一种杰出力量，是英雄涌现的驱动力，是使灵魂超越苦恼和面对巨大危险引起的情感。杰出的领导者正是靠这种力量，在那些最突然和最可怕的事件中，展现出一种平静的姿态支持自我，镇静源自于一个人的精神中的果断力。由于从果断中会产生出活泼和清醒，就使人对于危险和不幸没有恐惧。很多人在行事之前左思右想，但到最后还是出了问题。而有的人事先并未想到就达到了他们的目的。人们具有一些不同寻常的特质，这些特质在危急时最能发挥功用。它们就像怪人，在那些即时而做的事情上能促成成功，但却在经过久思的事情上失败。这些人要么是立刻想到一件事，要么就是从不想到一件事，对他们而言并没有可以上诉的法庭。办事神速会赢得喝彩，它可以表明你能力杰出、判断锐敏。而在行事上一定要十分谨慎，确保万无一失。人人都想拥有智慧，但结果并非都能如愿，有些反常现象常令人匪夷所思。人的智力状况大约有四种：愚蠢、狡猾、聪明、智慧。愚蠢的人即不知道事物来源，又不知所终的人。狡猾的人即南辕北辙，离目的地越来越远的人。聪明的人即观察仔细、思维清晰、判断准确、决策果断的人。智慧的人即思想与行为一致，大彻大悟达到至真、至善、至美、至实的人。智慧的人也是"随心所欲，不逾矩"的人。无畏应当响应心灵的祈求来支持心灵，而不是靠勇敢来给予心灵在斗争中的危急关头所必需的坚定。智慧的安全在于内心的节制，为了掏出东西，有人会盘问，使用驳斥的方式挖掘心中的秘密，甚至不惜设圈套。为了避免这些，谨慎的人应变得比以前更沉默。遇到不知所措的情况时，无论何时要保持克制，如果说一个人什么事也不能克制这不是真的，不能克制自己的，只有事先就让自己相信不能保持克制的人。在一件事上不加节制，会削弱在其他事上节制的能力。无节制的习惯就是一座房子下面的暗河，这样的房子是不免要倒塌的。如果遇到不知所措的情况，保持克制都好于有所行动。假如无法保持克制，知道那件事是好事，那么就不要问自己是做还是不做。可以说，以人人为师的人最具有智慧，能够克制个人欲望的人，生活中就轻松快乐。对自己已拥有的感到十分满足，应该说是世上最富有的人。能够善于克制自己欲望的，是人群中最强大的人。法国哲学家康吉兰说过这样的话："正是变态引起人们对常态的理论兴趣。规范只是通过这种偏离才得以确认，功能只是因被破坏才得以揭示。生命只是通过不适应、受挫和痛苦才升华到关于自身的意识和科学。"实际上，许多事情都是这样。在没有打破的时候，就看不出内里的究竟，就没有正视以至打破的勇气。而事物的发展又总是在打破自身的时候才能完成的。

■ 逆境是幸运的起点

培根说："奇迹多是在厄运中出现的。"这奇迹就是打破的产物。但世上没有坦途的大道，人们在生活中会遇到各种矛盾和困难，还会遇到不同的境遇，也就是通常说的顺境和逆境。顺境对成才者来说是一个巨大的帮助，但逆境也是一个幸运的起点。逆境逼使人打破自己，把自己揭开来看，又重新加以塑造。有的人所以念念不忘自己的痛苦和磨难，而且已经内化成了思想的财富，道理也就在这儿。一生未遇困难的人，只算是半个人。人在顺境中抓住机会向前走逐渐飞升，这时一定要正确处理好顺境中的自我。人往往是在逆境中注意约束自己，而一旦有了成绩，从抑郁到光明，就容易放松约束自己的思想和行为，少数人甚至表现出浮躁、浮浅。当然，人只要有了大目标，就不会被眼前的利益遮住眼睛。意大利有句谚语："假若幸运朝你走来，搬把椅子给它。"人在逆境中的最大困难是自己陷入自己而不是面对自己，如果把逆境作为事业过程中的一点，作为成功基础的一个阶梯，那么就会跳出逆境本身，从更高处来俯瞰逆境。当身在逆境时应当"不以物喜，不以己悲"，要看淡逆境看轻逆境。逆境是最好的老师，这是在逆境中挣扎过的人最好的体会。西班牙的一句俗语说得好："绷紧的绳子禁不住压。"我国历史上曾经有过"国家不幸诗人幸"和"愤怒出诗人"的说法，还有"穷则思变，困则谋通"的古训。可见，人们很早就重视逆境对人生、对事业的巨大作用了。逆境到底对一个人起着怎样的作用？人陷入逆境，会有很多原因，但不管是什么原因，他总是处在下游处于被动，甚至还看不到前景，眼前只有冰霜雨雾。于是要么被逆境扼杀，从此不再站立。要么奋争而起，一步一步地走向光明。其实贫穷也是一种逆境，日本的松下幸之助是一位获得全球声誉的企业家，而他早年贫困，只读了四年小学，身体也不好。但家穷思变，学历低更谦虚，疾病多靠毅力，成了他的财富，逆境从另一面成为人生巨大的动力。球王贝利说："愤怒和悲痛之后，才能懂得重新的寻找。"而在选择和寻找之中，也就面对自己，经受并必须完成自身的裂变，不管这裂变有多么困难和痛苦。自然，也就更容易发现自己的优势和长处，并显示自己的力量。正如西班牙葛拉西安所说："人在快要溺死的时候学会游泳。很多人都是在这时发现了自己的价值和知识。"这种发现常常对人生具有决定性意义。处在逆境中的人必须创造，必须自己去创造，因为他没有别的出路。而创造不但是新生，而且本身就是人生的财富。兰德勒姆指出，一个人处于"极度脆弱的、可变的、开放的和易接受的状态"时，如果遇到创伤，就会获得新知识。无论原因是什么，危机看来能成为创造力的激发性因素。危机并不始终是一种完全消极的经历。因为它能激励人、组织和社会作出更杰出的贡献，并达到自我的实现状态。逆境——奋斗——成熟，这是许许多多人的人生之路，而这条道路所给予的，往往更为深刻更为扎实。在发达时要为逆境做准备，这时恩宠是廉价的，朋友很多顺势大。因此保持一种平和心态，保持一种平常的生活，保持一种平凡做人的状态是明智的，因为逆境时一切都会变得代价高昂且无人相助。要保住一批友善和感恩的人，总有一天他们会升值。卑劣小人在走运时没有朋友，因为他们拒不承认别人是朋友，等他们倒了霉，他们所吃的苦头就够受了。大家最讨厌和蔑视愚蠢的人，最惧怕和痛恨狡猾的人，最接受和尊敬聪明的人，最崇拜和热爱智慧的人。人们可以从中感悟有价值的人生哲理，罗曼·罗兰说过："痛苦像一把犁，它一面犁破了你的心，一面掘开了生命的新起源。"当代著名的科学家霍金的事例为这一句话做了最完美的诠释。霍金一九四二年出生于英国牛津，二十一岁在剑桥读博士时，身患运动神经病，医生诊断他只能活两年。他周身瘫痪生活不能自理，语音失常不能与人直接交流，全身只有三个手指会动，在轮椅上坐了三十多年。就是在这样的情况下，他顽强地与病魔搏斗，与命运抗争，执著地进行科学研究，提出了越弦理论，写出了《时间简史》，解答了人类有史以来一直探索的一个带本原性的问题，做出了人类科学史上具有里程碑意义的贡献，被人称为活的爱因斯坦。残疾没有击倒他，反而使他的才能发挥到极致。他只能移动手指却试图征服整个宇宙。他之所以能支持到今天并取得卓越成就，最主要的是他具有强烈的使命感和极其坚强的意志。霍金的一生，是人类意志力的记录，是科学精神创造的奇迹。一位叫威廉·布朗的人说："失败只属于某个事件，而不属于人。"这话说得很有哲理。失败只是当时的一个历史事件。当历史的脚步声远去之后，这个事件也就不复存在。就像地球只有黑夜与白昼一样，人类智力的属性也只有善恶两种，与人于利的谓之善，与人于害的谓之恶。其中狡猾属于恶，而愚蠢、聪明和智慧基本同属于善。为什么说愚蠢不属于恶呢？因为愚蠢主要是由教育与遗传形成的，并不一定是本质问题，应该暂时把它划归为善的阵营。而聪明属于善的前提条件，就必须是善大于恶，也就是说聪明是善恶兼有，善大于恶。而智慧是一种绝对的善，这种善缘于本质，并非行为。应该说愚蠢的表现是，做事是既对自己没好处，有时对别人也没好处。也可以说是以不利己为主，损人时而有之。比如说典型的"掩耳盗铃"、"守株待兔"、"刻舟求剑"等。与智慧相左的是小聪明。小聪明最大的问题是被小利诱惑而失去大利，缺乏全局观和战略眼光，不大气，看上去占大便宜实则吃大亏，貌似精明实则愚蠢。佛书上说："大舍大得，小舍小得，不舍不得"，小聪明的人都是喜欢后悔的。阴谋是不择手段的"智慧"，与人性的邪恶有关。和光明正大的阳谋对比，阴谋往往由于对正义的恐惧而胆战心惊不得善终。阴谋因为不能给人类以安全感，所以自古以来遭到普遍的反对与谴责，也不可能成为社会的主流行为。但由于是高智商的邪恶，对我们的伤害也是不可小视的。聪明的表现是善大于恶，但聪明与狡猾很容易混淆，其原因就是它们认识问题的能力是相近的。区别是在于它们处理问题的方法，人们常常把私心偏重、做事损人利己的行为定义为狡猾。把私心轻、做事利大于弊的行为定义为聪明。聪明与狡猾之间由于环境、教育以及时间的推移，也存在相互转化的可能。智慧表现为利人利己，或舍己为人。愚蠢人因为不能认识世界，所以常常说或做一些驴唇不对马嘴的事情。聪明人因被世俗的利益所诱惑，因而不能大彻大悟。由于在性质上与智慧相同，只是像产品的质量有等级区别一样，认识问题的能力有差别而已。孔子说："君子喻于义，小人喻于利。"狡猾是以私利为轴心，而智慧是以公义为轴心的。狡猾者认为唯利是图是正确的。他们的信条是宁可我负天下人，不可天下人负我。他们宁可让十人、百人有损失，但不可让自己损失一根毫毛。而智慧则唯义是从，唯道理而行，重视的是真理的得失，而非物质利益的得失。人的智力状态，尤其是历史中一些有代表性的人物，必须经生活的各种方式表现出来，被人类、社会、历史、群众、未来所评价和总结。秦桧以莫须有的罪名，将南宋抗金名将岳飞用毒药害死在风波亭，留下千古骂名。秦桧不聪明，就无法爬到宰相这个位置，不狡猾就无法全身而退。骂他死后掘他家祖坟，说他来世下地狱，他根本不在乎。从哲学的角度讲，秦桧是现实主义者，追求的是今朝有酒今朝醉，追求的是本身利益和本身安全，根本就不在意人们的舆论。也从不相信有什么天堂和地狱，极其符合小人喻于利的特点。俗话说恶有恶报，唯一的就是对他心灵的惩罚，但秦桧的成本似乎又太低了，这就好像掠夺大量财富，只交纳少量罚款，不仅对恶人起不到警戒作用，反而是一种诱惑。通过对历史人物的分析，感觉狡猾与愚蠢相比，似乎愚蠢是小蠢，而狡猾就是大蠢，狡猾就是全恶。难怪英国谚语说："狐狸虽然狡猾，狐皮却常在店里悬挂。"

三、智者不犯同样错误之策

智慧是心灵的宝藏。如果说成为智慧者有什么方法的话，那就是永远不犯同样的错误。一个杰出的领导人物，博学多才、聪慧过人并不能保证可成就一番事业，重点是知道何时该强何时该弱，何时该进何时该退的处世哲学。

能自我否定就能自我超越

　　世上任何人都有缺点、弱点，古人曾说："英雄之所以成为英雄，并不是因为他们没有弱点，而是因为他们懂得如何发挥自己的优点，懂得如何克服自己的缺点。"人有弱点不可怕，可怕的是不知道弱点在哪里，对弱点不当回事，甚至被别有所图的人利用了还不知道。如果说能力上的弱点是外伤，性格上的弱点就是内伤。性格的弱点要勇于正视和注意。不要重犯一个错误，为了弥补一个错误而又犯其他错误，或者借着另一次鲁莽而原谅前一次鲁莽。既要举轻若重，又要举重若轻，从事容易的谈话时，要认为谈话是困难的，是为了使信心不致沉睡。从事困难的谈话时，要认为谈话好像是容易的，是为了使信心不致沮丧。耐心的勤勉可以克服不可能性，危急关头要当机立断立即行动，不左思右想以免贻误战机。避免做一件事做不成，那些自小环境十分顺利的人，却大多苗而不秀，秀而不实。自然往往给予人一分困难添给人一分智力。痛苦不是永久不可超越的障碍，反而是人们的刺激品，帮助锻炼人的身心，使其成为更坚毅更强大的人。钻石愈硬光彩愈眩目，而要将其光彩显示出来所需的摩擦也愈多。只有摩擦才能使钻石显出它全部的美丽。火石不经摩擦，火花不会发出，人们不遇刺激，生命火焰就不会燃烧。从一定意义上看，困境不是仇敌而是恩人，可以成为锻炼克服阻碍的能力。人不遭遇阻碍和挫折，人格本领不会长得特别结实。可以说，折磨、忧苦与悲哀，是锻炼人们意志的法宝之一。坦然承受生活中的困境与遭遇，也是生活的过程。困境是恩人，困难是恩人，有了困难才能淘汰不如我们的竞争者。锋利是从炉火的锻炼与磨削中得来的，许多人如果没有经历穷困潦倒，就不会发现自己的力量。灾祸的折磨足以帮助人们发现自己困苦，唯有失败和困难，才能使人变得坚强和无敌。凡是环境不顺利被摈弃被排除的人，往往日后会成大器。一次失败的教训可以用来支持很多其他的失败。世界上没有哪个人没受过指责。不会有哪个人总是在所有事上受到指责，同样也不会有人总是在所有事上都受到赞扬。因此，无论是赞扬还是指责都不值得多虑。只有明白是出于什么原因赞扬或侮骂，就不再那么看重赞扬，不再惧怕指责了。不仅不要自我夸奖，也不要让别人过于夸奖你。过于夸奖会冲击灵魂，因为它使人放弃对灵魂的关心，转而关心世俗的荣誉。在非洲大陆，动物一旦被舌蝇叮咬，就可能染上"昏睡病"。科学家研究后发现，舌蝇的视觉很特别，一般只会被颜色一致的大块面积所吸引，舌蝇从不叮斑马，就因为斑马一身黑白相间的斑纹。然而，斑马身上色彩对比强烈的斑纹，却使它很容易受到狮子之类的捕食性动物的攻击。这就意味着，在进化过程中斑马的选择使它冒有更多被狮子吃掉的风险，当然它也成功地躲掉昏睡病的困扰。这个世界上没有完美无缺的选择，这便是人生。正如熟悉又陌生的尘埃，它污染空气，但它又把天空渲染得更蓝。我们都有这样的经验，阳光照进室内，会有许许多多细小的尘埃在飞舞，正是这些小小的尘埃在反射和散射着阳光，使阳光变得柔和、舒适。大气层中尘埃还有过滤光的作用，它滤去太阳的红、橙、黄、绿等较强颜色的光，留下的是较弱的蓝光，这些蓝光被大气层中的尘埃吸收反射和散射着，于是，天空变得蔚蓝、温柔。天空容纳尘埃，原来是一种美丽的智慧。人们一生具有记忆过去和设想未来的能力，只是为了按照这两方面的想象，正确地决定现在的行为方式，而绝不是为了惋惜过去和准备未来。之所以为过去而痛苦，为未来而败坏自己，原因是很少为现在而操劳。过去的已经过去，未来的尚不存在，存在的只是现在。俗话说谎言一旦开了头，就会一发不可收，而谎话会越撒越大。愚蠢和谎言有关，不然就是和谎言一样。干了错事固执己见当然不好，但更糟糕的是错了还去掩饰。偶然犯错也不要紧，但切不可对它依依不舍，甚至甘愿以错为家。很多人对自己的过错固执不改，并且还认为在犯了错误以后继续走下去是自己性格坚毅的证明。他们在内心为自己的错误而悔恨，而外表却原谅自己的错误。在犯错之始，他们被认为不专心，但在末了时却被认为是蠢人。一时的轻率许诺和错误决定不应该永远限制住我们。然而有的人继续他们的愚行，并以短视行事。要选择一种英雄作为榜样，当然这样做的目的不是为了亦步亦趋地模仿他，而是为了与之竞赛。世上能找到可以冠以伟大的模范人物，他们在各自的领域中堪称顶尖人物。每个人心中都要有一位伟人，但不一定去模仿，而是要以此激励自己去超越他。容忍是一种智慧，不要计较他人的赞扬或指责。老年人最怕动怒，又最易动怒，这是人所共知的。然而愈是常识，就愈不容易为人所重视，除非受到提示或刺激，一般人是不会想到违反常识后果的。说性烈之马，其生命一般较短，因为难以驯服，故不免遭被杀食肉的命运。相反，那些示弱的母马，因为较易驯服，往往能够成为赛场上夺冠之马而被精心饲养，其亦得以延命。李康《命运论》曰："木秀于林，风必摧之；堆出于岸，流必湍之；行高于人，众必非之。"要趋利避害，"示弱"有时不失为一种有效的方法。沈从文虽然小说写得好，在世界上都有影响，差一点得诺贝尔奖，可他的授课技巧却很一般。他颇有自知之明，上课时一开头就会说："我的课讲得不精彩，你们要睡觉我不反对，但请不要打呼噜，以免影响别人。"这么"示弱"地一说，反而赢得满堂喝彩。"示弱"可以减少乃至消除不满或嫉妒。事业上的成功者，生活中的幸运儿，被人嫉妒是客观存在的。在一时还无法消除这种社会心理之前，用适当的"示弱"方式可以将其消极作用减少到最低限度。其实，自然界亦是一样。竹子假若在狂风面前不肯"弯腰"，最后的命运必是夭折。然而，唯其随风"低头"，故狂风过后，它依然可以昂首挺胸。"示弱"有意暴露自己某些方面的弱点，往往是一种有益的处世之道。从这个意义上说，"示弱"也是一种智慧，注重对方式方法的选择。地位高的人在地位低的人面前，不妨展示自己经验有限、知识能力不足等方面的弱点，成功者则不妨多说说自己失败的记录，某些专业上有一技之长的人，最好承认自己在其他领域上的不足。至于那些因偶然机遇获得成功的人，则更应宣示自己的幸运。强者"示弱"，无论对于自己还是对于弱者，都能双双有所收获。强者甘心"示弱"，以弱者的姿态行事，人自然会谦虚谨慎，别人也会愿意接受，强者自会成为长久的赢家，并令强者更强。而对于弱者，则能从中获得慰藉，心理上得到平衡，从而在心平气和中自觉地向强者学习，并实现有所进步有所提高。强者"示弱"便是放低位置、降低姿态，让弱者充分感受到人格上的平等，并获得充分的人格尊重。对于强者成功者，事业方面已经处于有利地位，在其他涉及小名小利方面的事，不妨"示弱"有所放弃。否则既抓大又不肯舍小，到头来必因小失大。从这个意义上说，真正甘心"示弱"的人，必是以事业为重而敢于负责的人，一个豁达大度宽宏大量的人，一个充盈智慧悟世深厚的人。

生命的深度大于生命的长度

美国诗人惠特曼说："当失败不可避免时，失败也是伟大的。"失败并不意味着永远失败，拒绝错误便是拒绝成长，只有不怕犯错的人才能成长，只有不犯同样错误的人才能快速成长。有一种人是旗帜，在风中飘扬，志在成仁。有一种人是流水，委曲求全，志在成功。如果人生必须失败，那就让失败来得早一点，以便有足够的时间，把失败变成成功的资本。能自我否定的人，比死不认错的人伟大。生活中，人不可能永远不犯错误。犯了错误之后有人能及时地提出批评意见，这是犯错误者的福气。如果没有人及时地提出来，也许就不知道自己犯了错误。因此，就会在错误的道路上越走越远，甚至毁了自己的一切。有人提出了批评，不管接不接受，至少通过批评知道自己犯了错误从而引起警觉。只要注意就会少犯或不犯同样的错误。其实，批评在日常的生活里是少不了的，亲朋之间、同事之间、上下级之间，都需要有相互的批评指正。批评能让人们警钟长鸣，即使批评错了也能让我们未雨绸缪、防患于未然，因此，无须因为受了批评而生气。批评是生活中每个人都会遇到的，应该善待批评。一个人能接受批评，就能从善如流，少犯错误。如果善听批评，就能做到虚怀若谷，工作、学习、生活中就能少走弯路，少犯错误。若听不进批评，一听到批评的意见就生气，或者暴跳如雷，刚愎自用，固执己见，这样的人，早晚要摔跟头。俗话说得好，当局者迷，旁观者清。应该记住良药苦口利于病，忠言逆耳利于行。批评虽然让人们一时生气，但只要能冷静下来思考，就可以看到自己的不足，从而在批评中受益前进。生活中有人批评，是一个人的福气。碰到问题，在大脑里闪现的第一个念头，就是对这件事情的一个情绪反应。这一闪念往往都会比较冲动，也最容易造成误会。就在情绪处于失控边缘时，只要稍微让自己冷静一下，不要在自己情绪激动时做出决定。在处理事情之前，切记要先处理心情。因为只有拥有一个好的心态，才能防止情绪化的让自己不理智的行为。人是一种很容易接受心理暗示的动物，不妨通过心理暗示告诉自己，在遇到事的时候一定要冷静。而就在这转念一想的同时，也许就会设身处地地站在对方的角度，并会为对方寻找一个可能的理由，及时地和对方做一个换位思考，这时也就会有一个理性的判断。对不良情绪就适时地做了一个很好的疏导和化解，同时也就避免了很多不愉快的事情发生。有一位哲人曾经说过："心若改变，你的态度跟着改变；态度改变，你的习惯跟着改变；习惯改变，你的性格跟着改变；性格改变，你的人生跟着改变。"人生犹如跌宕起伏的海洋，人就是那航海的船，而情绪无疑就是那船上的帆。只有适时地调整帆的方向，也就是学会控制自己，才能避免有可能发生的"船毁人亡"，阻止甚至可能由此带来一系列不良因果链的产生。一个领导者应该性格刚强却不固执己见，温和柔顺但不软弱。刚柔并济是一个智慧领导者必备的性格。渔王儿子的启示可以告诉人们一个道理。说的是有个捕鱼的人拥有上乘的捕鱼技术，被人们尊称为渔王。渔王年老了的时候非常苦恼，因为他的三个儿子捕鱼技术都很平庸。他经常向人诉说心中的苦恼："我真不明白，我捕鱼的技术这么好，我的儿子们却这么差！我从他们懂事起就传授捕鱼技术给他们，从最基本的东西教起，告诉他们怎样织网最容易捕捉到鱼，怎样划船最不会惊动鱼，怎样下网最容易捕上鱼。长大后，我又教他们怎样识潮汐辨鱼汛。我常年捕鱼的经验，都毫无保留地传授给了他们，可他们的捕鱼技术竟然赶不上那些技术比我差多了的渔民的儿子！"一位朋友听了他的话后问："你一直手把手地教他们吗？""是的，为了让他们得到上乘的捕鱼技术，我教得很仔细很耐心。""他们一直跟随着你吗？""是的，为了让他们少走弯路，我一直让他们跟着我学。"朋友说："这样说来，你的错误就很明显了。

你只传授给了他们技术，却没传授给他们教训。对每个人来说，没有教训与没有经验一样，都不能使人成大器！"朋友的话很让人震惊。在现实中人们只有学会在失败中反思和奋起，才能真正学到本领。英国小说家、剧作家柯鲁德·史密斯曾经这样说："对于我们来说，最大的荣幸就是每个人都失败过，而且每当我们跌倒时都能爬起来。"美国华盛顿山的一块岩石上，立下了一个标牌，告诉后来的登山者，那里曾经是一个女登山者躺下死去的地方。她当时正在寻觅的庇护所登山小屋只距她一百步而已，如果她能多撑一百步，她就能活下去。这个事例提醒人们，倒下之前再撑一会儿。胜利者往往是能比别人多坚持一分钟的人，即使精力已耗尽，人们仍然有一点点能源残留着，用那一点点能源的人就是最后的成功者。要知道，正是因为不断地经受磨难，人才能变得更加坚强。有时候，人们从失败的教训中学到的东西，比从成功的经验中学到的还要多。无论什么样的失败，只要你跌倒后又爬起来，跌倒的教训就会成为有益的经验，帮助你取得未来的成功。有一本书的名字写得很好《感谢折磨你的人》，书中让人感到受折磨就是一份财富，一份经历，一份成熟。请记住，失败并不意味着永远失败，成功也不意味着永远成功。在许多时候，过于顺利往往会变成一道减法题，一点点减去志气、奋斗、体魄和能力。而必要的挫折却成为一道加法题，不断地加上梦想、经验和教训，累积起来就拉上了成功的手。叔本华说："痛苦是天才灵感的泉源。"应该说苦难是成功的起点。因为，人越是处在苦难之中，就越是怀抱着美好人生的希望，越是产生奋起向上的力量。而这正是命运的冲力，它能够放大人的潜能，焕发人的精神，解放人的思想。这也是一个领导者的必由之路。现实中，有的领导者为了实现美好的结局，有时哪怕违背游戏规则也在所不惜，不让别人知道能力的程度。智者不让自己的知识和能力被探测到底，如果他欲想被所有的人尊敬的话，他允许知道它们，但不允许去了解它们。不得让人知道你能力的程度，这样就不会有人感到失望。让别人探测你到底有多高深的才气，以至让他们对你的才气将信将疑，这比靠显示自己的天才能引起更大的尊敬，无论他的才赋有多么伟大，一位明智的人犯一次错，但从不犯两次。

正视挫折就能减少挫折

人会遇到挫折，甚至是很大的挫折，但对自己要有信心。人有了很强的忍耐性，就会不计较眼前利益的得失。因为，他们有信心取得更大更远的利益。据报道，在汶川八级大地震中，信念是支撑生命的基石，是受灾群众活下来的动力。在废墟下，有位小女孩打着手电筒读书；有两位女孩互相鼓励，硬是等到救援队的到来；一对医生夫妻互相喊着对方亲切的称呼；有人唱着国歌……奇迹是不同的，可战胜大地震的信心是相同的，信念是相同的，一定要活下来，要好好地活，活就活得有意义，不放弃不抛弃。人都是有信念的，虽然每个人的信念是不同的，但在灾难面前信念却又是惊人的相似，又是那么的有力量，这力量是天，这力量是钢，比铁还硬，比钢还强，向着太阳，向着生命，向着新生活发出万丈光芒。在与生命赛跑中需要一种自信，需要以信念的力量凝聚而成的速度。坚信自己能做到是人生最大的财富，信念会成为人们难以置信的伟大力量产生的根源，一切肯定性的要素都浓缩在信念中。信念不死，就能创造奇迹。信念不死，矢志不渝，坚持等待，就会拉长生的希望，使死神望而却步，创造生命的奇迹。这些生命奇迹的出现，是被困者对生活的珍爱、对生命的坚守，是对亲人、对党和人民的无比信赖，也是救援者对手足同胞血浓于水的仁爱、努力和坚持！奇迹的背后，是热爱生命的宣言。奇迹的背后，是一个人、一个集体乃至一个民族坚强精神的最好注释。这也是我们挺起不屈的脊梁，战胜一切艰难险阻，勇往直前，走向更加美好明天的根本保证。现实生活中，人们用信心鼓动起火的力量，又以这力量带动自己前进。每个人都是有力量的，人的力量也只能在人的身上，外在的东西再好，要成为自己的就必然要转化。通过自己的信念、意志、情感，有选择地接受进来。接受外在的东西还需要有知识、技能、经验、思维等内在的条件，这些内在条件就决定了工作、水平和层次。只有贡献社会才能给你回报，把力量放在自己的身上，就是我行我能行的信心。就是自己去做，自己做成的行动。诸葛亮说："善将者，其刚不可折，其柔不可卷，故以弱制强，以柔制刚，纯柔纯弱，其势必削；纯刚纯强，其势必亡；不柔不刚，合道之常。"刚柔并济是理想性格的最佳状态，但是要做到刚柔适度很不容易，而在为人处世上要立于不败之地，又必须学会能刚且柔的人生哲学，确是需要一段时间的锻炼及淬练，才能有几分的火候。未来的状态相对于我们今天的状态来说，永远是一个幻想。爱默生说，问题不在生命的延续，而在于使生命不依赖于时间而度过。要使我们的生命不依赖于时间，我们只有靠善的努力来生活。在人生的道路上，如果没有耐心去等待成功的到来，那么只好用一生的耐心去面对失败。亚历山大在赫克留斯墓前哭泣，但他并不是为了已死和被埋葬的赫克留斯，而是为了他自己，哭他的名声还没有传遍世界。别人名声所产生的鼓励是最能激起人们的斗志的，他人的盛名就像催人奋进的号角，它可使人胜过由嫉妒所产生的狭隘心理，而是靠激昂的斗志成就一番伟业。与伟人同行是一种英雄的秉性，这种英雄惜英雄的境界，是人世间的奇观，因为它神秘有益。这种共鸣使尊敬建立起来，善意也会跟着而来。它使人们不用言辞即可说服，不用赢取就可获得。这种共鸣有时是主动的，有时是被动的，但两者都一样可喜。在位居高位者中，这两种东西都能创造奇迹。分辨以及利用这种天赋是一种伟大的艺术，这种奇异能力带来的好处绝非寻常的努力可以代替。古希腊哲学家德谟克利特说，一个人不愁他没有的东西，而享受他所有的东西是明智的，力量在你自己身上。正如法国著名画家柯罗所说："今天我可以自豪，以为自己是杰出的天才，明天又会为自己的作品而感到羞愧，觉得自己一样不行。但是用不着绝望：我们有狂热的劲头！这是众所周知的。"在传统的观念里，男人要刚强，女人须柔弱，大丈夫似乎和柔扯不上边。事实上，男人和女人的身体里都有刚和柔两种特质存在，只是刚和柔的表现何者为多而已。一个人必须该刚时要坚强无比，该柔时可以委曲求全，并依据需求该刚则刚、该柔则柔，就能应付自如。

四、智慧体系集成构建之策

集成智慧体系是由智力和情志潜能，超前的预测能力，准确的自我评价能力，战略性的策划人生能力，系统的自我管理能力，艺术的自我经营能力，以集成方法、以个体自身发展需要为根本，以一种主动生存与发展价值观念，构成一种前所未有的具有自我组织、自我进化、自我完善、自我构建、自我发展，具有独特个性的完整的集成智慧体系。

■集成智慧是经典的智慧体系

系统性的智慧体系包括敏锐的观察能力、深邃的洞察能力、卓越的分析能力、系统的综合能力、高度的概括能力、出色的表达能力、精致的整合能力、鲜活的形象思维能力、严密的逻辑思维能力、绝妙的直觉思维能力、通达的网络思维能力、统合的集成思维能力、完美的想象能力、独特的创造能力、深刻的反思能力、良好的承担外界压力的能力、强有力的控制自我情绪能力、健康的心理平衡能力、坚强不屈的意志力。集成智慧体系是由智力因素、非智力因素、知识网络、集成知识、前瞻性观念以及其他特殊智慧进行集成化而构成的体系。构建集成智慧是一个复杂的巨大的系统工程，它以开发智慧为先导，以构建集成思维通道、集成思维模式、知识网络、集成知识为基础，以前瞻性观念为突破，以科学策划人生为主体，以科学性自我评价、科学性自我管理、经营自己的强项为具体实践。每一个类型的智慧体系，都具有强烈的个性色彩，以某种特殊的能力为中心突出重点，使之成为一种具有强大生命力，具有特殊价值的智慧体系。智慧应该是追求系统性，不应该是零散的。零散的才能、技能、技巧和智谋，对事业发展没有大的作用。形成集成智慧体系，内部各要素产生聚合力，可以发出核爆炸般的能量。只有形成体系，才能够使其内部各个要素，融会贯通融为一体，构成完整一致的时空观、生命观和价值观。必须根据自己发展的需要，构成适合于发展需求的智慧体系。策划人生集成智慧中，起主导作用的特殊智慧是科学策划人生。科学策划人生是以个体的智慧类型为依据，以个人的兴趣、理想为指导，以个人的社会环境、经济基础为参考，对人生进行科学的预测和策划，以期达到最大限度的发挥智慧潜能，实现应有的人生价值。人生策划集成智慧是通过对智力因素、非智力因素、知识网络、集成知识、前瞻性观念、科学性的自我评价、科学性的自我管理、经营自己的强项等要素，构成的一体化、综合性、整体性智慧。人生策划是集成智慧的军师，一个没有谋略的人，不可能对自己的人生进行策划，需要的是以高瞻远瞩的气度，以非凡的预测力，来策划自己的人生，这样才能成为时代的骄子。而科学性的自我评价、科学性的自我管理、经营自己的强项等要素起辅助作用。可以根据自己的需要，构成不同类型的集成智慧。用策划理论对人生进行评价、预测、分析，并找到最佳的人生发展途径、方法，使智慧潜力得到充分发挥，并以动态的方式，对人生进行实时分析，进一步调整发展状态，成就更加完美的人生。集成智慧可以分为多种类型，主要根据集成智慧中起主导作用的特殊智慧进行分类，集成智慧体系是由组成智慧的各种要素，超前的预测能力、准确的自我评价能力、战略性的策划人生能力、系统的自我管理能力、艺术的自我经营能力，以科学的方法，以个体自身发展需要为根本，以一种主动生存与发展价值观念，构成一种前所未有的具有独特个性的完整的集成。集成智慧体系特征包括系统性、综合性、融合性、整合性、统合性。系统性由主要的智慧因素构成完整智慧体系。综合性由综合各种智慧因素作用，构成综合性智慧结构。融合性将各种智慧要素进行融合，使整个智慧体系融合为一个整体。统合性统筹思维过程、统摄思维对象、统合思维机制、统合思维结果、统合整个智慧体系。整合性对思维机制、智慧体系加以整合。高效性由于思维过程速度、思维的效率，造就智慧效率高。倍增性是使整个思维效率增益，使整个思维机制增益，使整个智慧体系机制增益。稳定性由于这种思维方式所具有的，使整个思维过程、思维机制、思维结果能够保证相当的稳定性，也就确保了整个智慧体系相当的稳定性。压缩性对知识，对不同的思维方法、思维过程进行合理的、科学的压缩，于是整个智慧体系也得以压缩。超大规模性由于思维的集成化、知识的集成化、智慧体系的集成化，这就为超大规模智慧体系提供了保障。要充分运用哲学思维这一无形而巨大的自主创新资源，跳出习惯模式，突破思维定势，大胆地假设，反复地论证。基础来自创新跨度的思维方式，就是要求具有广博的知识，大跨度地思维，把握事物整体关系的形象，抓住事物的机理，找到创新与成功的路。智慧教领导者总揽全局，洞察关系，能促使突破障碍，从而做到大跨度地完成创新。综合集成的思维方式是系统的思维的一种表现形式。每当在知识海洋的时候，绝不是良莠不分，光像海绵一样无批判地并蓄。要锻炼出明辨是非真伪的能力，要辩证地扬弃，批判地综合集成有用的知识。现实中，人们往往只是根据自己的需要，从某一侧面去认识和把握事物的性质，难免染上形而上学的色彩。想法决定生活，有什么样的想法，就有什么样的未来。积极的人像太阳，照到哪里哪里亮。消极的人像月亮，初一十五不一样。以辩证唯物主义为指导，提出对事物的认识，目标是对整体及内涵充分理解。灵感思维方式注意捕捉灵感思维，发挥灵感思维的神奇力量。如果把逻辑思维视为抽象思维，把非逻辑思维视为形象思维或直感，那么灵感思维就是顿悟，它实际上是形象思维的特例。灵感的出现常常带给人们渴求已久的智慧之光。文艺工作者依靠非逻辑的思维方式，特别是灵感去创作。不去做艰苦细致的调查研究，予以科学的综合，灵感是不会来拜访的。集成智慧与以往智慧或思维学说之不同，在于它是以马克思主义的辩证唯物论为指导，利用现代信息网络、人机结合、以人为主的方式，集古今中外有关经验、知识、智慧之大成。特点是沉浸在广阔的信息空间里所形成的网络智慧。认清现代科学技术发展的特点及其体系结构，树立科学技术体系观，是有效地集大成、得智慧的关键。知识既是建造智慧的基石，又是捆绑智慧的锁链，批判性的阅读，是确保独立思考能力的唯一方法，因循守旧陷入陈旧知识的泥潭。大成智慧的核心是科学与哲学的结合。宣传的大成智慧既不只谈哲学，也不只谈科学。

■ 科学技术是集成智慧的助推器

现代科学技术体系与智慧的集成必集大成，才能得智慧。而认清现代科学技术发展的特点及其体系结构，树立科学技术体系观，是有效地集大成、得智慧的关键。大成智慧的核心是科学与哲学的结合。为此，不仅要利用人机结合的思维体系，下苦功夫掌握广博的知识、经验，还要从实际出发，实事求是，善于思考，反复实践，努力树立起反映新世纪的世界观、人生观、科学观、方法论。二十世纪八十年代初，现代科学技术不单是研究事物、现象，而是研究这些事物、现象发展变化的过程，研究这些事物相互之间的关系。今天，现代科学技术已经发展成为一个很严密的综合体系，相互借鉴、相互统一的客观基础，为广开知识之源，进行大跨度思维敞开了绿色通道。跨度越大，创新程度也越大。基础科学，是综合提炼具体学科领域内各种现象的性质和较为普遍的规律而形成的基本理论。其研究侧重在认识世界过程中，进行新探索，获得新知识，形成更为深刻的理论。它是技术科学、工程技术的先导，也是衡量一个国家科技水平与实力的重要标志。技术科学是二十世纪初至第二次世界大战前，才在科学与技术之间涌现出的一个中间层次。它侧重揭示现象的机制、层次、关系等，并提炼工程技术中普遍适用的原则、规律和方法。主要是如何将基础理论准确、便捷地应用于工程实施的学问。工程技术，侧重将基础科学和技术科学知识应用于实践活动，并在具体的工程实践中，总结经验，创造新技术新方法，使科学技术迅速转化为社会生产力的学问。工程技术的发展也必将丰富完善技术科学基础科学，它是技术科学基础科学发展的根本动力。科学技术三个层次之间的关系与影响是双向的。人认识客观世界才能进而改造客观世界。认识客观世界的学问就是科学，包括自然科学、社会科学等。改造客观世界的学问是技术。而人们在认识世界和改造世界的过程中，主体与客体、认识与实践又是辩证统一的。所以，现代科学技术体系各学科、各层次之间也存在着相互补充、相互促进的内在关系。科学技术三层次的区分，便于我们自觉地把理论联系实际，促进生产力发展。便于迅速明确某个学问在整个现代科学技术体系中的地位和作用，易于找到薄弱层次，找到新的科技生长点，集中人力物力，去研究探索创新。系统所包含的子系统很多，所以是巨系统。巨系统内子系统的种类繁多，每个子系统既参与整个系统的行为活动，又受整个系统和环境的影响，形成复杂的相互作用，高度非线性。开放复杂巨系统的存在是相当普遍的，在现代这样一个高度组织起来的社会里，复杂的系统几乎是无所不在的。开放复杂巨系统的系统观，对当前所生活世界的实际情况，作了深入的揭示和具体的展开。因而它作为一种新的科学观，不仅是对辩证唯物主义世界观的补充与发展，打开了新天地新领域，也便于自觉地从这种实际出发，对于周围事物和人的复杂情况作更清楚、更准确的了解，方方面面周密思考与调查，进而在解决复杂系统问题的实践过程中，准确把握事物的本质及其规律，从而迸发出聪明和智慧。现在，开放复杂巨系统的理论与方法，虽然还需进一步丰富完善，但已经可以使各门具体学科有一个共同的科学概念。客观事物和人自己都是开放的复杂巨系统，只是人在认识它们时，常常可以作为简单系统来处理，暂时避开复杂的一面。科学都是如此的，不要以为非用复杂性不可。要注意复杂系统的整体性质不等于各部分性质的简单相加，它往往会产生新量与新质。因为系统内部各子系统、各层次、各因素之间的相互联系、相互作用、相互激发是相当复杂的，甚至还有一些模糊因素的影响。所以，整合起来的系统性质与部分系统的性质会有很大区别。在根据客观事物和人自己的实际情况，运用科学的抽象，把某种开放的复杂巨系统暂时避开其复杂的一面，当做比较简单的系统来分析处理时，要超越还原论的局限性。不追求把开放的复杂巨系统简化到极点。不完全孤立、静止地去分析研究。不以简单系统的性质和运动规律去代替整个复杂系统的性质和运动规律。坚持整体论，做到既注意进行微观的考察，认真分析、研究相对简单系统的具体层次、结构、关系等的细节，使对整体的把握不致成为贫乏的抽象。又要有整体观，时刻不忘其与整体开放复杂巨系统、与环境、与时间、与其他系统等的相互关系与影响，把它们有机地、全面地、如实地结合起来，从宏观上把握，进而找到整体的性质与规律。强调要从整体上考虑并解决复杂巨系统，就是一个整体的世界。可见，从定性到定量综合集成法的特点是面对复杂的难题时，要利用计算机、信息网络等现代信息技术，组成人机结合的智能系统。复杂性实际是开放的复杂巨系统的动力学，是非常现实、非常重要的问题。钱学森说："复杂性的问题，现在要特别地重视。因为我们讲国家的建设，社会的建设，都是复杂的问题。再说人这个问题不搞清楚，医疗卫生怎么解决？所以我觉得，我们现在要重视复杂性问题。而且我们要看到，解决了这些问题，科学技术就将会有一个很大很大的发展，我们要跳出从几个世纪以前开始的一些科学研究方法的局限性。我们既反对唯心主义，也反对机械唯物论。我们是辩证唯物主义者。"人类的历史，将重点从体力劳动转向脑力劳动，集成知识又是集成智慧的构件，知识的集成化是通过对相关概念的集成，使其转化为另外一种知识模式，即集成概念。这时，集成思维操作的将是集成概念，而不再是一般性的单一概念。采用同样的方法，还可以对原理、定义、理论、观念进行集成化处理，构成集成原理、集成定义、集成理论、集成观念等。集成智慧是一场伟大的革命。

■ 自我评价是集成智慧的金尺度

自我评价是指对自己的智力要素、非智力要素、知识结构与知识更新、科学思想、科学方法、预见、策划、管理、经营智能、创造性、操作能力、观念与更新观念等的评价，是对自己的一个整体评价。正确的自我评价，能够准确地把握自己的状态。如不具备这种能力，将无法准确把握、修正、提高和完善自己。自我管理是通过科学的方法，对学习、工作、事业、智慧活动进行良好的管理。自我管理提供了规范有序、有计划有目标的组织程序，使日常生活、社会活动、创造活动得以顺利进行。自我管理又指个体通过计划、自我监督等环节，来协调个体内环境、个体外环境，从而更好地实现自组织目标的过程。个体的内环境包括软环境和硬环境。软环境主要包括智慧、观念、心理健康、学习、时间等。硬环境包括机体健康、行为、物质、经济而构建的集成智慧体系。自我管理是人的智慧的一部分，负责管理自己的内心活动和行为活动。如果自我管理能力强，不但可以管理好自己的智慧活动，而且能够管理好自己的行为活动。智慧活动尤其需要良好的管理，观念的产生与更新，思维活动的内部协调，情绪活动与智慧活动的和谐，生理状态与心理状态的平衡点等，都需要进行科学的管理。自我管理提供了规范有序、有计划有目标的组织程序，使活动得以顺利进行，以最大限度地调动自己的潜在力量，让它成为事业中的强项。它决定着未来的发展，是否能有所成就。自我实现的需要应该说是从物质层面向精神层面的过渡性层次。自我实现既有物质实现的内容，也有精神实现的内容。对不同的人会有不同的侧重点，但许多人会从物质层面向精神层面过渡。中国人的自我观和西方人也有所不同。自我实现主要是通过实现社会目标而达到的，即通过修身，齐家，治国，平天下而完成自己的理想和追求。我国著名社会学家费孝通先生称此为"自我主义"，认为本位是集体的，不是个人的。西方人则不同。被法国人赞誉为"法国民意调查之父"的让·斯托泽尔在二十世纪八十年代对欧洲九个国家进行了人的价值观的调查。他说，欧洲人是以我为中心的人，这种人处处将自己的幸福、自己的行动自由、个人安全、自我实现和个人享受放在首位。应该说，他们是"个人主义"，本位是个人的，不是集体的。自我管理智能与智慧的内部协调，是一个非常复杂的问题。在这方面，既要合理发挥大脑本身的管理与协调功能，又要注意自我管理智能与智慧内部所产生的矛盾。如果出现了矛盾，必须进行恰当的调节，这需要经常注意它们的活动情况，不可放任自流。自我管理智能与智慧内部所产生的矛盾，多数情况下与人的情绪活动有关，在情绪状态很差的情况下，智慧活动和自我管理智能都会受到干扰并发生紊乱。在自我观念与社会观念不一致，信仰危机、新旧知识没有形成一个统一体系的时候，都会发生自我管理智能与智慧内部的不协调。这时就需要应用科学的管理理论和科学的管理方法进行调节，使两者协调一致。自我管理是集成智慧的组织者与总监，集成智慧中一定不能缺少自我管理。如果失去了自我管理这一手段，将会盲目行动，日常学习与工作会失去秩序，事业也不会顺利地发展。

　　智慧结晶可以是一个变革的观念，一段唤醒人们去奋斗的人生哲理，一个奇妙的创意或是开通新的思维通道，创造出一个独特的方法。

第五章　智慧之晶

一、智慧是事业的结晶

智慧结晶可以是一个变革的观念，一段唤醒人们去奋斗的人生哲理，一个奇妙的创意或是开通新的思维通道，创造出一个独特的方法。往往多数人只注意积累别人的知识，而忽视了积累自己的智慧结晶。增强事业心责任感，就要把职业当事业看，把工作当事业干，切实在敬业中追求卓越，成就事业，创造伟业。

■职业是智慧人生的平台

职业一词源于西欧，是宗教改革和工业革命的产物。最早使用这个词的是宗教改革家马丁·路德。原意是召唤、呼召、天职，就是指人心灵深处受到生命的呼唤，并赋予干什么的职责。《辞海》中，职业是指人们由于社会分工和生产内部的劳动分工，而从事的具有专门业务和特定职责，并以此作为主要生活来源的社会活动。职业生涯的最高境界，就是职业与事业的统一。把职业当作事业干，是一切智者领导的共同特征。实现职业与事业的统一，是职业生涯的最高境界。人都需要工作，工作长久稳定了就成了职业，对职业有了持久的兴趣，乐于心甘情愿地为之付出，并从中体味到生命的价值和快乐，就找到了事业。国学大师钱穆说："职业往往是社会要求于我和我要求于社会的，而事业则是我在此职业上善尽责任外，又能自我贡献于社会的。专知有职业，其实是人生的痛苦。必待有事业，才是人生的快乐。"对大多数人来说，职业是为了生存需求而导致的，是一种必须的付出，它优先考虑的是现实利益，渴望得到的是回报和安全感。而事业则是自愿和乐意主动去做的事，能自觉付出热情，并从中体验到快乐和意义。它优先考虑的是愿景和价值，渴望得到的是归宿和成就感。职业无高低，事业有大小。职业关系到生存，事业关系到生存的意义。职业心成就事业心，事业心强化职业心。可以说，职业是谋生的岗位，智慧人生的平台。事业是智慧精神的家园、永恒的追求。马克思在《青年在选择职业时的考虑》一文中写道："如果我们选择了最能为人类而工作的职业，那么，重担就不能把我们压倒，因为这是为大家作出的牺牲；那时我们所享受的就不是可怜的、有限的、自私的乐趣，我们的幸福将属于千百万人，我们的事业将悄然无声地存在下去，但是它会永远发挥作用"。马斯洛讲，音乐家必须演奏音乐，画家必须绘画，诗人必须写诗，这样才使他们感到最大的快乐。敬业是一种基本的职业态度，是职业道德的崇高表现，是一个人锻炼能力、增长才干、丰富知识、成长进步的必由之路，也是把职业当事业干的前提和基础。有位哲人说，世界上能登上金字塔顶的生物有两种，一种是鹰，一种是蜗牛。两者的资质虽然有很大区别，但有一个共同点，就是勤奋。在我国传统官德修养中，勤奋敬业一直处于主导地位，被人们广泛推崇。在世界各国，勤奋敬业也都被列为领导者必备的品德。据一家国际权威机构调查，全球在事业上取得巨大成功的五百人中，有百分之九十五的人对自己所从事的工作有着浓厚的兴趣和勤奋的态度。曾经设计过卢浮宫金字塔的著名华人建筑师贝聿铭先生在他职业回顾中写道："我从不缅怀过去，而是专注于现在。我把每个睡醒后的早晨都当成一件礼物，因为这表示还有一天可以工作。"可见贝聿铭先生对工作是多么的热爱和勤奋。贯注其中的核心精神，就是勤奋。勤奋敬业是永不过时的职业精神。勤奋敬业的人具有使命感，能执著投入，永不懈怠。职业生涯的最高境界，就是职业与事业的统一。电影明星霍夫曼在"金球奖"颁奖典礼上接受终身成就奖时，提到一个真实的小故事。有一次他作电影宣传，碰巧与一位音乐大师共同接受访问。主持人问音乐大师，什么时候是他一生中最骄傲的时刻，是新曲首次公演还是功成名就、掌声四起？不料音乐大师却说：我坐在这里已经好几个小时了，一直不断地在为我新曲中的一个音符绞尽脑汁，到底是"叨"好？还是"咪"好？当最后找到那个音符的一刹那，是我人生中最快乐、最骄傲的时刻！如同伟大的作曲家心无旁骛、孜孜不倦地寻找一个最能感动他的音符，不管从事何种职业的人，如果有了这种执著忘我的态度，就进入了事业的精神家园。德国思想家韦伯讲，有的人之所以愿意为工作而献身，是因为他们有一种天职感，他们相信自己所从事的工作是神圣事业的一部分，即使是再平凡的工作，也会从中获得某种人生价值。当年法拉第被推选进皇家科学院，知情人先哲告诉他，在那里工作是十分辛苦的，而且报酬非常少。法拉第却毫不在乎地说：工作对我本身就是一种报酬。因为在法拉第心目中，工作已成为他的事业，是不能以辛劳和金钱来衡量的。可以说，把职业当作事业干，是一切优秀分子的共同特征。实现职业与事业的统一，是职业生涯的最高境界。职业观一旦转化为事业观，以事业的态度对待职业，一个人在工作中就会充满干劲、富有创造，就会油然而生崇高的使命感、成就感和幸福感。

■ 事业是智慧永恒的追求

事业，是指人们所从事的具有一定目标、规模和系统而对社会发展有影响的经常活动，职业与事业既有内在联系，又有本质区别。事业来源于职业，但事业高于职业。责任驱动事业，事业呼唤责任。学习别人的知识和智慧固然重要，但自己的一些独特的想法和观念的更新，是透彻的领悟，是唤醒自己的豪言。一个变革的观念，能使民族走向辉煌。事业心责任感反映工作姿态，展示精神面貌，体现思想境界，是领导者为事业奋斗的思想基础和必须具备的政治素质。责任是指应尽的义务和应承担的过失，责任意识就是角色意识，担负不同的角色就应当履行不同的责任。责任是人的一生必须坚守的习惯，责任与事业紧紧相连。强烈的责任意识，不仅对个人成就事业举足轻重，而且对单位建设发展乃至民族振兴至关重要。从这个意义上讲，责任是走向成功的关键品质，是推动事业发展的核心要素。责任激发动力、产生效率。责任是一个人的原动力。当一个人以强烈的责任感对待工作和生活时，就会产生无穷的力量。一位记者采访一家知名的软件设计公司，发现该公司每个傍晚都灯火通明，员工们聚精会神地工作，似乎没有准备下班的迹象。记者很诧异，问这里的作息时间是否不一样。公司负责人说完全一样，而且员工第二天还会提前来。记者后来了解到，公司的软件设计师都有一种内动力，每个人都认为自己有责任把程序设计得更好。当这个过程成为工作常态时，谁也不认为每天多工作几个小时就吃亏，反而觉得上下班高峰期堵在路上才浪费时间。正是员工们这种强烈的责任感，造就了该公司非凡的业绩。热爱孕生责任，责任激发动力。有了这种责任的追求和爱的付出，就能始终以强烈的事业心责任感对待工作，从而大胆地想、主动地钻、认真地干，把平凡的工作做得不同凡响。就如歌德所说："责任就是对自己要求去做的事有一种爱。"领导干部的肩头永远不能缺乏责任。西塞罗在《论义务》一书中讲，"我们不是为自己而生，我们的国家赋予我们责任"。坚守责任，就是守住生命中最高的价值，守住人性的伟大和光辉。当领导就要敢于负责任。不仅对自己负责，更要对事业负责。时代责任，就是要为官一任，振兴一方，使单位建设发展跟上时代的步伐，适应形势任务的要求，有大的建树和作为。历史责任，就是要扎扎实实打基础、谋长远，对单位长远建设和发展负责。这三个方面是领导责任的主体，任何时候都要自觉坚守、不能含糊。领导权力与领导责任是成正比的。党和人民赋予党员干部一定的职务和权力，实际上就赋予了相应的责任。多一份权力，就多一份义务、多一份责任。"带着责任上任，担着责任做事"，既是领导职责的要求，也是事业发展的需求。作为领导干部，任何时候都要增强责任心，激发事业心，保持进取心，坚持一级对一级负责，一级对一级尽责，不折不扣地把各项责任落实到位。尽职尽责才能尽善尽美。对待工作，要有一种习惯优秀、追求卓越的意识和境界，始终认真而不是应付的、积极而不是敷衍的、主动而不是被动的、细致而不是草率的，竭尽全力，力求完美。科尔顿说，人生至高无上的追求，就是对责任的追求。只有尽职尽责，才能尽善尽美，主动接近荣誉。无论国家、社会还是单位，一个人一旦被赋予了某种责任，就表明他是这个群体中重要的一员，他的存在就具有更大的价值。也只有那些能够勇于承担责任的人，才能被赋予更多的使命，才有资格获得更大的荣誉。从这个意义上讲，给责任就是给荣誉，就是对一个人最大的肯定和褒奖。

■ 敬业是智慧永恒的支点

敬业的人懂得敬人，敬业的人让人尊敬。如果一个人以尊敬、虔诚、敬畏的心灵对待职业，就获得了从职业走向事业的通行证。敬业离不开勤业，敬业勤业成就事业。勤业是永不过时的敬业精神，业精于勤，敬业精神必须落实到勤业上。古人讲，"忧勤者，建业之本也。""天地生人，有一人当有一人之业；人生在世，生一日当尽一日之勤"。勤的本质就是尽己之力，对所担负的工作倾心投入，勤勤恳恳，不怠不惰。唐代的玄奘是一位出色的智慧大师。玄奘通称三藏法师，俗称唐僧。本姓陈，洛州缑氏人，唐代著名僧人、旅行家、翻译家。唐太宗贞观三年赴天竺求学，经历十七年回到长安译经。玄奘是一个舍身求法且受人尊敬的佛教圣人，他聪悟不群，非雅正之籍不观，非圣哲之风不习。少年时便出了家，并有大志："意欲元绍如来，近光遗法。"出家后对人生看得很透彻，处世很乐观。对佛教领悟力、记忆力特别强。在印度游学时的辩论中总能屡战屡胜，玄奘的突出个性表现在大慈大悲，施舍财物，宽容大度。在印度曾与一个顺世外道的人辩论取胜，按预先约定失败的一方要被砍头，但由于玄奘的大慈大悲将其恕免。西行途中财物被盗，众人痛苦，唯独他笑说：居生之贵，唯乎性命。性命既定，余何所忧。确实是历经九九八十一难，他不畏旅途艰难不顾译经劳累，取经路上渡河流越沙漠翻雪山，一切艰难险阻都难不倒他，不达目的誓不罢休。回国译经事务繁忙，三更眠五更起，共翻译经、论七十四部，总计一千三百三十五卷，凝结了他一生的智慧。玄奘身上体现的是一种求真精神，与唐代上升时期人们追求建功立业的精神风貌是一致的。正是因为玄奘的这种精神高于一般的僧人，他成为古代中国人的脊梁。勤勉能迅速地完成聪明慢慢想出的事情。匆忙是愚人的缺点，他们不顾障碍，鲁莽行事，而聪明的人却更时常由于拖延而失败。深谋远虑产生谨慎的思考，而怠慢的动作却时常毁了迅速的判断。迅速是幸运之母，该办的事就赶紧去办，绝不把事情拖到明天去完成。一句格言说得好：忙里须偷闲，缓中须带急。现实生活中，有一种工作倦怠现象很值得关注。倦怠现象反映出敬业勤业精神的缺失。治理这种倦怠，必须大力培育良好的职业精神。一般而言，这种职业精神包括：崇业意识对职业的认同感，乐业意识对职业目标理想的确立，守业意识对职业规则的信奉，精业意识对职业价值的追求。贯注其中的核心精神，就是敬业勤业。敬业是永不过时的职业精神，敬业是指对职业的尊崇、敬畏和热爱，用朱熹的话讲，就是专心致志事其业。敬业是人与生俱来的一种天职和使命，要求人们以虔敬、勤奋、挚爱的职业精神对待工作。敬业勤业的人具有使命感，能执著投入永不懈怠，最终成就事业。法国小说家阿尔伯特曾经说，没有工作，生活将会腐化堕落；但假若工作没有灵魂，生活也会死气沉沉。人的灵魂在事业上，事业心能让人出类拔萃。职业观一旦转化为事业观，以事业的态度对待职业，就会油然而生崇高的使命感、成就感和幸福感，并从中找到人生的理想，进入到事业的家园。对领导者而言，尽职尽责就是主动接近荣誉。能力是一个人的知识、经验在实际工作中的具体运用，是知识在实践中的转化，是人的总体素质的外化。能力既反映一个人观察、思考、理解问题的素养和处理日常事务的技能，也代表和体现一个人的实力。能力是一个人的知识、经验在实际工作中的具体运用，是知识在实践中的转化，是人的总体素质的外化。构建履职尽责的能力优势。成就事业是以能力素质为基础的。领导干部只有自身能力素质上高人一筹，形成优势，才能在事业发展上先人一步，创造胜势。领导干部能力素质的要求是多方面、多维度的，从辩证思维角度看：一是德能与才能的统一。也就是德才兼备、又红又专，既具有良好的思想政治能力，又具有良好的领导能力。二是将能与帅能的统一。将能是指身先士卒、以身作则的能力，这是管部队、带队伍的基础。帅能是指胸怀全局、把握全局的能力，这是把方向、谋发展的保证。三是守能与动能统一。守能就是对规章制度、上级决策指示的坚守和执行能力。动能就是根据基层实际情况灵活应变、临机处置的能力，也就是坚持原则性与灵活性相结合。四是刚能与柔能的统一。刚能就是严格要求、大胆管理。柔能就是真情关爱，也就是刚柔相济，以菩萨心肠行霹雳手段。

■ 伟业是智慧永恒的光芒

成就伟业，造就伟业，都离不开智慧。有智慧而不去表现，就体现不出有什么智慧。智慧作为一门学科，开发就会加快走向千家万户，实现人人智慧。智慧大发展的主客观因素很多，主要有蓬勃发展的生产力，这是智慧大发展的根本因素之一。领导干部的能力优势不仅体现在履职行为上，也体现在领导思维上。思维与智慧是先有思维，后有智慧，智慧是思维的结果外化物。思维与智慧在发生过程中，相互渗透，相互促进，智慧是浓缩了的思维过程，思维是闪烁着的智慧之光。人总是通过一定的思维方式来认识和理解世界的。思维作为重要的智力资源，具有决定性能量。爱因斯坦讲，思维是从疑问和惊奇开始的，常有疑点，常有问题，才能常有思考，常有创新。善于运用思维这一无形而巨大的自主创新资源，就能进一步提升思维层次，构建更大的能力优势。领导活动具有很强的实践性，实践中的领导艺术，更能展现能力优势，提高领导效力。实际工作中，领导者要注意用好"四种工具"。一是"鞭子"。当领导好比赶车，要扬鞭策马，发挥好鞭策激励作用。二是"刀子"。刀子犹如佩剑，显示领导者的锋芒。当领导就要有胆魄，敢于负责、敢动真格，确保领导工作的权威性。三是"斧子"。对一些突如其来的事情，要果断出手，快刀斩乱麻，以更好地取得主动权。四是"抹子"。这是四种工具中唯一的"软工具"，也是求和谐、求团结、求稳定的特殊工具。在解决有些问题时，要注意用"抹子"来理顺和化解。"四把工具"代表不同的领导艺术和方法，只要区分情况，权衡利弊，灵活使用，就能把领导工作做得卓有成效。对领导干部而言，敢于勇挑重担、敢于承担责任、敢于大胆管理，是事业心责任感的具体体现，是最大的尽职尽责。选拔任用领导者要优先选拔任用敢于负责、敢抓敢管的优秀领导者，做到会干的给机会，能干的给岗位，干好的给地位，真正形成以作为赢得地位、以尽责求得进步的良好氛围。西方有句谚语讲，人的灵魂在他的事业上，事业心能让人出类拔萃，是很有道理的。责任驱动事业，事业铸成伟业。责任是人的一生必须坚守的习惯，责任制造结果，责任胜于能力。可以说，强烈的事业心必须有强烈的责任感作支撑。责任是一个人走向成功的关键品质，也是推动事业发展的核心要素。古往今来，大凡事业有成，对国家、对人民、对社会有所贡献的人，不论担任什么职务、从事何种职业，都表现出一个鲜明的共性特征，具有强烈的责任感，从而引领和驱使人们忠诚于伟业。勇挑重担，始终用积极的态度追寻理想的精神家园，不断战胜前进中的困苦和错谬，最终攀上事业的巅峰。从这个意义上讲，坚守对事业的责任、对组织的责任、对他人的责任、对自己的责任，既是社会法则、道德法则，也是心灵法则，还是智慧的体现。毛泽东同志在《纪念白求恩》中也指出，"白求恩同志毫不利己专门利人的精神，表现在他对工作的极端的负责任，对同志对人民的极端的热忱。"相同的工作有的同志止步于一般，有的却主动追求卓越，其间的差距就在于责任感。责任产生动力，提升效率，有了责任的牵引和追求，就会大胆去想、认真去干、主动去钻，把平凡的工作干得不同凡响。领导干部的肩头永远都不能缺乏责任。在美国总统杜鲁门的办公桌上摆着这样一块牌子，"责任到此，不能再推"。责任摆在面前，必须勇敢地承担起来，不能退缩和逃避。对一个有责任感的人而言，坚守责任，就是守住生命中最高的价值，守住人性的伟大和光辉。第二次世界大战临近尾声时，为给德军致命的一击，盟军最高司令部决定实施诺曼底登陆行动，但丘吉尔和艾森豪威尔都对这次行动能否取得成功表示怀疑。

最终艾森豪威尔同意了这项行动，但同时也起草了一份讲话，核心内容是：如果这次登陆行动失败，责任由自己一人承担。作为一名最高指挥官，艾森豪威尔非常清楚自己的责任，并敢于为未知行动可能带来的失败承担责任，正是这种品质，构成了他人格的关键，最终当选为美国总统。尽职尽责才能尽善尽美，作为智者领导，对每项重大任务、重点工作，都必须认真地而不是应付地、积极地而不是敷衍地、主动地而不是被动地、细致地而不是草率地抓紧落实，竭尽全力，力求完善。这既是职责要求，也是作风要求。作为领导者，从事着伟大的事业，就要为之付出努力，取得辉煌的业绩。

二、智慧是发展的结晶

社会要发展，智慧要在前。哲学上讲，人的思维经常要接触具体事物、接触抽象观念，往上衔接的就是理性世界。理性走向理想。理性是一种高层次的思维活动，是成就愿望达到理想境界的导控器，而智慧是思维的结晶。

■ 发展就要拥有智慧

美国人卡维特·罗伯特说："人往往忘记自己拥有的财富而只看到自己没有的部分。"这话很有道理，人总要求知、求新，所以向外看就是必需。人总希望得到自己没有的，获得还没有得到的利益，向外看就应该说是必然。问题是向外看总得有根基，而这种根基就是人自己的历史。离开自己历史所给予的根基，什么也做不成。人们对智慧认识在发展，智慧将推动人类生活更加美好。智慧将从神秘的殿堂走向普通，智慧力本来是人们誉为只有少数天才才有，将来会为大多数人具有，最后达到大脑健康的人都可拥有。过程的长短取决于人们的努力。发展趋势是智慧力内涵明朗化，智慧力的作用是创造发明。随着智慧力自身的不断丰富提高，一旦方方面面的构思出现，那时的智慧力革新、创新等就成了普通劳动工作的能力。人们对智慧力认识的趋势会从神秘转向亲切感，过去总认为发明创造很神秘，随着发展，工业战线的产品不断更新，创新革新到处开花，能人大批涌现。农业战线上的能手以及能工巧匠大批涌现，随着他们智慧的开发运用，人们开始感受到了这些充满智慧的人，过去都是一样的平常人，思想上也意识到自己也有这一股热情，人们从重视体力劳动转向革新、创新，动脑筋用智慧开创新路。一旦全面展开创新的时候，就会出现全民智慧、人人创新的局面。智慧使人们的生活高度科学化。智慧使精神产品极大丰富，人们享受高雅的生活。智慧使人们懂得友好合作，不是互相争夺，而是共同向自然向科技要财富，人人道德高尚人人幸福。人的个性怎样，人生道路就是怎样。个性在人很小的时候就初见端倪，也可以说决定人的命运。这个命运是人从自己的历史走出来的。其实不只个性出自历史，就是天分的培养和利用也是来自历史的。应该说任何人都是历史的、时代的，命运只能和时代、环境连在一起。但在同一个历史、时代和环境中，却可以做自己的事情，任何人都可以有所作为。所以对于个人不要气馁，要知道自己的长和短、优和劣，按照特点走自己的路，把自己的事情做好了，命运就能够被自己掌握，智慧相应也就产生了作用。在现代社会中，领导者实施领导的过程，很大程度上就是解决矛盾的过程。要以共同的愿景引领发展。所谓愿景，就是一个组织发展的美好愿望和远景目标，它包含了个人对组织发展方向和发展战略的价值认同。通俗地讲，就是指共同的理念、共同的价值和共同的追求。古人讲，"道不同，不相为谋"，志同才能道合。中国共产党内之所以称同志，是因为党的成员都有着共产主义理想，与党的发展有着共同的愿景。没有愿景就没有共同的目标和追求。商界有句箴言，叫做庸者赚现在，智者赚未来。只懂得赚现在，充其量只能算个管理者，就像是企业里的经理人，而董事长才是真正意义上的领导者，因为他规划着企业的共同愿景，引领着企业的发展方向。领导工作就好像爬山，最重要的是先给自己和部属设定一个高度，而指引这个高度的坐标，就是愿景。巴西国家工业总工会主席里斯特劳有一条著名的"伐木法则"：两组工人到丛林里去伐木，第一组不作任何具体要求，只要他们尽力伐木，这些人砍了一些小树就休息了，结果一事无成。而另一组，则要求他们对伐木工作进行展望、设计和规划，结果他们分工合作，不仅很快完成了伐木任务，而且创造了自己的伐木规则，建立了自己的木材加工企业。这就是愿景的力量。里斯特劳把这一法则应用在企业管理的各个方面，结果巴西企业总公司发展成为全巴西效率最高的企业之一。心有多大，舞台就有多大。构建愿景就要善于领导过去、领导现在、领导未来。一般说来，领导者考虑的是方向性和全局性问题，在构建共同愿景过程中，应该瞻前顾后，始终保持目标、目的和过程的均衡。这就是现代领导科学所强调的，要在领导过去、领导现在、领导未来三个维度上实现功能均衡。所谓领导过去，就是不忘前事之鉴，善于从过去的经验教训中寻找解决现实问题的思路和办法，这样就不会重蹈覆辙，从而实现单位的累积性进步。领导者对历史问题一定要清楚，不能丢了历史。应采取覆盖的办法，不否认历史，而善于用新的东西进行覆盖。所谓领导现在，就是以解决现实问题为突破口，专注于当前的情况，做好正在做的事情，以实现工作的稳步推进和发展。所谓领导未来，就是着眼未来的趋势进行组织筹划，为快速持续的发展注入动力。实现这三个领导方面的均衡，就能真正从实际出发，为单位和每个成员确立正确有效的愿景。组织和集体的形式出现。有好的领导集体，才会有好的集体领导。领导集体的成员就好比珍珠，而智者领导则是一根线，没有串起来的线，散落的珍珠就成不了项链。组织化形象地讲就像一列火车，开动起来不得了，你只能搭车不能挡车。对领导者来说抓班子、强组织，就好比开火车，领导者的责任就是使这列火车开动起来，并且发挥最大的动力，驶向共同的目标。纵观历史上大成功者，几乎都是用组织的高手。明代重臣张居正就曾把历史上的成功者分为三种类型：第一类是用自才，第二类是用人才，第三类是用组织。当然，张居正所说的组织，与今天说的组织概念不尽相同，但他强调要通过组织化手段聚合力量，很有借鉴意义。从近代看，中国共产党与国民党竞争的成功，很大程度上就是中国共产党组织化的成功。当时中国政党林立，但是这些政党的一个共同特点，就是只做高层、不做基层。国民党也是如此。国民党的组织只建到县一级，国民党员也大都是些达官贵人、有钱豪商和社会名流，很少有工人、农民和士兵这些基层人群。所以，当年蒋介石的"文胆"陈布雷在谈及国共两党胜负的前景时讲，国民党力大，共产党势大。陈布雷所说的"势"，就是指中国共产党所建立的强大组织。因为他看到了共产党组织的强大，从而料定共产党必胜。事实上，中国共产党区别于其他政党的一个显著标志就是重视组织建设，尤其是基层组织建设。早在三湾改编时就确立了"支部建在连上"的组织原则。正是党组织的不断发展壮大和党对军队以及社会各阶层力量的高度整合，形成了一股不可阻挡的力量，从而为最终夺取中国革命的胜利奠定了坚实的基础。

■ 发展就要拥有人才

发展就要尊重人才，运用人才，在思想观念上从传统的人海战术转向人尖战略，要通过尖子人才带动整体队伍素质的提高，整体队伍素质的提高又更多地涌现出尖子人才，这是一个良性的循环机制。领导者很大程度上是通过建队伍、用人才来达到目的的。好领导者就像良匠，主要特点是眼中无废物，万物皆为用。所以人们常讲，没有无用的部属，只有无能的领导。领导者要三分管人，七分用人。领导者就应该像良匠，善用各种各样的人，通过发挥每个部属的作用，最大限度地延伸领导工作触角，提高领导工作效力。领导者最大的智慧莫过于用人的智慧，领导者最高的才能莫过于用人的才能。如果说领导在理论上是门科学，在实践上是门艺术，那么对人实施有效的领导则是艺术中的艺术。对人用当其时，能以一当十。人为万物之灵，对人的研究和认识永无止境，用人研究无比复杂，无限生动鲜活，很难科学化、数字化、技术化。只有终极的人文关怀，才能赢得真心的回报，这是用人智慧的精髓所在。要化解社会矛盾，建构和谐社会，用人智慧的运用必不可少。不但发挥沟通、协调和构建的作用，还负有构建社会精神支柱的使命，作为引领社会前进的精神动力。从事技术工作的人也需要做人、处人，协调人际关系，发扬团队精神。如学习药物学，要懂得药物的分子结构、化学性能和作用机理，这涉及很多技术智慧。学习临床医学，不但要懂人体生理结构，而且要懂得人的心理规律，医生不但要医身，更要会医心。任何人文艺术的工作都有一定的技术因素在里面。如艺术中有很多技术因素，如绘画表达意境必须借助表现技法，声乐要会科学用嗓，器乐演奏更需要娴熟的技艺，才能得心应手出神入化。无论从事何种工作都需要具备一定的艺术修养，即使不进行创作也离不开欣赏。爱因斯坦曾谈到，他在科学上的很多灵感来自于音乐。一个人往往要以一种智慧为主，兼具其他智慧。一电台请了位商界奇才作嘉宾主持，希望他谈谈成功之道。

但他只是淡淡一笑，说："还是出个题考考大家吧。""某地发现了金矿，人们一窝蜂地拥去，但一条大河挡住了必经之道，你会怎么办？"有人说绕道走，也有人说游过去。但他却很久含笑不语，然后说："为什么非得去淘金，为什么不可以买一条船开始营运？"这似乎有点投机，然而事情就是这么简单。"干他人不想干的，做他人不曾想的。"这就是成功之道。人才的竞争也就是智慧的竞争。目前评价人才的三大标准是：人格、创造力、团队精神。这个标准在西方发达国家早已经形成，开发全民族的智慧，是民族兴亡的头等大事。智慧正以它特殊的价值，取代着知识的价值。知识经济的后期必将出现智慧经济，智慧经济必将取代知识经济。人好比是统帅，智慧好比是统帅所拥有的军队。必须拥有几个方面军，实力才强大。智慧的互补和碰撞，将会激发更多创新的机缘，创造更多崭新的成果，成就更为亮丽的人生！《三国演义》中孙策临终前将张昭和周瑜一文一武两个人推荐给孙权，说"内事不决，可问张昭；外事不决，可问周瑜"。由此可见人才对社会兴衰、事业成败的重要性。无论在任何时代，当决策者遇有疑难委决不下时，也应有人才可供咨询，对工作用当其人，则事半功倍。毛泽东同志就是用人的高手，特别是在用罗荣桓配合林彪的问题上更是用心良苦。林彪是个战争天才，但也有个性孤僻、心胸狭窄、不善与人打交道的毛病。但作为军中主帅，不能只会打仗，还要带队伍、抓协调，而这方面林彪很不擅长。毛泽东同志选中罗荣桓配合林彪，是因为罗荣桓心胸开阔人品高尚，被称为军中圣人，特别是他长于思想工作，长于协调关系，长于抓班子带队伍，这正好补林彪之短，使林彪的军事才能得以充分施展，在解放战争中屡建奇功，林罗配合相得益彰被传为佳话。用人的关键在于用好人才。对人才来讲，事业是感召力，环境是吸引力，信任是源动力，服务是凝聚力，用好出战斗力。用好人才的方法很多，主要应把握好四个问题。一是能级匹配。组织的每个人都有一定的能级，能量与位置要匹配，角色与行为要匹配，职位和责任要匹配，匹配了就能发挥好作用。用人所长，越用越长，用人所短，越用越短。古人讲，骏马能历险，犁田不如牛；坚车能载重，渡河不如舟，说的就是这个道理。二是距离适中。用好人才要讲究一个能力距和心理距，距离调整好了，就容易发挥人才的作用。一般而言能力距要大，能力距小了，下级会不以为然，产生不了威信。但也不是越大越好，能力距太大，就会鹤立鸡群、曲高和寡，下级就跟不上，你的意图也实现不了。对心理距也是这样，心理距一般要小，距离小就让人亲近。太大了就不能相互取暖，产生不了信任，但也不是越小越好，太小了就容易产生伤害。所以主要领导者用人，要注意保持适当的安全距离。三是领雁效应。大雁南飞，总要有只领头雁在前面拼命飞，后面的跟上即可。当前面的飞累了，后面便冲出几只当领头雁，不断更换。所以大雁南飞总是有时成"人"字形，有时成"一"字形。只有这样，它们才会到达目的地。若让一只大雁单独飞，是不可能达到目的地的。主要领导者要十分注意发挥每个人的优长，鼓励冒尖，让每个人都有当先锋的机会，都有实现自己价值的机会。四是合理授权。授权是实现主要领导者领导力延伸的根本途径。管理学大师德鲁克说："领导者要聪明地授权，而不是卖力地做事。"聪明地授权，就是充分信任部属，对职责范围内的事，放手让他们去干，以实现领导力的延伸。用好关键人才就能事半功倍。关键人才是一个单位持续发展的决定性因素，用好关键人才是领导者的重要责任。蚂蚁群中，不管数量多少，总有约百分之二十到处闲逛的懒蚂蚁。科学家把他们全部捉起来后，没过多久，蚁群中又分化出一定数量的懒蚂蚁。原来这些蚂蚁并不是无所事事，而是担负着寻找新的食物源的重任。当蚁巢遭到彻底毁坏，那些忙碌的蚂蚁束手无策时，懒蚂蚁就会带领蚁群到早已侦察好的新场所居住。这些懒蚂蚁，就是我们常说的关键人才。比尔·盖茨就讲，谁要挖走了微软最重要的几十名员工，微软可能就完了。用关键人才要敢用比自己强的人，不要害怕手臂高过脑袋，这样，就可能培养更多的"巨人"。

三、智慧是价值的结晶

如果想成为一个卓越的领导者，应该全力发展自己的管理智慧、领导艺术。如果想成为一位有所成就的科学家，应该重点发展自己的科学创造思想、科学研究方法。如果想成为一位艺术家，就应该以完美的艺术想象力、卓越的艺术表现力，来构成自己的智慧体系，形成人类的智慧价值。

■ 诚信是无形的价值

诚信是民族的传统美德，是集贤聚能的力量，透彻着智慧的辉煌。对群众一定要言必信行必果，公道正派刚正无私，恪守诺言一诺千金，让群众感到可信、可靠、可随。秋瑾说过："言语给人的影响如蜻蜓点水，行动给人的影响才入木三分。"领导要始终保持良好的精神状态和旺盛的工作干劲，脚踏实地地躬身实践，积极进取奋发有为，让群众感到可敬、可佩、可学。要树立务实的形象。要用科学的发展观，树立正确的政绩观，始终端正工作指导思想，老老实实做人，扎扎实实干事。特别是要坚持以人为本的执政理念，真心实意地为基层和群众办事，让群众感到可亲、可近、可心。这是历来将帅和领导受到拥护和爱戴的标志。有一次，一个士兵给拿破仑送信，由于跑得太快，跑的时间太久，送达时马猛跌一跤、再也没站起来。拿破仑立即写了回信，交给那个士兵，催促他骑上自己的战马，赶紧把回信送出去。士兵看到拿破仑那匹强壮的骏马，身上装饰得华丽无比，便对拿破仑说："将军，我只是一个普通士兵，实在不配骑这匹漂亮强壮的骏马。"拿破仑既没有讲以服从命令为天职，也没有讲回信关系到战争胜负、军队存亡，而是斩钉截铁地说："世界上没有一样东西是法兰西士兵所不配享用的。"拿破仑没有打任何官腔，那平等亲切的人情味，令那个士兵大为感动，像个伟人一样跃上马奔驰而去。还有吴起爱兵的故事：吴起在阵前为一小卒吸脓血，小卒的母亲知道后，哀哭道："我儿命休矣，将军为他吸脓，我儿作战必然奋不顾身，十有八九战死沙场。"教育是打开智慧之门的钥匙，是塑造人的灵魂的魔指。一个在荒野中侥幸长大的孩子，不但他的智力和禽兽几乎没有什么差别，他作为人的灵魂也已经荡然无存了，这可以从不止一次发现的狼孩身上得到证明。虽然它还没有完全丢失人的外形，但本质上已经和养育它的狼无异了。所以一个人的智愚程度与他长大以后在社会上的形象，同他在幼年、少年以及青年时代所受的教育密不可分。人没有知识固然不行，孟子早就说过："饱食暖衣，逸居而无教，则近于禽兽。"但只有知识而不知廉耻，则更为人所不齿，《易蒙》上就有"君子以果行育德"的话。社会的主体是人，有什么样的人就有什么样的社会。我们不能想象，一个人把追逐金钱看得高于一切的时候，会有崇高的人格德行，会去积极维护社会秩序，会去主动考虑国家利益。这样的人即使有比较多的科学技术知识，也不过是等于有了一份可以谋取私利的资本，而不可能为社会作出真诚的贡献。所以说，作为培养人才的教育，应该把培养人的德行放在最优先的地位。

■ 道德是有形的价值

知识只有被具有高尚的道德情操的人所掌握，才能成为造福于社会的力量。人，支撑一个民族，支撑一个国家，支撑一个时代。正确的教育培养出既掌握现代科学技术，又具备高尚情操的人。因此，用智慧引领人们的思路，不要置于智慧中不知用，不要拥有智慧不想用。过去有一个怀珠求乞的故事，说的是从前一个穷汉去拜访亲戚，受到热情的款待，以至于喝得酩酊大醉，在座位上酣酣睡去。刚巧，那位亲戚因为公事，必须立即外出，眼看着那个穷亲戚醉得人事不省，就把价值非常昂贵的宝珠缝在他的衣服里匆匆离去。这个穷汉已经烂醉如泥，哪里知道这件事情。醉醒之后，他也起身到外奔忙去了。他仍然一贫如洗，生活潦倒，仅能糊口。这时他仍然不知道自己衣服里藏有价值连城的宝珠。后来，在一个偶然的机会里又碰见那位亲戚。对方目睹他衣衫褴褛的样子，不禁叹息道："你为了衣食费尽心机，这到底是为了什么呢？以前，我还以为你生活得很舒适，因为那年你来我家里时，我曾把一枚价值连城的宝珠缝在你的衣服里。本想着你会从此富有起来，可是你却毫不知情，一直为衣食奔波劳碌。"曾几何时，佛将一切智慧送给世人，可惜大家却不知不觉地忘掉一切昂贵的智慧，仍然劳劳碌碌、糊里糊涂地奔波在人生的旅途。勤奋不等于坚持，坚持是有方向的勤奋，勤奋是无方向的坚持。同样是采花，蜜蜂是坚持的，蝴蝶是勤奋的。人像一潭水。有的人清澈但太浅一眼见底。有的人看不到底，但不是深而是因为浑。只有深邃的人才敢清澈，而浅薄的人则故意把自己弄浑。浅而浊的人只可养虾，清而深的人方可养龙。道德在实际中所产生的作用令人无所畏惧，体现了领导者的艺术和智慧。领导者的实践会产生许许多多的办法，一些成熟的办法是在实践中打磨出来、集成起来的。所以邓小平同志讲：看准的问题就要大胆地试、大胆地闯，对了就坚持，不对的就改过来。把好想法变成好办法，抓建设，特别是处在转折期、变革期、机遇期的时候，很多应变的事情没有现成的经验可循，没有成熟的办法可用，这就要求认准大方向就迅速行动，在行动中不断摸索经验、成熟思路、拓展举措、形成体系。这样，生存空间才会越来越大，建设成效也才会越来越明显。把潜力转化为实力。这里所说的潜力，是指在发展当中，可资开发利用的潜在空间和资源。把潜力转化为实力，要志存高远。俗话说，心有多大，舞台就有多大。干事业就要目标远大，务求大成，这样才能积极发掘潜力、打造实力，不断把事业做大做强。很多工作空间很广阔、资源很丰富，有深厚的潜力可挖。要厚积薄发。工作潜力的开发，前提是要积蓄能量拥有能力。就是要重视打基础工作，充分积蓄力量，积攒爆发力。毛竹生长有个规律。科学家研究发现，毛竹的生长，前五年几乎观察不到，后五年每天要长两英尺，并在六个星期内长到九十英尺。开展工作也是这样，没有一定的能量蓄积，不具备基本的开发力量特别是深度开发能力，潜力就不可能变成实力。要调动聪明才智，从多种角度思考问题，用多种办法破解问题。有个和尚取水的故事。三个庙，离河边都比较远，怎么解决用水的问题呢？第一个庙三个和尚同时挑水，一天才挑了一缸，并且非常累。三个人商量，来个接力挑水，每人挑一段路，大家都不太累，水也是满的。这就是从机制入手破解难题。第二个庙立下规矩，三个都去挑水，谁挑得多晚饭加一道菜，挑得最少的只能吃米饭。三个和尚争着去挑，水很快也挑满了。这就是从管理入手破解难题。第三个庙三个和尚觉得挑水太累，就想个办法，把砍来的竹子心对心连起来并买来个辘轳。一个负责往桶里摇水，一个负责往竹管倒水，另一个休息，三个轮流倒班，一会水就灌满了，这是从技术入手破解难题。看来，只要有创新精神，肯于动脑和探索，解决问题的角度和办法是很多的。只要坚守道德的防线，按照领导的职责去工作去带动去影响大家，就一定能产生有形的价值。

■ 优势是现实的价值

拥有优势是获得成功的重要前提，但用好优势和发展优势，才是确保获胜的决定因素。优势向胜势转化，就要重视发挥优势的"雪球"效应。就是要重视发挥优势力量的辐射、带动作用。管理界有句名言：所有成功的历史巨人，不仅因为他们有优秀的意志品质、超凡的智慧，而更重要的是他们具有强烈的责任感。他们之所以伟大，是因为他们比常人付出的更多。这种意识使他们受到尊敬和爱戴，得到信任和拥护，这是他们获得成功的重要基础。责任制造结果，有什么样的责任意识，就有什么样的工作态度，就有什么样的工作绩效。领导干部的肩头上什么时候都不能缺乏责任，坚持以责任回馈信任的积极态度，才能上不负重托、下不负厚望，才能带出负责任的坚强团队。伟大的人物必有非凡的智慧。在革命战争年代，毛泽东同志的雄才大略、神机妙算令人叹服，而其折射的智慧之光，至今仍熠熠生辉。毛泽东同志的伟大之处，在于他能够比别人更深刻地看清事物的本质，创造性地找到解决问题的方法。在革命战争中，毛泽东同志和他的战友们运用马克思主义基本原理，立足中国革命的具体国情，创造性地提出了建立农村根据地，以农村包围城市，最后夺取城市的战略思想，开创了武装夺取政权的新的革命道路。没有杰出的智慧、过人的胆识，这是不可能做到的。在国内革命战争时期，中国共产党基本处于弱势地位。敌强我弱的客观环境使毛泽东同志更多地以智谋与敌人周旋，而不是死打硬拼。毛泽东同志摸索出许多巧计良方。如避实击虚，声东击西。打得赢就打，打不赢就走。集中优势兵力，各个歼灭敌人。宽待俘虏，瓦解敌军等。这些战略战术的灵活运用，保存自己消灭敌人，积小胜为大胜，最终打败敌人。"不信邪"，是毛泽东同志常说的一句话。每逢重大历史关头，他常常敢于顶住巨大压力，谋惊天动地之计，出力挽狂澜之策。雄才大略不仅需要以智慧为基础，而且需要胆魄与意志的支撑。毛泽东同志不仅长于宏观谋划，也善于微观决策。凡读过毛泽东同志《论袭击》一文的人，对于一位战略家如此深入细致地探讨游击战术，无不感到惊叹。他之所以智慧出众、胆识超群，不仅是因为个人具有突出的聪明才智和意志品质，更重要的是找到了获得智慧的正确方法。有了这个方法，毛泽东同志就突破了个人才智、阅历的局限，而步入一个无限广阔的天地。在这个天地里，他向实践寻求答案，向群众寻求方法，向历史寻求借鉴，开掘了无穷无尽、永不枯竭的智慧源泉。具备出类拔萃的聪明才智和意志品质，找到获取智慧的正确方法，投身波澜壮阔的革命斗争实践。

四、智慧是文化的结晶

恩格斯说，文化是力量，文化上的每一个进步都让我们向自由迈进。文化的方式是浸润的，慢速的。文化的本质是人化，最核心的部分是价值观。文化是人的精神家园，人生活在其中，人创造着文化。

■ 文化力结晶凝聚力

文化改变人，文化生存聚焦在精神价值基础之下。人类进化的另一个部分是社会进化。社会进化就是文化进化，包括人类所创造的信息、语言、文字、符号、图形等，也包括宗教、民俗、文明、科技等。社会进化属于非生物进化，它发生在人体之外，是通过文化进化的形式来实现的。在人类的遗传基因里，一定有智慧遗传信息。但智慧是后天获得的，婴儿所获得的最根本的智慧是能够识别和学习人类所创造的信息的能力，而其余的智慧都能在后天获得。科学思维是无形而巨大的自主创新资源，任何成功的科技创新，尤其是突破传统的重大科技创新，都离不开正确的思维方式。思维与智慧的关系，正如《灵枢·本神篇》中很精辟的论述："因志而存变谓之思，因思而远慕谓之虑，因虑而处物谓之智。"思维与智慧二者产生的共同基础是经验和知识。若没有广博的知识和丰富的经历体验，思维和智慧就比较狭窄单薄。反之，则会思维开阔，智慧层出不穷，呈现出"忽如一夜春风来，千树万树梨花开"的景象。思维与智慧总是在同一认识活动中产生。只要有人类的认识活动，在这个认识活动中就会有思维的过程和智慧结晶。在表现方式上，思维是内隐的，智慧是外显的。思维与智慧产生的物质基础，都源于人脑。哲学上讲，人总是通过一定的思维方式来认识和理解世界，思维方式不同，人们对世界的认识和理解就会不同。一般而言，东方文化注重天人合一的整体思维、主观联系的直觉思维、经世致用的实践思维，更多地关注直觉、内省，重先验理性与伦理精神。而西方文化则偏好物我两分的二元对立思维、细剖精析的逻辑思维、纯粹思辨的抽象思维，更多地关注实证经验、逻辑推理，善于作定量化的分析。概括地讲，东西方这种思维方式的差异主要体现在辩证思维与逻辑思维上。一般来讲，智慧的表现离不开语言艺术，但最终还是效果。一个人创造的成果，标志着他的成就和对社会的贡献。真理并没有像伪真理造成那样多的坏事一样在世界上造成同样多的好事。不管这世界多么不公平，还是可以看到，对虚伪价值的溺爱要比对真理的践踏来得更经常。常常有这样的情况，一种思想产生了，觉得它既是正确的又有点奇怪便不敢相信它。但只要经过仔细思考，就会发现，这种感到奇怪的思想，乃是最为普通的真理。用辩证思维来描述中国人的思维方式，用逻辑思维或者分析思维来描述欧美人的思维方式。辩证思维包含着三个原理：变化论、矛盾论及中和论。变化论认为世界永远处于变化之中，没有永恒的对与错。矛盾论则认为万事万物都是由对立面构成的矛盾统一体，没有矛盾就没有事物本身。中和论则体现在中庸之道上，认为任何事情都存在着适度的合理性。对中国人来说，中庸之道的儒学思想经过数千年文化和历史的积淀，甚至内化成了自己的性格特征。西方人的思维是一种逻辑思维。这种思维强调世界的同一性、非矛盾性和排中性。一种思维方式常常渗透在各个领域，甚至常见的现象也能反映其思维方式。比如说建造纪念碑，在中国一般都建得很高大，每个人走过去必须仰视，表达出一种景仰崇敬之情；而在国外，有的纪念碑建得很低，每个人走过去都得低头沉思，表达出一种哀思与敬意。这中间就体现了思维方式的差异。再比如一个美国人给一个日本人写信，日本人看美国人的信，一看就发火。因为美国人在信的开头，开门见山，将自己的要求放在最前面，后面才讲些客套话。美国人看日本人的信，开始越看越糊涂，不知道对方要说明什么，前面都是寒暄，后面才有实质内容。这种不同的书写方式反映着不同的思维方式、不同的文化情结。增强文化认知，提高文化自觉。认知深度决定工作力度，认知比认识更趋于本源趋于理性。对文化的认知，要有一种时空的穿透力和哲学的思辨力，这样才能深刻感知它不是现在才有的，不是应时应景的，也不是单一浅薄的，更不是可有可无的。国家文化网的首页上写着这样三句话："一个国家的历史、一个国家的现在、一个国家的未来。"要认知先进文化，就要注意从历史、现在和未来，从动态发展、时空变幻的节律中来把握。闻一多曾说："我爱中国固因她是我的祖国，而尤因她是有那种可敬爱的文化的国家。"心理学有这样一个说法：文化是人们引为"同调"的符号体系。所谓同调，就是彼此的认同和亲近。列宁在谈到《国际歌》的作用时说："一个有觉悟的工人，不管他来到哪个国家，不管命运把他抛到哪里，不管他怎样感到自己是异邦人，言语不通，举目无亲，远离祖国，——他都可以凭《国际歌》的熟悉的曲调，给自己找到同志和朋友。"

■ 文化力提升生产力

以文化之帆助推事业之舟。文化是一项事业得以发展壮大的根本问题。文化的力量，始终是引领和激励事业发展进步的巨大力量。文化的强大，不仅能够激发精神动力，而且能够增强发展实力。对文化可作这样形象的描述：文化是一种基因，它融注和流淌在事业之中，影响和决定着事业的品质和性格。文化是一种实力，能够以核心价值观凝聚人心整合力量，以核心竞争力赢得优势引领发展。文化是一种能力，在历史发展过程中，人们用文化应对社会和自然的挑战，娴熟而精致地处理生产和生活问题。文化成为汉民族繁衍发展的百科全书，一种经济和社会生活方式持续五千多年，是中华民族文化以及它所造就的能力所致。在事业发展进步过程中，文化作为一种强大的能力，起着决定性的作用。文化是一种灵魂，它附着于事业之上，为事业提供一种无所不在的驱动和导向。文化是具有"向度"的，不同的文化会把人引向不同的发展方向。《中国经营报》评价蒙牛集团发展时，有一段耐人寻味的话："人品永远走在产品的前面，软件永远走在硬件的前面，文化永远走在钙化的前面。"先进的理念、超前的眼光，创造了蒙牛的奇迹。现在，理论界普遍认为，产品竞争力来自技术竞争力，技术竞争力来自制度竞争力，制度竞争力来自理念竞争力，文化是终极竞争力。我国颁发了"十一五"文化建设纲要，把文化建设摆在重要位置。重视文化、发展文化必然会成为一种时代潮流，在推动社会发展进步中发挥越来越重要的作用。事业发展需要把握大势，把握大势需要深邃的文化认知能力。文化认知能力，包括对文化的转型、取舍、选择和改造的自主能力。就是要形成自主积极的变革心理和行为习惯，以实现思想观念和思维方式的转变与更新。先进文化是一个借由各种鲜活的文化载体主动体现、用浓厚的文化氛围逐步熏陶的过程。艺术是一个民族聪明智慧的结晶和独特的身份识别标志。我们可以拿出什么东西，既能与世界强势文化对话，又不失去中华民族的识别标志，在汲取外来优势文化营养的同时，不断丰富我们的精神家园。中国的艺术智慧源远流长、博大精深，亟待发掘弘扬，不断创新，力求创作出更多无愧于时代并屹立于世界艺术之林的优秀作品。可以说，载体文化也是主体文化。观看一台格调高雅的精彩演出，阅读一部内容健康的优秀文艺作品，欣赏一幅技艺精湛的美术书法佳作，参加一场激烈友好的竞技活动，都可能使人受到一次深刻的、艺术化的思想教育，对情操的培养、感情的变化和人格的塑造产生重大的影响和促进。斯诺对红军中开展的文化活动，曾发出这样的感叹："在共产主义运动中，没有比红军剧社更有力的宣传武器了，也没有更巧妙的武器了。"
文化是有层次的，有先进文化必然有落后文化，先进文化
也需要不断更新、不断覆盖，同时文化不能没有个性，个
性也是一种层次，失去个性往往意味着失去存在的价值。
所以，加强先进文化建设，一项重大任务是要在不断提高
文化层次上下功夫。一是标准决定层次。就是要永远保持
文化的先进性和高品位。要始终坚持唱响主旋律、打好主
动仗，不给低俗文化以可乘之机。始终倡导思想解放、理
念更新，不因循守旧、固步自封。始终关注不断增长的文
化需求。二是传承提升层次。传承是一种创造性的继承。
文化发展首先是继承。毛泽东在《新民主主义论》中指出：
"中国现时的新文化也是从古代的旧文化发展而来，因此，
我们必须尊重自己的历史，决不能割断历史。"但是真正的
继承还是创新。正如国学大师张岱年所说："文化的发展不
能仅仅重复已流传的真理，而是要解决前人没有解决的问
题，突破前人的局限。"文化也必须讲创新、讲覆盖，要与
时俱进地培育和建设。首先，通过文化再造文化。要客观
认识、深刻理解我们的文化传统，努力从优良传统中汲取
营养，抓住灵魂、把握精髓，这样才能始终保持先进文化
建设的正确方向。其次，立足时代反映时代。要准确把握
时代特点、认清发展大势，不断充实先进文化的时代内涵。
列宁对这个问题曾有一段深刻的论述：文化任务的完成不
可能像政治任务和军事任务那样迅速。在危机尖锐化时期，
几个星期就可以取得政治上的胜利。在战争中，几个月就
可以取得胜利，但是在文化方面，要在这样短的时间内取

得胜利是不可能的。文化建设是一个长期的任务。因此，推动先进文化建设要有目标、有计划、分步骤，扎实有效地进行。强化领导的思想基点在于责任。歌德说："责任就是对自己要求去做的事有一种爱。""责任是一种耐心细致的行动，是一种把你应该做好的日常工作做到最好的行动。"丘吉尔曾经讲，伟大的代价就是责任。我们应该始终保持文化建设的责任感，进而把这种责任转化为一种热情、一种持久的力量。文化助推事业兴，赋予事业以文化灵魂，它将无坚不摧。把职业当事业干，就要求把文化的元素贯注于领导工作和事业发展中，着力培育领导文化，大力加强文化领导，坚持用文化带部队、抓建设、促发展，用文化力增强凝聚力、激发创造力、提升战斗力。文化升华事业、凝铸精神，科学上有个概念，叫"铸型"，比如文化铸型、政治铸型、技术铸型等。文化可以为事业铸型，使之更有层次和底蕴。事业也可以为文化铸型，使之更具特色和价值。没有文化统领的事业是脆弱的，没有事业支撑的文化是苍白的。

■ 文化力结晶向心力

文化与事业相生相长、互动互促，是一个精神变物质、物质变精神的创造过程。一个伟大的事业必然有一种伟大的精神文化作支撑。中国共产党从创建开始，就注意通过首长表率、宣传活动、组织生活、整风运动等手段，营造和主导先进的文化，如井冈山精神、长征精神、延安精神等，使广大党员和官兵自觉放弃小我，融入大我，为共同的事业而奋斗。熟悉中共党史的都知道，当年人们对解放区曾经有过三问：一问清贫的延安如何如此令人向往？二问艰难岁月如何如此斗志昂扬？三问星罗棋布的根据地如何无人割据称王？斯诺感叹那是一种"东方魔力"，其实，这是文化产生的事业奇观——共产主义信念如太阳光芒四射，伟大的精神如江河滋润心灵，毛泽东思想如磁石聚合力量。可以说，文化对事业确实具有神奇的魔力。如果将事业比做一片土地，文化就是播种，即使土地肥沃，雨水和阳光充足，如果不去播种耕种，它断然不可能长出茂盛的庄稼，也不会寸草不生，唯一的可能，就是长出繁茂的杂草。以文化传承推进事业"接力"。以蒙牛速度享誉世界的蒙牛集团牛根生同志讲，蒙牛事业的发展离不开三靠哲学，即大胜靠德，大智靠学，大牌靠创，这对我们很有借鉴意义。蒙牛从中国制造到中国创造，从中国品质到中国品牌，靠的是以德为基，以学为体，以创为要，这是蒙牛文化的精髓，也是蒙牛速度的活力之本、动力之源。爱因斯坦讲，所有最好的东西，要用最简单的公式表示出来。因此，对实践者要会干的给岗位，能干的给机会，干好的给地位。给能力强的提供"舞台"，干得好的搭建"平台"，有作为的推上"高台"，工作失职的"走下台"。实践证明，领导者抓文化、干事业的意识性越强，越是强化正确的价值观，干事业的人越能全身心地投入事业，事业的发展就会更加蓬勃兴旺，事业的前景就会更加美好。智慧在文化里体现，思维文化重要的表达是语言。人们普遍认为先有思维，后有语言。语言是人类思维活动发展到一定阶段的产物，语言不是表达思维的唯一方式，但是自从语言产生后，语言就成了人们思维文化交流的重要工具。只有人脑中思维清晰条理顺畅，语言表达才能有条不紊，有理有据，字字相连，句句相扣，段段相套，主旨明确。总之，语言是人们进行思维文化最重要的交流工具。歌德说，智慧只能在真理中发现。因为智慧无法伪装。一个人的智慧必须通过实践表现出来。有智慧而不表现，等于没有智慧。文化是智慧的体现，是软实力发展的有力支撑，是人们发展中的自觉，产生了潜移默化的作用，有效地凝聚了人们的思想，形成了事业发展的向心力。

　　凡人单纯解决眼前问题，智者解决未来问题；凡人只是解决有形问题，智者还要解决无形问题；凡人力图解决全部问题，智者善于解决关键问题。

第六章 智慧之路

一、智者主动解决根本问题

智者领导素质的高低，很大程度体现在发现问题和解决问题能力的高低上。一般人力图解决全部问题，智者善于解决关键问题。解决问题要讲究智慧，一般人忙于解决具体问题，智者主动解决根本问题。

领导者善于发现重要问题

对领导而言，复杂的不是问题本身，而是看问题的眼睛。解决问题是领导者的出发点和落脚点。一个优秀的领导者，不仅是一个出色的问题解决者，更是一个敏锐的问题发现者和果敢的问题提出者。应该说发现问题是水平，揭露问题是党性，解决问题是政绩。西方管理学中，就有一种提问式管理，管理大师德鲁克就以提问而著名。他认为作为管理者，热衷于给部下开处方是件十分危险的事，但要经常向部属提问题，督促思考问题比直接解决问题有价值。提问式教学之所以比讲解式教学更受学生欢迎，就是因为它能引导思维，授人以"渔"，使学生的思维更具创造性。从这个意义上讲，领导者的眼力能决定单位的发展力。领导者要善于提问题，以问题引发思考，以问题推进工作。人们在努力去做他们做不到的事情时，总是忽略了他们做得到的事。关键是问题背后的问题。牛顿讲，"对于一切，重要的不仅在于看见，还在于怎么看"。仅仅有一双发现问题的眼睛是不够的，还必须有透视问题的眼力，将问题层层解剖，找到症结。也就是说，发生了问题，要认真分析出现问题的来龙去脉，知道"酱在哪里咸，醋在哪里酸"。有一个地毯商人，他看见地毯中央隆起一块，便走过去把它弄平。但在不远处，地毯又隆起了一块，他又走过去把它弄平，这样一而再再而三的，地毯仍不平。他很纳闷，只好把地毯掀起来，结果发现了一条大蛇。事情就是这样，经常为出现问题而苦恼，其实只要认真加以审视，透过现象抓本质，不难找出症结的所在。出了问题要注意在工作指导上找原因，认真研究管理上的责任，而不是简单地处理下面的人，简单地就事论事或以罚代管。就如同砸冰山角，结果使冰山露出的部分越来越大，最终不能航行。要确立适应创新要求的新观念，思想是行动的先导，观念决定了人们的选择。创新首先要解决观念问题。如说贞操观，旧中国丈夫去世的妇女就不能再嫁，如再嫁大家就看不起。这种观念统治了相当长的一段时间，对社会发展起到了制约作用，但当时人们认为是对的，皇帝还为有的贞妇烈妇立牌坊，作为永久的东西来肯定。从五四以来，人们讲恋爱婚姻自由，观念也就打破了。若现在丈夫去世了，妻子不再嫁，不会再有人给她更多的赞许，倒有好心人劝说是否再找个伴侣，观念自然就变化了。再如清朝的大辫子，在那个时代一个男人没有辫子，就没人看得起你。如现在男人再有一条大辫子，大家会怎样评说。因此，不同时期不同阶段形成的不同观念，改起来往往很难。但社会要进步，人类要发展，对一些有碍发展的观念总得有人去改变。如果没有创新的意识，恐怕就很难实现，所以观念的变化是至关重要的。"官本位"的思想在中国就比较重，重到了从小孩开始。在一所小学，乡长的儿子想当班长，但是同学们不选他，结果小孩就告诉他爸爸，乡长一看孩子想当班长，就给老师打了招呼，老师感到为难，也知道乡长的儿子表现不好，但乡长又管学校，不办不好，办也不行。说就让乡长的儿子在班长不到校时代理班长，乡长也同意了。但当班长的孩子天天上学，很少有不在的时候，乡长的儿子没有机会代理就回家闹。结果乡长就给校长和老师下了最后通牒，说如果再不给儿子解决班长的问题，后果自负。校长和老师基于这种压力，就想了一个办法，在全校宣布乡长的儿子享受正班级待遇。当然这样的事是让人啼笑皆非的，但它反映了"官本位"思想的严重性。长期以来人们的思维形式成了模式，一些思维形式就受到了框框的制约。换一种思维，冲破旧的思想观念，就能取得好的效果。妨碍人们智慧的最大障碍，往往并不是未知的东西，而是人们头脑中原有的框框和定势。要善于求异性思维，世界上的万事万物，既有普遍性，又有特殊性。认识事物的特殊性，是着眼具体情况解决具体问题的前提，要求必须求异创新，在求异中迸发创新的火花。人类从古到今，都在追问什么是思维，思维是人类认识自然和理解自身，智慧是对思维能力或思维效应的认知评价。心理学上解释思维是人脑所特有的一种机能，哲学、神经生理学、逻辑学等学科也纷纷对它进行了研究。思维正是由大脑对感性材料所作的一种认识加工活动基础上的理性认识活动。主要有抽象思维认识和形象思维认识。抽象思维的认识加工主要是通过分析、综合、抽象、概括等思维过程。形象思维的认识加工主要是通过形象的分析、比较、综合、概括等思维过程。一九九七年诺贝尔奖物理学获得者朱棣文说了一句话，世界上好多人都在引用。他说："一个人要想取得成功，最重要的一点就是要学会与别人不同的思维方式、别人忽略的思维方式来思考问题。"有个小故事很有意思，老师给同学们提问题，说有一个聋哑人，到一个五金店买一个钉子，他到商店就做手势，一手做拿钉子样，一手做拿锤子样。售货员就把锤子给他了，聋哑人摇头，售货员立即把锤子放下把钉子给他，这个聋哑人高兴地把钉子买走了。又来了一个盲人买一把剪刀，老师就问学生，盲人用一种什么最简单的方式能把剪刀买到？同学们思索以后，有人说盲人用手做一个剪刀的样子。老师问大家有什么意见，大家都说同意。老师说：错了。大家感到诧异，问老师什么答案是正确的。老师回答说盲人进门说：买把剪刀。大家都会心地笑了。为什么学生们有这样的思维，就是回答前一个问题时形成了定势，换个思维形式就不去那样想问题了。所以思维形式是很重要的。

■ 领导者科学解决管理问题

复旦大学校长讲过一句话：一流大学就要培养一流的人才、创造一流的成果、建设一流的学科，而这一切最重要的保证是要有一流的管理。管理是一门科学，不是单纯的对人对事的简单制约，管理不在大小，都是很关键的。如一个男孩，新买的裤子裤腿长了，男孩就给奶奶说，奶奶正在做家务，不耐烦地说："不要找我，去找你妈去。"孩子就去给妈妈说，他妈正好要去打麻将，就说："去找你姐。"他就去找姐姐，姐姐正准备出去和男朋友约会，就说："你放着吧。"男孩的裤子就放到这里。晚上奶奶想起来白天的事，就把裤子剪掉缝好，妈妈打完麻将想起来，又拿着剪刀把裤子剪掉缝好，姐姐约会回来想起弟弟说裤子长了，又剪掉缝好，好好一个长裤剪成了裤衩。这个例子说明，事情不能谁都管，也不能谁都不管。管理是科学，都去乱管乱抓，必然达不到最初的目的。所以必须完善机制，同时在管理中要通过一些机制来制约，减少一些人的随意性。人的智慧是知识经济化发展的无穷动力，人的智慧不仅迅猛地创造着物质文明和精神文明，而且迅速地创造着人自身。人类走过了知识时代的漫长历程，从石器文化到铜器文化，从文字语言文化到信息程序文化，从工业经济知识到知识经济进化。知识进化的原动力，是人类智慧的进化。知识、科技、物质形式的进化，是智慧进化的外在形式。反过来，知识的进化又作用于人的智慧进化，构成了智慧与知识进化的互动进化。在知识进化中，人的智慧引导着知识进化。知识进化的根本就在于，人类给知识赋予了新的价值观念，由此而产生了新的知识产品，在这个过程中，知识获得了进化。知识自身不具有观念，知识的价值是人赋予的，知识的根本价值是为人类服务的。知识的自然存在方式不具有任何价值，它必须在人的智慧的操作下、使用中，并为人类提供了有益的服务，才真正拥有了价值。脑力革命导致了社会的大变革，出现了智能社会。计算机革命是人的智慧推动的，人工智能革命与人的智慧革命是相互作用彼此促进的。绝不能把计算机革命、机器人革命、网络革命，看成是一种纯技术革命，更不能把社会智能革命，只看做人的智慧革命。而这场社会智能革命应该是两者的集成所带来的社会智能革命。从实践中看，搞好科学管理，要具备科学的思维方式和科学的思维方法，概括性是思维最突出的特征。思维进行理性加工的目的是要正确反映客观事物的本质属性及其规律，而概括就是将某一种类事物具有的一般的、共同的、本质的属性特征结合起来，从而抽出该种类事物所具有的本质属性及规律。所以，概括性就成为思维的显著特征。间接性是思维又一个明显特征。思维对象是存在于人脑中的客观事物的表象，所以，思维认识过程是对思维对象的间接认识。思维的间接性使人的认识可以超越时空的限制，可以使人凭借着自己已具有的知识经验去认识、判断、推理未曾直接感知过的事物，甚至根本无法去直接感知的事物。在大自然界中有许多事物的发生、发展、变化的规律是各个领域的研究者所无法直接感知的，但人们通过思维的推理运算确可以精确把握。在现实生活中要善于逆向性思维。所谓逆向性思维，就是打破常规的顺向思维方式，遇到事情倒过来寻思，从相反的方向或角度来分析、考察问题，寻找解决问题的途径。或者当事情处于正面时，多从反面想一想。处于反面时，多从正面来考虑。逆向思维是一种反习惯、反传统、反常规的思维方式，它与一般的、传统的或群体的思维方式相区别而独具特色。逆向思维最早可以追溯到道家文化中老子的哲学思想。老子的"无为而治"就是从"反者，道之动；弱者，道之用"的理论为出发点。这种思想就是逆向思维的智慧，逆向思维体现着道家的人生智慧。老子为我们探索了富有启示的生存之路。老子认为首先就要对"道"进行认识和把握，这里的"道"即规律，只有把握了它，才能以一驭万，以不变应万变，一生平安。老子认为，这种人生之大道最根本的是"反者道之动"和"逝曰远，远曰反"，这里的"反"，一是指"道"本身所蕴含和具有的两种对立相反的力量。正是由于这种作为内在活动机制的对立相反的作用，才使得"道"具有了运动的本性，使其"周行而不殆"。二是指"物极必反"。也就是说，任何事物的某些性质如果向极端发展，这些性质可能会转化成它们的反面。老子把返回到原出发点的运动称之为"复归其根"。之所以要"复归其根"，是为了从根本处获得新的生命力，重新聚集能量，再次投入新一轮循环。老子认为，处世的方法要符合"道"的规律。

想要得到某些东西，就要从其反面入手；想要保持某些东西，就要容纳一些相反的东西；谁若想变强，就必须从"弱"开始，等等。这种思维方式往往能使人获得全新的、意外的发现，在竞争中出奇制胜，在山重水复疑无路中开创出柳暗花明又一村的新天地。条条大路通罗马、东方不亮西方亮等语句都反映了这种思维方式。还有一个例子：俄罗斯有的人讨厌犹太人，一天，有个犹太人掉到河里后向岸上呼救，俄罗斯警察在岸边看着却没去救。犹太人心想这次可完了，但他脑子突然一闪，不再喊救命而喊出打倒沙皇！警察一听，这个犹太人居然敢反对沙皇，于是跳下去把他拉上来准备去审讯，犹太人这一招果然保住了性命。当然这只是个笑话。创新者在顺境时应居安思危，审慎地避免应当避免的逆境。

二、智者前瞻解决未来问题

智慧学上讲：凡人单纯解决眼前问题，智者解决未来问题。成就事业既要用力，更要用心，用力干事只能把事干对，用心干事才能把事干好。用心就是多思维多动脑，干事业需要智慧。

■ 领导者有科学预测的本领

领导者要具有科学的预见性，预测事物的发展，想定未来的前景，展望未来的宏伟目标。前瞻性观念是那些具有开拓性、预见性的观念，它来自对历史的深刻剖析，对现实的敏锐观察，以科学的态度评价、分析、判断、论证社会发展的动态和走向，从中得出符合客观发展的预见，并以此作为今后发展的行动指南。一个老农夫肩上挑着一根扁担信步而走，扁担上悬挂着一个盛满绿豆汤的壶。他不慎失足跌了一跤，壶掉落到地上摔得粉碎，农夫仍若无其事地继续往前走。这时，有一个人急忙跑过来激动地对他说："你不知道壶破了吗?""我知道"，农夫不慌不忙地回答道，"我听到它掉落了。""那你怎么不转身，看看怎么办?""壶已经破碎了，汤也流光了，一切也都过去了。"可以想见，领导者决策与实施的过程就如同一次旅行，如果把每一个阶段的成败得失全都扛在肩上，今后的路就没法走。所以，必须丢弃旧的东西，跟过去说再见，忘记过去是为了更好地做工作，重要的是需要关注未来。领导者既要有正确的决策智慧，又要具备勇于承担责任和勇往直前的胸怀和风度。在其位谋其政，自古以来就是对为官从政者的起码要求。放眼全局，识大任，认清大形势，把握大趋势，是勇挑重担的前提基础。列宁指出：只有了解某一时代的基本特征，才能在这一基础上去考虑这个国家或那个国家的更具体的特点。胸中有大势，才能识大任。标准的高低决定工作层次和质量效益。胡锦涛同志强调，要树立一流的工作标准，用一流的干劲，做一流的工作，创一流的业绩。当前，工作任务重、头绪多、要求高，在重担面前，必须强化标准意识，志存高远，奋发向上，用高标准保证高质量，用高标准谋求大作为，用高标准牵引大发展。高标准源自高目标。目标产生自驱力，有了大目标，就能自己让自己跑起来。有句谚语讲，"如果你不知道你要到哪里去，那通常你哪里也去不了。"这实际上也是告诉我们：你今天站在哪里并不重要，重要的是你明天迈向哪里。高标准强化意志力。丘吉尔讲："成功根本没有秘诀，如果有的话，就只是两个：第一个是照着自己的目标坚持到底，永不放弃；第二个是当你想放弃的时候，再想想自己的第一个秘诀，继续坚持到底，永不放弃。"卡耐基也说："世界上最容易的事是坚持，最难的事也是坚持，能否坚持到底，是界定一个人成功与失败的分水岭。"创始于一九二七年的恒源祥商店，主要经营人造丝和手编毛线，到了一九八七年，手编毛线市场越来越萧条，这时有人提醒总裁刘瑞旗要知难而退，另辟蹊径，但他执著地认为，如果太阳不升起来，东边不亮，西边也不会亮，恒源祥就是要"制造一个毛线的太阳，照到哪里哪里亮"。正是靠着这种高标准和大追求，恒源祥诞生了三项世界纪录，创造了全球最大的毛线球、最粗的毛线和最长的毛线针，成了家喻户晓的知名品牌。高标准始终是引领成功的方向标。要使宏伟的计划不停留在纸面上，就要用积极的行动把它变为现实。在领导工作实践中，就是要坚持高标准、保持大追求，顽强奋斗、愈挫弥坚。有了这种意志力，再重的担子也压不垮我们，再大的困难也难不倒我们。创新需要新思维，思维一变天地宽。有这样一个例子：某旅游景点发生了泥石流，一块形状怪异的大石头挡在道路中间，怎么也抬不动搬不走。在大家一筹莫展的时候，有人突发奇想，既然没法移动巨石，为什么不把它开发成新的旅游景点呢？这一招果然见效，吸引了很多游人，也带来了新的经济效益。还有个例子：一位商人看到海边石头缝里有一些成双成对的小虾，感到很奇怪，细问当地人后才知道，这些小对虾自幼钻进海边的石头缝里，在里面长成无法出来的雌雄虾，共同度过一生。他还了解到小虾作为现物出售生意很平淡，商人的嗅觉使他意识到蕴藏着巨大的卖点，这些小虾从一而终爱情不变，正是夫妻永远美满的象征。完全可以通过适当的造型，赋予它特定的文化底蕴，必定是市场潜力巨大的结婚礼品。回来后开了一家结婚礼品商店，专卖这种经过包装的成对小虾，并取名为"偕老同穴"，果然成了畅销的结婚礼品，他的店面也因此越做越大。这两个例子启示我们，在新问题面前，要摆脱惯性思维的禁锢，善于换个角度来看待，换种方式去处理，这样就可能获得意外收获，达到意想不到的效果。培根说过："精神上的各种缺陷，都可以通过理论学习来改善。"理论素养对一个人的政治素质、精神境界、思维水平、行为能力等，都有重要影响。有了理论高度，想问题、办事情，就会不同凡响，才能上升层次。智者领导历练越丰富，对情况的了解就越多，对事物的感受就越真切，能力素质就会越全面。如果一个领导者经历单一，就容易有局限性，也容易产生惰性。高尔基年轻时跟一些很有名气的经院哲学家辩论，哲学家们引经据典讲的道理，都被他一一驳倒了，而他讲的道理哲学家们驳不倒。哲学家们就问他，我们讲的都出自经典著作，你讲的那些出自哪个学派、哪部经典？高尔基说，我没有读过哪个名人的著作，我讲的都是亲身体验，是我的皮肉感觉出来的。我到处流浪，吃了很多苦，受了很多罪，体验到你们讲的都是错的。可见，历练丰富人生，使人走向成熟，也是成功智者领导的必由之路。

■ 领导者有前瞻决策的本领

做事离不开智谋，更要讲究智慧方略。既要知道什么是正确的事，又能够做正确的事，更能够正确地做事。这就是毛泽东同志提出的要把握做好领导工作的"桥"和"船"。对智者领导来说，"桥"和"船"的路径很多，要注意借鉴和运用这些方法和艺术，不断提高领导工作的效益。驾驭局势是智者领导的基本功。要做到放眼大局、胸有全局，善于针对局势的发展变化和不同特点，采取不同的驾驭手段，敏于识势、重于谋势、巧于乘势，把得准趋向，抓得住机遇，跟得上变化，特别是要做好前瞻谋划，始终掌握领导工作的主动权。古人讲，"成功于众者，先知也"。人人都知道春秋时期扁鹊精于医术，其实扁鹊的两个哥哥都比他高明：他们能治病于病情发作之前，因此一般人不知道他们事先能清除病根，所以觉得他们的水平一般。只有行家才知道他们的医术水平最高，达到了防患于未然的境界。台湾国学大师南怀瑾讲，人从变化的角度看，可分为几种：有人是智慧的，知道天下怎么变，能够领导别人跟着变，永远站在变的前头；有人是聪明的，能够积极应变，你变我也变，主动跟着变；有人则是被动的，人家变了以后，他还站在原地不动，人家过去后他还要骂，我没准备你怎么就变了。高明的领导总是局势的掌控者，善于用先知占据先机，用预见把准方向，识势在前，知变在先，像林肯那样，"在地平线之外，能看到正在移动的朦胧景象"。在领导工作中，有时是百事待举，有时是再上层楼，都属于开创性工作。这时局面相对比较复杂，棘手问题多一些。作为智者领导，一定要全局在胸，审时度势，找准影响全局发展的关键环节和根本性问题，着力从整体上考虑和解决，把优势转化为胜势，以取得牵一发而动全身的效果。驾驭局势很多时候需要跳出习惯模式，打破思维定势。思维存有多种多样的形态。因为人脑各异，所以人脑中的思维存在的形态是不拘一格，多种多样的。从个体人脑生理纵向发展的规律看，思维发展是一个由低级思维向着高级思维不断发展变化的过程，一个由具体直观的形象思维向高度概括的抽象逻辑思维发展的过程。从横向不同个体人脑生理看，会发现他们各自存有思维的差异性，有人善于形象思维，有人善于抽象逻辑思维，有人善于直觉思维，有人善于分析思维，有人善于创造性思维，有人善于实用性思维，有人善于灵感思维等等。思维存在于人类所有活动领域。思维发生时，指向特定的思维对象，是探求思维对象本质和规律的有目的的活动，存在于社会生活的每个领域。所以，物理学家研究思维怎样发生发展于"物质化的人脑"，生物学家研究思维怎样发生在"细胞的人脑"，数学家研究思维怎样发生在"计算的人脑"等等。可以这样说，只要有人类大脑活动的地方就一定会有思维活动的产生。这里面最关键的还是观念问题。领导者的观念影响着思维和工作层次，对领导工作实践具有很大的制约作用，观念有时是无价的。突破陈旧观念，离不开创造性思维。抓住思维的闪光点，并让这个点在思维中按逻辑规律运动起来，点动成线，线动成面，面动成体，就能使认知达成一个整体系统，使思维和实践上升到新的层次。一九五八年，管理学大师杜拉克提出了目标管理理念，一时风靡全球。四十年后，杜拉克又语出惊人，要求领导者抛弃过时的目标管理，强调要"高举目的，降低目标"。可以说，杜拉克抓住了领导工作的本质。所谓目的，是指领导工作的效益、结果和价值。也就是说，领导干什么事先要问为什么，有什么用，值不值得，怎么才能做得更好。主要领导者的活动开始于终极目的的确立。作为主要领导者，应努力超越具体的过程和目标，看到过程和目标背后的终极目的，从而站在更高的层次上解决根本性的问题。目的比目标重要。西方有一个流传很广的幽默故事，在一次战斗中，士兵向将军报告：前方二十米的石堆中有一个狙击手，不过枪法很差，几天来没有一枪命中。士兵问要不要消灭狙击手。将军说：你疯了吗？难道你想让敌人换一个枪法准的吗？士兵的目标是狙击手，而将军的目的是保全士兵的性命。目的与目标不同，产生的结果也完全不同。以前我们讲要多快好省，现在看来，这仍然局限于目标管理，还应在多快好省后面加一个"值"。当年准备修建葛洲坝时遇到一个难题，就是如何解决中华鲟过坝繁殖问题。许多专家围绕过坝这一目标，设计了过鱼道、升鱼机、人工过坝等方案，既不现实成本也高。而有的专家独具匠心，围绕救鱼护鱼这个最终目的，提出了在大坝下游模拟上游的生态环境的设想，这样中华鲟不过坝就能繁衍后代。可见目的不仅比目标重要，而且目的决定目标。智者领导只有关注目的和价值，思路才会更清晰、更开阔、更有远见和创造性。要始终保持目的正确有效。神话故事中，吴刚因学习仙道犯了天条，被罚到月宫砍伐桂树，月桂高达五百丈，吴刚每砍一斧，树的创伤立即愈合，所以只好年复一年地砍下去。神话虽然荒诞，启示却很深刻。玉帝为了达到惩罚效果，故意设计了一个荒诞的目的，使吴刚永远无法实现。这说明，人的活动目的倘若不正确或是偏离了目的，将意味着白白浪费时间和精力。工作越多，浪费越大。有时跳过目标才能有效达到目的。英国军事理论家利德尔·哈特认为："从战略上说，最漫长的迂回道路，常常又是达到目的的最短途径。"两点之间直线为最短距离，这是数学常识，人人皆知。数字是单一的而思想是复杂的。在领导工作中，看似最直接便捷的线路，未必最短、最有效，有时甚至恰恰相反。如果眼光只盯着目标，都往捷径上挤，就会塞车撞车。走迂回之路反而能更快达到目的地。因此，在智者领导的工作中，一般不要有走捷径的思想，当有时认为目标暂时不可能实现时，就应该跳过目标，选择最合适的路径，有时甚至可以背离原来的目标，走一段必要的回头路，从而更好地达到最终的目的。

■ 领导者有运用法规的本领

老子讲，小智者治事，大智者治人，睿智者治法。这里的法就是制度。制度就是规矩、程序、原则。制度反映出工作的标准，影响和决定着领导工作的效力。制定制度必须简单具体，好制度应该清晰而精妙，简洁而高效。沃尔玛公司制定的微笑服务规则是：必须露出八颗牙齿。因为只露四颗牙齿，看上去皮笑肉不笑。若露出十六颗，看上去龇牙咧嘴的，是一副凶相。露出八颗，春风满面。基层制定制度，不能大而化之，要像沃尔玛公司一样，科学、具体、简单，让人看得明白做得到位。简单是最好的提升，能更好地让人理解和接受。有一次，一个老太太问爱因斯坦："爱因斯坦先生，听说你因为提出了相对论而得了诺贝尔奖。我搞不清楚这么复杂的问题。你能不能告诉我什么叫相对论呢？"如果爱因斯坦真的从学术角度讲到时间和空间的变化，讲到量子力学的原理，那么老太太无论如何是听不懂的。但爱因斯坦没有这样讲，而是打了个比方："太太，晚上你在家里等女儿回家，墙上的挂钟已经是晚上十二点，你女儿还没有回来，这时候你等十分钟是什么心情，是不是显得很长啊？但如果你是在纽约歌剧院听歌剧，演得非常精彩，这时候你听十分钟是什么心情，是不是过得很快啊。同样是十分钟，一个感觉很长，一个感觉很短。相对不同，时间的长短是一种相对的差误，这就叫相对论。"好制度是有效运转着的规则体系。一切制度只有配以有效的运作格局，才能真正运转起来，变成真正的刚性制度。对制度的认识、遵循和守护，影响和决定着制度的执行力和生命力。法治精神土壤包括刚性的制度，坚持原则的领导，遵章守纪的群众。有了这种土壤才会增加落实制度的勇气，形成落实制度的氛围。实际工作中，有一种值得注意的现象，就是有的领导虽然自我要求比较严，但不敢大胆管理，做"老好人"。领导工作是需要底线和坚持的，无原则的畏缩和放弃，能使领导个人尊严不断递减，能使单位正气弱化。心理学研究表明，人的行为大都是受激励而产生的。人们在智能相同或相近的情况下，其工作绩效的高低，很大程度上取决于激励。激励有时是倍增器，可以产生成倍的能量。管理学中有罗森塔尔效应。罗森塔尔是美国著名学者，他声称发明了一种智力测量仪，找到一所学校校长，提出免费对该校学生进行测试。在测试的头天晚上，他让几个助理偷偷拿到各个班级的学生花名册，从中随机抽样列出了一个名单。第二天，他组织人马到学校装模作样地进行一番测试，然后拿出早就拟好的名单交给校长，说这几个学生智力超群，一年后定见分晓，但有个条件，就是不能提前告诉学生。校长见到名单很生气，说不准确，许多好学生没列上去。罗森塔尔说这都是经过精密测试的，绝对有科学依据。一年还不到，校长就忍不住打来电话表示感谢，说罗森塔尔点石成金，过去成绩不好的好了，性格不好的变了，简直就是奇迹。他又说很抱歉，原来他没有保密，提前把结果告诉学生了。罗森塔尔说，该道歉的应该是我，因为我只是随机进行了抽样，根本就没有搞什么测试。但由于虚拟的权威性谎言激励，结果产生了意想不到的效果。领导工作很重要的就是激励，激励贯穿于领导活动的始终。激，是一种调动，在行为之前解决动力问题，面向的是未来。励，是一种强化，在行为之后解决评价问题，面向的是过去。领导学上还有一个著名的"克尔蠢举"：克尔是个素食主义者，下属犯错误，就惩罚大家吃肉，动机与效果错位，结果大家都主动犯错误。所以激励的出发点一定要正确，导向性一定要明确，这样才能充分发挥激励的效应。激励重在自我激励，强将手下无弱兵，下级认定上级是强将，而尽力追随当一名强兵，这就是自我激励。相反，将帅无能累死三军，下级不认可上级，就缺乏追随的动力，有能力而不去发挥。可见，自我激励是动力之源。以前说火车跑得快，全靠车头带，现在讲全靠车头带，火车跑不快。因为只有车头的动力，而没有车厢的动力，快就有很大的局限性了。智者领导善于对权力和职责分散，引导部属自我主动，不用扬鞭自奋蹄，全身心地投入工作中去。智者领导要领悟行为的方圆，领导工作十分复杂，奥妙无穷，充满着辩证法，领导方圆一体充满智慧，"运用之妙，存乎一心"。当然，在现实领导工作中也存在许多"悖论"，没有单纯的非此即彼。高明的主要领导者，应更像哲学家，善于把握平衡，在巧妙思维中抓住真谛，工作做得独到有效。在领导工作中，执行比决策更重要，按照现代领导科学的观点，成功因素中决策只占百分之二十，而百分之八十由执行力决定。主要领导处于决策的位置，最容易犯的错误就是把决策留给自己，把执行交给别人。有的领导不乏新颖独到的想法，做出了一些符合实际的决策，但单位建设仍然没有大的起色，重要的原因不是决策无方而是执行不力。一打纲领抵不上一个实际行动，只有认真地执行，才能把决策目标变成现实。

否则，任何激动人心的决策只能是空中楼阁。在领导工作中，决策的过程是谋与断、知与行统一的过程。通常有四个要素：一是谋，就是出谋划策，明确决策方向。二是断，就是集思广益，形成决策措施。三是干，就是跟踪落实，推进决策执行。四是变，就是因应变化，搞好决策调整。这四个要素缺一不可，否则就很难成其为有效的决策。执行需要决策，决策绝对离不开执行。

三、智者能够解决关键问题

智慧学上讲：凡人力图解决全部问题，智者善于解决关键问题。敢想是实现创新的前提条件，敢闯是实现创新的关键要素，敢超是实现创新的必然要求，而这一切的基础，都来自创新思维，而创新思维又来源于智慧思维。

■ 领导者敢于勇挑重担

智者领导要做到敢于勇挑重担，敢于勇挑重担体现追求卓越的积极态度和履职标准。当领导就要挑担子，但挑担子、挑重担和勇挑重担，反映和表现出不同的精神状态。中国共产党党章明确指出："党的干部是党的事业的骨干"，这既是对党的干部作用的充分肯定，也是对党的干部更高的党性要求。作为党员领导干部，仅有挑担子的意识是不够的，更不能只要位子不要担子、只想职务不想要务、只重人际不重业绩，在工作中拈轻怕重，坐逍遥椅、当自在官，而必须习惯优秀，不仅要挑重担，而且要敢于勇挑重担，始终把党的事业看得高于一切，常怀进取之志，常念发展之务，常思落实之责，殚精竭虑，孜孜以求，在推进事业发展中发挥龙头和领雁作用。责任是一个人与生俱来的使命，敢于承担责任蕴含走向成功的核心要求和动力。所以，所有成功的历史巨人，不仅因为他们有优秀的意志品质、超凡的智慧，而更重要的是他们具有强烈的责任感。他们之所以伟大，是因为他们比常人付出的更多。这种意识使他们受到尊敬和爱戴，得到信任和重用，从而成为他们成功的基础。爱默生说，敢于负责具有至高无上的价值。从一定意义上讲，敢于负责胜过能力，敢于负责可以把不可能变成可能。拿破仑有句名言："不可能这句话，是懦弱者的借口，是胆怯者的隐身符。拥有权力者讲这句话，就等于承认自己的无能。"责任不仅是一种品德，更是一种能力，而且是其他所有能力的统帅与核心。缺乏责任意识，其他的能力就失去了用武之地。敢于大胆管理，必须以严明的法规制度做基础。有一家降落伞制造工厂，产品合格率多年来一直徘徊在百分之九十八。降落伞的质量关系到每个使用者的生命安危，所以军方一直要求产品合格率必须达到百分之百。可是不管如何三令五申，甚至撤换厂长，合格率依然保持在百分之九十八。新上任的司令官知道这件事后，立即制定了一条规定：要求降落伞出厂后，首先由该厂的员工试跳。消息一传开，工厂上下高度紧张。很快，降落伞的合格率就上升到了百分之百。制度改进一小步，管理前进一大步。这就是制度的力量。我们在管理实践中，要特别重视依靠法规制度开展工作，坚持先立规矩后办事，立好规矩办好事，切实用法规制度提升管理工作效力。青岛啤酒集团生产车间有一个活动梯子，用于货物上下搬运。为防止梯子倒下砸着人，旁边贴了个告示：请留神梯子，注意安全。几年过去，没有发生事故，大家都习以为常。一次，客户来谈合作事宜，看到这个情况，建议将告示改成：不用时，请将梯子横放。同样是九个字，因为立的规矩不同，产生的结果就会大不一样，前者仅仅是提醒，解决一时一人的问题，后者则是彻底排除了安全隐患。在管理工作中，要注意着眼从根本上解决问题，加强规章制度建设，使所立规矩更加有理有力。重法关键在于严格执法。摩托罗拉之父保罗·高尔文有句名言：对每一个人都要保持不变的尊重。在这一信念的指导下，摩托罗拉公司逐步形成了一整套以尊重人为宗旨的企业制度和工作作风，极大地激发了员工回馈尊重、积极工作的旺盛热情，推动了公司的迅猛发展。要创新思维科学。任何成功的科技创新，尤其是突破传统的重大科技创新，都离不开正确的思维方式。要充分运用哲学思维这一无形而巨大的自主创新资源，跳出习惯模式，突破思维定势，大胆地假设，小心地求证，反复地论证。

▊ 领导者敢于承担责任

敢于承担责任，从而注重解决关键问题，以推动各种问题的解决。所谓责任，是指应尽的义务和应承担的过失。

现代物理学告诉我们，任何物质都有一个"核"，原子有原子核，地球有地核，甚至一粒灰尘也有核。如果没有"核"，这个物质就难以成形，成了形也不稳定，随时可能解体。作为组织性、功能性很强的各级领导班子，也同样需要有一个核心。邓小平同志曾强调指出："任何一个领导集体都要有一个核心，没有核心的领导是靠不住的。"领导者是责任的主体，责任制造结果。有什么样的责任意识，就有什么样的工作态度，就有什么样的工作绩效。在领导学上，正面的责任主要是指政治责任和工作责任。负面的责任主要是指法律责任，即对过失、错误以及事故案件承担主要领导责任。履行正面的责任一般要相对容易一些，而履行负面的责任则往往比较难，有时甚至找不到责任的主体。比如，有的单位出现问题追究责任时，有的同志首先想到的是集体领导的责任、直接主管领导的责任或肇事者的责任，甚至推卸责任，而没有想到作为领导者应承担什么样的责任。作为主要领导者，勇于主动承担责任，本身就是一种负责任的表现。谭震林在任华东野战军兵团政委时遇到过这样一件事：山东昌潍战役打响后，为配合作战，兵团政治机关下达了一份瓦解敌军的电报，提出该地区的国民党党政军各类人员只要投诚，一律既往不咎，有功的还可以受奖。但第二天兵团收到了中共中央一份措词严厉的批评电报，认为对罪大恶极分子和其他敌方人员不加区别地对待，违反了党的政策，与解放军"首恶必办"的规定不符，这是一种有损解放军信誉的欺骗行为。兵团政治部接到电报后，气氛顿时紧张，大家很快想到了追究责任。兵团政治部主任谢有法深感责任重大，在兵团领导会上主动承认错误，提出自己要向中央检讨。但谭震林站起来说，我是主要领导者，电文是我签发的，这个责任应由我来负，由我向中央作检讨，不要你们政治部门负责。事实上，在这之前，谭震林的检讨电报早已摆到了中央领导的案头，他深刻检讨了自己的错误，没有一句责怪政治部门的话，更没有把责任往别人身上推。谭震林认为：上级的批评，我不承担，要下级承担，下级怎么跟你打仗？谭震林的这种做法，就体现了敢于负责任的优秀品质。作为领导者，在强化自身责任感的同时，也要注重开发部属的责任意识，努力塑造一个立体的有责任感的群体。群体效应威力无穷。如果能把群众的事业心、责任感调动起来，大家在各自的岗位上尽职尽责，那就没有干不好的工作、办不成的事情。开发部属的责任感，用领导科学的话讲，就是开发部属的自我领导意识，也就是让被领导者自己影响自己、自己作用自己、自己约束自己、自己激励自己。现代领导科学认为，被领导者在领导活动中绝不仅仅是被支配者，而是能动的要素。任何领导活动，都离不开被领导者的作用。对此，有人作过一个形象的比喻，说自我领导的结构像太阳系，每颗星星都很重要，星与星引力均衡，自行运转不息，达到圆满、统一、和谐的效果。实际上，中国共产党的领导人早就创造性地提出了自我领导的思想，周恩来同志一九四三年就提出，领导群众的方式和态度，就是要使他们不感觉我们是在领导。我们可以设想一下，如果每个领导者能够做到既坚持领导，又不让人感觉到被领导；我们的每个部属都能够既接受领导，又有效地进行自我领导，那么，单位建设必将是一个充满活力的生动局面。

四、智者注重解决无形问题

智慧学上讲：凡人只是解决有形问题，智者还要解决无形问题。凡人总是解决别人的问题，智者首先解决自己的问题。增强智慧意识要努力学习知识，也要努力增长智慧。

■ 无形智慧振奋有形智囊

智囊者就是人们常说的参谋，古称智囊、辅佐、幕僚，随着社会生产力的提高而出现，随着时代的进步而发展，随时代脉动而衍生。参谋形态经历了一个从个体到群体、从单一到合成、从合成到联合的演变过程，呈现出从经验型到技术型、从技术型再到智能型的发展轨迹，技术进步推动着参谋形态的发展。马克思指出："随着新作战工具即射击火器的发明，军队的整个内部组织就必然改变了，各个人借以组成军队并能作为军队行动的那些关系就改变了，各个军队相互间的关系也发生了变化。"原始社会，由于生产力低下，作战兵器多取自大自然的现成材料，作战方式基本是摇旗呐喊、一哄而上，作战指挥比较简单。奴隶社会，随着生产力提高，争夺与反争夺的对抗不断升级，战争成为可能。当战争发展到依靠统帅个人能力已经无法胜任时，参谋就应运而生了。早期的参谋主要是个体参谋，公元前一七五零年，也就是距今三千七百多年，出现了我国第一个具有参谋性质的代表人物，他就是商朝的伊尹。另外一个具有代表意义的是周朝的姜尚。春秋战国时期，出现了以出谋划策为职业的谋士群，群体参谋一时成为主体。西汉以后，参谋群体的作用日趋突出，出现了机构参谋，如汉代的幕府、隋唐的兵部、宋代的枢密院，还有清代康乾时期出现的军机处等都大致可划到这个范畴。在漫长的冷兵器时代，不管是个体参谋、群体参谋，还是机构参谋，其职能没有发生质的变化，所依靠的主要是个人的智慧和经验，与现代意义上的参谋有很大区别。参谋现象虽然发端于中国，在几千年的战争风云中形成了璀璨的参谋文化，但真正具有现代意义的参谋却产生在欧洲。十八世纪末，拿破仑在法国军队中成立参谋处，任命贝蒂埃为参谋长，建立了现代参谋机构的雏形。十九世纪初，普鲁士军队总参谋长老毛奇，进一步完善了参谋机构，以此为标志，具有现代意义的参谋走上历史舞台。经过第一次世界大战的洗礼，参谋开始向专业化、谋略化、群体化方向发展，真正成为指挥作战的外脑。第二次世界大战期间，机械化部队迅速发展，军兵种分工越来越细、协同越来越多，组织指挥需要多方面的专门知识，指挥员不得不寻求技术外脑协助指挥，参谋开始由经验型向技术型转变。现代科学技术的飞速发展，特别是以计算机为主体的指挥自动化系统应用于参谋工作，使参谋外脑作用得到空前加强，智能型参谋成为新的趋势，也就形成了智囊集团，在现代战争中发挥出越来越重要的作用。现代智囊不仅在幕后构思奇谋良策，而且能够借助指挥官的权杖纵横捭阖，在战争中随机应变、果断处置，发挥关键性作用。智囊者带有领导成分，有时作用甚至比某些领导还要大，从一定意义上甚至还可以讲，智囊者水平就是领导水平，智囊者的水平有多高，就代表着领导的水平有多高。这些都是指智囊者在执行过程中，经常代表领导发号施令，有很大的自主空间，可以通过能动的执行把领导意图贯彻得更加彻底。广泛拓展智识水平，实现能力合成。在高技术条件下，智识比任何东西更容易变成力量，而且日益成为生存发展的决定性力量。现代战争要求智囊者不仅具备过硬的政治素质、良好的身心素质、扎实的文化素质和精深的专业素质，更要把这些素质高度融合形成智识，没有智识不成其为战略参谋。

■ 无形智慧推进有形智商

才识、见识、胆识体现智识，学会学习比学知识更重要。学会怎么学习，是进入新时代的通行证，比努力学习更关键。联合国教科文组织在一篇报告中提出，未来的文盲不是不识字的人，而是不会学习的人。报告还提出终身学习的四大支柱：学会学习、学会做事、学会共处、学会生存，其中第一条就是学会学习。英国有个叫亚克敦的人，知道的历史知识十分丰富，许多历史著作中丝毫不符合史实的地方，他都能指出来，但他最终没能成为真正的历史学家，原因就在于他没有掌握研究历史的科学方法，只知道是什么，没有探究为什么，充其量是一个活的历史档案。学习不只是拥有什么，学会学习才是更重要的事情。这里面关键的是要掌握科学方法，掌握了科学方法，比那种只知道获得表面知识的人，会更快更好地适应发展变化。重视采集积累，更重视更新覆盖。钱学森讲："我当研究生时，搞超音速空气动力学，我敢说，全世界的有关论文我都看过，因为一共也没多少，而现在我搬都搬不动，别说看了。"二十世纪六十至七十年代短短的十年间，人类的新发现、新发明、新技术已超过过去两千年的总和。以见识拓展眼界。所谓见识就是见闻见解，对事物的认识和看法。见多才能识广，见识广则眼界宽。见识首先是留心的学问。禅宗有一个经典故事，弟子请教慧能法师，怎样才能获得智慧？慧能只写了"注意"二字。弟子又问，这就是全部吗？慧能又写下"注意、注意"。故事虽然简单，蕴含的哲理却十分深刻。得道不仅在于求，更重要的是在留心观察中悟。古人讲处处留心皆学问，工作和生活中充满了智慧的富矿，只要留意观察和学习，就会学到许多书本上学不到的东西。二战期间苏军一名参谋突然在港口发现许多海鸟在抢食，他敏锐地意识到，可能是德军的潜艇惊动了深水里的鱼群，当即建议采取行动，果然发现并重创了前来偷袭的德军潜艇。事物的发展变化往往通过种种偶然的迹象表现出来。处处留心就能见微知著，产生意想不到的大主意。大力提升谋略层次，实现谋技合一。谋略指的是为达成一定目的而构想并运用的计谋与策略，是智力、智能和智慧在竞争对抗中的计策化，是预测未来把握先机趋利避害的智慧实践。谋略是战略智慧者的核心素质，要想有所作为就必须不断提高谋略水平，尽快使自己进入"高参"行列。谋略层次决定智囊者的水平。谋略是有层次的，有人将智囊者分为三种类型：第一种能先领导一步思考，提出高人一筹的见解，在实施决策中提出有价值的意见。第二种能与领导同步思考，所提意见与领导思路吻合，基本被采纳。第三种落后于领导的思考，意见和建议难以被采纳。可以说，谋略层次的高低，直接决定了谋略水平的高低。要提出有分量的建议、做出有创意的工作，关键是要解决站位层次问题，善于从战略的高度思考问题，从宏观的角度处理问题。淮海战役开始前，解放军只设想在江南打个大仗，由粟裕率华野兵团渡江直逼南京，诱使国民党军队回防江南，为打大规模歼灭战创造有利条件。粟裕思虑再三，认为此举不一定能达到目的。他站在战略全局的高度，综合分析敌我态势，向军委提出暂不渡江南进，集中兵力在江北打几个大仗、力争歼敌主力于长江以北的大胆设想。军委采纳了他的建议，形成了淮海战役的伟大决策。历史经验告诉我们，谋大略则胜，只有站在战略的高度想问题做工作，才能始终站得高看得远想得深谋得全。有的同志认为，智囊者就是根据领导的意图工作，就是办具体事干具体活，不在其位不谋其政。这是小看了参谋工作，片面地把智囊者所处的地位，仅仅理解为具体职位，而没有提高到谋划指导工作的战略地位。

■ 无形智慧激发有形思维

高层次谋略来自创造性思维，爱因斯坦深刻指出，思维比知识更重要，因为知识是有限的，而思维概括着世界上的一切，推动着进步，并且是知识进化的源泉。当今时代，稀缺的并不是具体的信息，而是基于信息占有之上的创造性思维能力，即产生新思想的能力。创，指的是创见、创意，是大胆的假设、灵感的闪光。造，指的是对新设想进行科学的思维论证。只有抓住思维的闪光点，并让这个点在思维中按逻辑规律运动起来，才能使认知达成一个整体系统。这样的思维运动的最终产物，就是高层次谋略。要讲求思维主体的能动性。洞察力有一副预言家的神气，洞察力是理智的灿烂光芒，这种光芒渗进事物的深处，在那儿它注意值得注意的一切，领会似乎不可理解的东西。洞察力产生的所有效果属于理智之光的范围。洞察力的最大缺点不是达不到目标，而是越过了它。智囊者是需要用脑的，多用脑才能启发灵感。创意会使大脑神经网络更加流畅。动脑是无止境的，脑子是用不坏的。牛顿就讲过："我的成就，当归功于不懈的思索。"也就是要不断地去想，任何工作只有不断地去琢磨，才是迈向成功的第一步。要注重思维方式的超常性。思维的本质是自由，创造的根本在于存同求异打破常规。这就要求我们善于从别人想不到的角度提出问题，引发思绪，通过直觉的闪光产生奇思妙想。在创造性思维中奇思妙想是思维的触发点。居里夫人曾讲过："你发现的东西与传统的理论越远，那就与获得诺贝尔奖的距离越近。"意大利科学家马可尼提高了无线电装置的功率和效率后，大胆地试想向大西洋彼岸发送信号。专家们嘲笑他这种"天真"的想法。他们认为，无线电波像光波一样直线传播，不可能顺着地球的曲面行进，而会射向宇宙空间散失掉。根据理论和逻辑，专家们讲的非常正确。可马可尼不听这些，继续坚持试验，最终获得了成功。与众不同是成功者的第一思维模式，在筹划和实施谋略时只有善用客观条件，敢于出没常人想象不到的风险处，才能获得意料之外的成功。这里面关键是要跳出习惯模式，突破思维定势。系统即全面，它要求有开阔的思路。西方有一句名言："如果看起来似乎只有一条路可走，那么这条路可能就是错误的。"我们只有多方面多视角去思考谋划，才可能把问题考虑得更周全，方案制订得更完善。系统即深刻，它要求抓住事物的本质。许多深层次带规律性的东西，往往被纷繁复杂的现象掩盖，只有靠敏锐的洞察力和高度的概括力，去粗取精、去伪存真，才能把它们揭示出来。系统即长远，它要求具有远见卓识。谋贵在先，先则主动，先则不败。只有面向未来，着眼发展，长思远虑，才能未雨绸缪赢得主动。谋技合一创造时间，使反应更灵敏。技术提供的快速性，有利于增强谋略的应变性。谋划速度不仅受制于敏捷思维、果断决策等因素，还会受到信息获取、传递、处理速度的制约。谋技合一增强"庙算"，使行动更优化。以往的谋略运用，主要是根据直观感觉和经验积累，进行定性分析判断，具有明显的抽象性、模糊性和不确定性。随着科学技术的发展，以计算机为核心的技术装备广泛运用，谋略越来越智能化。智能化谋略，将定性分析与定量分析紧密结合起来，提高了谋略的精确度。能够在近乎实战的虚拟环境中对预案进行推演和检验，提高了谋略的可行性。伊拉克战争中，美军孤军冒进，表面看来是犯下了兵家大忌。但这其实是美军的引蛇出洞之计，只要伊军一露面，美军便可以集中空中火力，给它以毁灭性打击。美军敢这样大胆实施此计，一方面在于它已经初步具备了"网络中心战"的能力，其火力、机动力、反应力伊军无法比拟，另一方面也是最重要的，是该计划多次在计算机上进行了仿真演练，因而敢于铤而走险。当然，高科技的发展并不否认谋略运筹的存在，恰恰相反，它把军事谋略推向了更高级的发展阶段。恩格斯深刻指出："当技术革命的浪潮正在四周汹涌澎湃的时候……我们需要更新、更勇敢的头脑"。人所具有的非逻辑思维能力是任何机器和电脑无法取代的，也是现代谋略生命力和竞争力永不枯竭的源泉。美国战略情报专家麦克加维就讲，技术和官僚主义结成联盟就会欺压理性和思维，不能让技术成为至高无上的统治者。

■ 无形智慧泛起有形能量

古人讲，每临大事有静气。要"猝然临之而不惊，无故加之而不怒"。优秀的智囊者，要善于驾驭和控制情绪这匹烈马，既富有激情又善用理性控制激情，有了这样的定力，就会把事情做得更加圆满。高科技虽然能看到"山那边的事情"，但无法知道"山那边将要发生的事情"；可以知道"山那边之其然"，但难以知道"山那边之其所以然"。高科技充其量只是一种得力的工具，要做到纵横思考、准确判断和精确协调，最终还得依靠人的智谋和韬略。台湾企业家王永庆说：一般人都怕吃苦，其实苦与不苦，是在比较之下才会产生的感受，就好像好吃与不好吃，是尝过之后才能加以定论。如果一向都是吃好的。在没有比较之下就不觉得好，同样，如果一向都是吃不好的，久而久之，也不觉得有什么不好。了解这层道理后，就不会觉得吃苦是一件可怕的事了。苦与乐是相对的，看怎么理解怎么对待。

理性来自理智。克劳塞维茨在《战争论》中指出，军官的职位越高，就越需要深思熟虑的理智来指挥胆量，使胆量具有内在的力量，在追求目标的时候不至于冒很大的危险。同样，智囊者的层次越高，涉及个人利益的问题就越少，涉及整体利益的问题就越多，就越需要理性和慎重。许多智囊者经常要辅助重大决策，处理敏感事务，工作具有较大的风险性。刘伯承元帅强调，参谋要胆大包天，心细如发。不仅要有过人的胆略，更要保持高度的理性。这种理性，更多地表现为理智和冷静，也就是善于冷静分析，从容应对，三思而后行。客观地讲，人是充满感性的，感性体现个性，使人变得丰富多彩。但事情又是复杂多变的，感性容易引发情绪，左右人的理智，使人对复杂多变的形势做出错误的分析与判断。特别是当情绪的洪水淹没理智的时候，更容易心情浮躁，意气用事。现实生活中，经常发现弹性的掌握是领导艺术的重要体现。弹性蕴含着能量。美国麻省理工学院做过一个有趣的实验，他们用铁圈将一个南瓜箍住，观察南瓜长大时，对铁圈产生的压力有多大。最初他们估计南瓜最多能够承受五百磅的压力，但实验结果大大出乎意料，小小的南瓜竟然承受了超过五千磅的压力才破裂。打开南瓜，他们发现中间结成了坚韧的纤维层。为突破铁箍的限制，充分吸收营养，它的根部四处伸展，控制了整个花园的土壤和资源。南瓜解压，在于弹性。弹性充满韧劲，能缓解各种压力，弹性蕴含势能，能激发更大潜力。压是压不服的，萌发是不可阻挡的趋势。我们常讲，智囊者是沙子里的弹簧，水泥里的钢筋，就是指智囊者处在总揽全局、协调各方的位置，在处人处事中，应该讲求弹性具有灵活度，始终进退自如方圆得体，为方方面面接受。工作没有永恒的标准模式，经常有人讲为人处世要一视同仁。不容置疑这是公正公平不偏不倚的重要方法，但细细琢磨，这中间又存在悖论。事物是千差万别、千变万化的，每个人所处的环境和条件、开展工作的内容和对象都有所不同。用一视同仁的"标准模式"来应对一切，显然不能达到一切如愿的效果。一视同仁并不是为人处世的理想境界，重视差异才是最现实的任务。从这个意义上讲，弹性的方式才是最好的方式。我们强调做人做事要注重规则、原则的统一，但统一不是单一，在具体方法和技巧上还是要讲究灵活性，注意因人因事而异。钻进影子、跳出圈子、放下架子，主动钻进影子，力求身随影动。刘伯承元帅曾深刻地指出："参谋工作就是在首长的阴影里面自由而宽大地活动。"智囊者无论层次多高、职权多大，其根本职能还是辅助决策和执行决策，其功绩只能通过首长决心的实现才能得到体现。钻进影子不仅是机关工作所必需，也是智囊者政治成熟、工作称职的表现。智囊者在某种意义上类似于幕后设计者，是无形的但是有影的，虽然站在首长影子里工作，但并不等于思维被束缚、行动受制约、作用难发挥，仍然有很大的创造空间，许多时候能发挥重要作用，产生重大影响。身随影动才能大有作为，身随影动就是指智囊者通过发挥自身的主观能动性，准确把握领导意图，充分体现领导意志，全面实现领导决心。做到身随影动对智囊者要求很高，一方面要身影匹配，影子的大小和位置是不断变化的。如果自身的作用太小，对领导的影响就小，在领导心中就没了位子。如果把握不住自己，角色倒置就会产生越位。智囊者要注意摆位得当，距离适中，与影子匹配，协调一致地发挥作用。另一方面要身影合拍。关键是对全局情况非常熟悉，对要害关节非常熟悉，对领导风格非常熟悉，这样才能情况判断准确，应对措施周密，快速反应到位，及时跟上节奏，更好地服务于领导的决心和意图。从容跳出圈子，保持工作主动。所谓圈子，主要是指参谋工作所涉及的事务圈和人际圈。智囊者成天跟人、跟事打交道，没有一定的圈是很难灵活高效地开展工作的。但圈并不等于圈子，圈是必要的，圈子是有害的，一旦形成了圈子，或是进入了圈子，就会束缚手脚受到限制。高明的智囊者，要善于从容地跳出圈子，摆脱各种束缚，始终保持自身的主动性和独立性。跳出圈子要跳出繁琐的事务圈。参谋工作事务繁杂，千头万绪，要求也十分精细。作为战略参谋，天天事无巨细、忙忙碌碌是不行的，应经常走出中军帐，跳出事务圈，集中精力多关注那些事关全局的关键性问题，多研究那些影响长远的苗头性问题和敏感要害的卡脖子问题，像陈云同志强调的那样，"大刀阔斧与精雕细刻相结合，先抓住，后消化"，这样才能举重若轻，任他风吹雨打，胜似闲庭信步。跳出圈子，关键要摆脱庸俗的人际圈。和谐融洽的人际关系是成功的阶梯，也是生成战斗力的重要基础。对智囊者而言，人际圈是一种十分重要的资源。如果一个人接触的始终是同一群人，那么他的成长是十分有限的，如果适当扩大人际交往圈，就会不断产生新鲜感，人的眼界就会随之得到提升。所以有人讲，人际交往保持适当的规模，能给人带来美化、升华的机会。自觉放下架子，实现角色互动。

无形智慧促进有形成长

智囊者"萝卜虽小，长在辈上"，是个见了大官不小，见了小官不大的角色。智囊者不管职务高低，下面同志都会高看一眼，当然这不是看重某个人，而是对智囊者身份的一种尊重。邓小平同志就曾经讲，不要轻看那些机关干部，总部的机关干部也不简单，下面各大军区的往往要看他们的眼色行事呢！智囊者经常要独立开展工作，要代表领导讲话，代表机关处理问题。这就要求大家自觉放下架子，找准角色定位，保持谦虚谨慎的良好形象。坚持横向讲协调，不争你低我高。协调是机关工作的重头戏，也是智囊者的基本功。机关协调的过程，就是围绕贯彻党委和首长决策、围绕完成中心任务来统一思想、统一步调，保证系统整体力量充分发挥的过程。在机关工作长一点的同志都有体会，协调工作涉及面广，影响面大，操作起来难。

因为协调工作只是机关权力的一种软性延伸，并不具备法定效力。如果以自我为中心，摆老大架子，不可能取得好的效果。协调不是摆架子能摆出来的，靠的是虚心实意的尊重和协作，你敬我一尺，我敬你一丈，就没有办不成的事情。有时协调四方人，要凭一张嘴。会说话的人巧言成大事，不会说话的人好心办坏事。所以要注意掌握协调的语言艺术，凡事多汇报，多磋商，多探询。总之，协调是一门大学问。只要在实践中多用心体会，细细揣摩，就一定能领悟其中的奥妙。坚持纵向讲服务，不搞两种面目。机关事务虽然十分繁杂，但其实质还是一种服务性活动，为领导服务，为基层服务。无论是对上或对下服务，都要热情周到，不卑不亢，不能阴晴圆缺，两副面孔。有人批评一种现象，领导机关往下走，越走越感到"热"，下面同志往上走，越走越感到"冷"。这一冷一热，表面上看是一种态度，骨子里透射着感情。服务是智囊者的职责和义务，是无偿和无私的，不能把应尽的义务作为一种"恩赐"，更不能搞"倒服务"。要切实以情交融、以心换心。始终心系群众疾苦，谋好集体福利，千方百计为群众着想。如果大家有了这样的态度和作风，就一定能把服务工作做得更加到位、更加有效。安于吃苦、肯于吃亏、勇于吃"劲"，参谋岗位是一个默默无闻、不宜显山露水的岗位，是一个任务繁重、吃苦受累较多的岗位，也是一个对上对下具有很大影响力的岗位。所以叶剑英元帅讲，参谋要乐于当无名英雄。可以说，吃苦、吃亏、吃"劲"是机关工作的内在要求，也是智囊者必备的素质和美德。要有"吃苦是补"

的思想。有句哲言，吃苦是人类之所以成为人类的底线。卓越的人一大优点，就是遭遇艰难痛苦而百折不挠。吃苦是一种历练，也是一种财富，是培养毅力和韧性的磨刀石。要进步，先吃苦。吃苦是一个人成长的阶梯，有副对联所讲的：吃苦是良途，做苦事，费苦劲，用苦功，苦境终成乐境。偷闲非善策，说闲话，管闲事，生闲气，闲人终是废人。如果不能吃苦，不善吃苦，人就不会成长，人生就不快乐。苦干不苦熬，苦中有作为。不仅要有吃苦的精神，还要把吃苦当成一种锻炼，在苦干和巧干中磨练意志、增长才干。拿破仑讲："困难可以诱发生命中坚韧的潜力，危险可以开启生命中勇敢的潜力，痛苦可以挖掘生命中成功的潜力。困难越多，危险越大，痛苦越深，生命发出的光芒就越大。"吃苦是有回报的，付出与获取最终是成正比的。做人的大乐趣，就在于通过艰苦奋斗获得想要的东西。

要有吃亏是福的思想。通俗地讲，吃亏就是把好处让给别人，把困难留给自己，其实质就是如何处理小我与大我的关系。有失必有得，有亏就有福。谁也不会否认，智囊者在吃亏受累的同时，也受到了锻炼，得到了成长，积累了后劲。亏是表面的，福是内在的；亏是暂时的，福是永恒的。幸福不是拥有得多而是计较得少，吃亏是福既是一种心态，也应成为一种积极的人生追求。吃亏的根本在于学会承受，承受是人生的重要境界，是能够吃得起亏的重要保证。表面上看承受是被动接受默默忍受，但也可以理解为积极享受。人生许多重要的东西，就是在辛勤的历练、痛苦的磨练、反复的体验中获得的。只有经受住迷茫和煎熬的考验，才能真正得到成长，只有付出才能得到。学会承受就得延迟满足，舍得放弃，这不只是一种耐心，更是一种自我控制能力。哲人讲，最低级的背弃理想的游戏，往往从贪图小利开始。一旦让名利的酸雨淋湿了心灵，人就会慢慢地被蚀化。培根也讲，对财富应该正当地获取，清醒地使用，愉快地施舍，知足地放弃。放弃是最简单的学问，也是最明智的战略。只有善于延迟满足，舍得放弃，不被眼前的名利得失所诱惑，真正在苦累面前多思乐，在付出面前多思得，在困难面前多思责，才能承载起更大的重任，获得更大的幸福。要有"吃劲是责"的思想。吃劲是一种方言，本义是很重要、能顶事，这里主要是指一个人能够承担责任、担当重任，受到重视、能顶大用。吃苦是过程，吃亏是境界，吃劲是责任。实现这种责任的具体途径，就是要习惯吃劲、勇于吃劲，通过自己不懈的努力，不断取得吃劲的资本，为领导和群众所看重。吃劲是一种追求。托尔斯泰讲，人类的使命在于自强不息地追求完美。一心向着目标前进的人，世界都会给他让路。智囊者都是经过层层挑选进来的，素质不错，都有过人之处。但这不是说，大家就不需要提高了。我们讲吃劲是追求，就是讲大家要有一种习惯吃劲的标准，不断强化卓越意识，努力使能力层次更好地适应岗位层次，从优秀做到卓越，从卓越实现超越。佛经里有一个故事，释迦牟尼问随行弟子，人生究竟有多长？弟子们众说纷纭，一百年、八十年、五十年，佛祖摇头说，人生不过在呼吸之间。赢得了时间，就赢得了一切。创造明天的是今天，创造将来的是眼前。

才识是基础，见识是眼界，胆识是魄力。智识是才识、见识、胆识的高度融合。

第七章　智慧之别

一、智慧类型的联系和区别

　　智慧分类是根据智慧载体的不同，将人的智慧分为个体智慧、组织智慧。根据地域种族文化背景的不同，将人的智慧分为西方智慧、东方智慧。根据优势学科的不同，将人的智慧分为自然科学智慧、社会科学智慧、文学艺术智慧。根据智慧所表现的特征，将人的智慧分为主动型智慧与被动型智慧、脑型智慧与手型智慧、思辨型智慧与逻辑型智慧、理智型智慧与情绪型智慧、超智慧与虚拟智慧等。

■东西方智慧的特征及影响

　　东方智慧是指东方民族的智慧，东方的文化博大精深，文明史源远流长。在宗教方面是天命论的多神论，在文化方面主张人与自然交融和谐的诗情画意。东方信仰天人合一的哲学思想，追求物我不二的精神境界，这种伦理精神和价值理性世代相传沿袭至今。我们的祖先生存于封闭或半封闭的自然环境之中，周围是以河谷为主体的地貌结构，这种文明起源的早期生态环境，规定了他们以治水为主、以农业立国的生存方式。于是产生了人与自然流动变化的节律，社会生活秩序和睦相处的传统。东方是以农业为主的国家，自给自足的封闭经济模式，由于原始氏族内部的血缘宗法关系，保留着人和的习性。在这个传统中，渗透着许多古朴而神秘的色彩，是一种深刻的生态直觉。相信直觉思维并致力于发展与研究，由此而构成了东方智慧体系的核心。孔孟之道一统天下长达两千多年之久，使东方的科技发展受到阻碍。却成就了东方的文化发展，从《诗经》到《史记》，从唐诗到宋词、元曲与京剧以及小说作品等。东方的历代文豪各领风骚，李白、杜甫、苏东坡、白居易、鲁迅、巴金、老舍都是中华文化的杰出人物。孔子、孟子、庄子是创造中华智慧理论体系的杰出代表人物，文化的发展是东方智慧的坚实基础。东方人重在人群中做人，再由人来做事，在人群中重立德、立功、立言。中国人个性意识不够，许多事情不是给自己却是做给人看。把自己放在社会中，人们是相互关联在一起的，互动个体是群体的生成物，人的命运决定于他所在群体的命运。东方是天命论的多神论，这就使东方的文化与科技，呈多元化发展，形成了各不相同的理论体系，也构成了各霸一方的分散的思想与观念。所以，强调和谐、义务、奉献，强调角色义务，将角色意识内化成了自己的观念，属于文化的道德标准和价值尺度，有利于社会的稳定和谐。引进西方的科学技术只有近百年的历史，改革开放后，首先是观念的转变，真正的科技经济发展是近几十年来的事。然而在这几十年中，中国的经济与科技发生了爆发性的革命，并由此而引导了知识革命、思想观念革命和智慧革命。目前对人的智慧的分型，多数是对智力的分型。西方智慧是指西方民族的智慧，它的宗教背景是上帝创世论，上帝创造了人。西方的哲学和科学技术，形成了一整套完整的理论体系，精确而完善的科研手段，严谨详尽的实验方法。创造了发展自然科学的归纳法，成就数学的演绎法，哲学的形象思维和抽象思维。西方智慧走进智慧的殿堂，沿着祖先探索的脚步，静静地沉思畅想，在这博大精深的宝库中，凝聚着探索者辉煌的生命乐章，寻找着人类智慧未来的方向，从苏格拉底、柏拉图开始，两千多年来，西方众多哲学家、思想家、科学家都在探索着智慧的奥秘。在西方，一直追随着逻辑思维的发展主线，将人与自然分割开，以改造物质世界为己任，不断地进行分析思维，将物质分解到最小单位，构成了分析科学上的系统分支。因此，早期的西方智慧是非整体思维的智慧。现在发现了存在的问题，于是就出现了系统科学。以科学的方法论为基础，具有完整的理论体系，并能得到相关科学的支持和验证。伴随着探索者的脚步，是随之而来的科学技术的发展和人类文明的不断推进。在宏观世界牛顿的三大定律论证了物质的运动本质，在微观世界玻尔等人的量子力学论证了物质运动的本质。西方哲学理论体系及思想，促进了世界的科学技术发展，改变着人类对自然界的总体认识。人类从愚昧走向智慧，从宗教奔向科技，从原始进化到文明是雄辩的历史，是共同的财富。西方人崇尚的是科学精神产生的相关理论，具有系统和统一的观念。人的智慧与智力是有区别的，智慧所考察的范畴广泛深层，更能代表一个人的综合能力，创造了辉煌成就的科学家，拥有非凡智慧，他们创造了人类的科学，使科学获得了巨大的发展，极大地丰富了人们的物质生活。体育明星将智慧凝聚在一生的追求之中，最终达到了事业的巅峰，所表现出来的是一种竞技智慧、形体美学智慧，是一种完美的、最具挑战性的力量与形体的智慧类型。智慧的个性色彩，是指一个人所特有的个性化的智慧特征。个性色彩与气质和性格有关。在气质方面，有心理过程强度较强较弱之别，有速度快慢之别，有灵活性佳和欠佳之差，有指向性一致和不一致之差等。同样，人们情绪体验的强弱，意志努力的大小，知觉或思想的快慢，注意力集中的时间长短，以及心理活动是倾向于外部事物，还是倾向于自身内部等，都存在着相当大的差异，形成了个体之间智慧特征上的差异。个体智慧的特性是具有绝对的独立性，内部的协同性能好，很少受外界的干扰，创造之中具有良好的一致性，但创造力受到某种限制。组织智慧的特性，不具有独立性，强调集体之间的智慧协作，受协作同伴的干扰较大，创造之中的一致性受到限制与影响，但在协作中能够激发出更大的智慧。

■ 东西方智慧的差异和互补

东方与西方智慧的巨大差异，构成了两个截然不同的发展方向。东方智慧以直觉思维为主体，西方智慧以逻辑思维为主体。东方智慧以整体观为精髓，西方智慧以局部剖析为经典。东方智慧是一种模糊的观念，西方智慧是精确的观念。东方智慧是建立在宇宙大尺度上的直观理念，西方智慧是立足于人类小尺度上的理性概念。东方哲学认为天道是世界的本质，西方哲学认为只有人的理性能认识世界的本质。东方哲学主张人要顺应自然，西方哲学主张人能征服世界。东方是天命论，西方是上帝创世论。东方是多神论，西方是一神论。东方行的是中庸之道的统治，西方走的是哲学、自然科学多元化发展的道路。东方创造了举世文明和灿烂文化，西方在哲学、自然科学方面取得了巨大的成就。东方利用他们的智慧固守城池统治国家，西方利用他们的智慧发展军事进行扩张侵略。东西方两种不同的治国思想，决定了两种不同的命运。西方的认识论体系具有片面性，是由西方文化环境所决定的。东方的认识论体现整体观，是由东方文化环境所决定的，因为文化环境决定着思想体系中的深层精神结构。东西方智慧的巨大差异，其根源是两种不同文化所造成的，不了解这些深层问题，将无法理解这种差异。东方智慧与西方智慧的互补性，是人类智慧进一步发展的基础，东方智慧与西方智慧的撞击，必将带来人类智慧的又一次革命。人类生活在一个地球村。东西方文化在各自的转型中趋向形成一种双向互动关系，由此推动着这种互动关系的发展。西方文化是现代文化的一部分，西方文化中的人文社会科学也含有真理的颗粒。如西方人爱护环境的美德、改造大自然的科学态度。东方应积极投身于东西方文化这一互动关系的潮流中去，适当改变传统的文化学术风尚，放眼全人类，努力把东方传统文化与现代社会发展相结合，为创建人类新文化奉献自己的力量。用东方人的眼光看，这将是被推向高层次的东方文化，这将是带有东方特色的新文化。通过东方智慧与西方智慧的相互交流渗透，必将促进整个人类智慧的进化与发展，并构成新的宇宙观与生命观。自然科学智慧是在从事自然科学研究中形成的智慧类型，主要是以西方自然科学为代表的智慧。社会科学智慧是在从事社会科学研究中形成的智慧类型。文学艺术智慧是从文学艺术研究中形成的智慧类型。主动型智慧是指人以一种积极主动的态度，对人类的智慧进行系统认识，主动发现自己的智慧潜能，主动开发自己的智慧潜能，主动构建自己的智慧体系。主动型智慧的特征是具有较好的系统性，具有较好的实用价值，与知识结合紧密。主动型智慧的人，比较了解自己的智慧类型和层次，他们所获得的智慧，多数都能发挥实际效用，在实际工作中有所表现，并能主动地提高自己的智慧。他们具有相当的领导才能，希望开创属于自己的事业，比较适合做领导工作或企业家。主动型智慧的人适应新的环境，喜欢变化，对已适应的新环境易产生厌倦心理，故而又去适应新的环境。被动型智慧是指人在完全被动的状态下，对人类的智慧缺乏认识，对自己的智慧潜能了解很少，没有想到开发自己的智慧潜能，而是在自然的学习过程中，被动地得到较少的智慧。被动型智慧的特征是不具有系统性，实用价值差，与知识结合松散。

被动型智慧的人，不了解自己的智慧类型和层次，在实际工作中表现平平，并没有意识到提高自己的智慧。多数不具有领导才能，喜欢经营好自己的小家庭。被动型智慧的人，一旦适应了某种环境就会固定下来，比较喜欢习惯了的环境。脑型智慧是以脑力劳动为主的智慧，他们的智慧成就主要表现为科学理论、新的观念和方法、学术著作和术论文等，动手能力不强，却具有非常卓越的思维能力，具有哲理性极强的思辨能力，知识渊博，驾驭知识的能力强，他们常沉静在思维的国度，在知识的海洋中探索科学的奥秘。

■智慧类型产生的作用和成效

技术智慧是人为更好地适应环境而创造工具的经验和能力。从原始时代的打磨石器到现代的制造机器人和原子弹，技术智慧伴随着人类的生存和发展，人类一刻也离不开技术智慧。每一项重大的科技发明都促进了社会生产力的发展，创造出更多的物质财富，不同程度改善了人类的生存条件，提高了人类的生活质量。一些重大科技成果的发明人，以他们的卓越才智造福于人类而被载入史册，人们还以感恩的方式用一些著名科学家的名字为一些数理公式和计量单位命名，如经典力学创始人牛顿，蒸汽机的发明人瓦特，重要电磁学原理的发现者伏特等。中华民族曾以指南针、造纸、火药和印刷术四大发明对人类文明做出过重大贡献。科学技术的发展和作用是无穷无尽的，二十一世纪是科技发展的世纪，要创造人类的幸福，实现人类的希望，离不开科学技术。手型智慧是以动手能力强为突出特征，智慧成果主要表现在制作产品、完成科学创造的实际制造。他们更善于各种工具、器械的使用，工艺加工能力强，手与脑的协调能力突出。思辨型智慧是指具有哲学头脑的人所具有的智慧，对事物的思辨能力非常强，善于演绎推理，成就主要表现在哲学领域，对人的世界观包括自然观、社会历史观、伦理观、审美观、科学观以及价值观，进行思考和解释。对自然科学的态度是达观的，对科学的实证方法相信而很少应用，最终目标是用哲学思想来解释世界。数学家与哲学家相同，都具有非凡的演绎思维能力。逻辑型智慧是用逻辑思维的方法进行思考的智慧，不注重演绎思维，而注重以实证的手段获得信息，并以逻辑思维的方法来从事科学研究。理智型智慧是指以理性思维为特征的智慧类型，他们的思维稳定、条理性强，不会因为事件发生变化而情绪冲动、感情用事。情绪型智慧是指情绪化思维为特征的智慧类型，他们的思维随意，常受个人情绪活动左右，有时甚至让人难以理解。像音乐家、文学家、诗人、画家等，都表现出强烈的情绪化思维特征。然而，这种情绪化思维方式对从事的事业非常有益，有助于产生创作激情，激发创作灵感，有的甚至在一种近似于癫狂的状态下，成就不朽之作。艺术既是虚拟的，也是可能的。"春风引我层层上，喜气催人步步高"，在现实中是不可能的，在艺术中却成为可能。毕加索以抽象的绘画表现生活的真实，他创作的壁画《格尔尼卡》表现德意法西斯侵略西班牙给人民造成的深重灾难和痛苦，给读者形成了比写实方法的画作还要大的心灵震撼。列夫·托尔斯泰的《战争与和平》等杰出小说，深刻反映了广阔的俄罗斯社会生活，被列宁称为俄国革命的一面镜子。曹雪芹的《红楼梦》，被誉为中国封建社会的百科全书，但它给人的不全是梦幻和哀伤。正像托尔斯泰所说的，艺术家的目的不在不容置疑地去解决问题，而在于使人们在无数的、永不枯竭的一切生活现象中去热爱生活。人们在文学艺术所建构的"第二自然"中所受到的心灵震撼，会激发自己对现实世界进行理性反思，探索更好的前进道路，从而有利于人类生存和发展，这是艺术智慧的崇高价值所在。艺术独特并不神秘，各种艺术作品渗透了日常生活，各种艺术的意象也日益浸润着我们的语言。人们的日常普通语言中渗透、融合了大量比喻、象征、夸张、拟人、借代、暗示等具有艺术特征的语言成分，从而能更生动、更形象也更深刻地表情达意，艺术与非艺术有时的确是犬牙交错、水乳交融的。超智慧是指超越生物界限，超越生命的生存极限，超越宇宙的时间速度，超越宇宙的空间限度，超越智慧极限而产生的智慧。特性是以超越生物、生命、宇宙，超越智慧极限的观念所构成的智慧。他们的思维不受任何限制，扩展于无限，以超越一切的观念，来认识无限的空间与时间，他们是领导科学思想，拓展思维领域，发现思维方法的先驱。特性是完全虚拟的以超想象的方式进行创造，网络智慧就是这种类似的形式。虚拟智慧是指在虚拟状态下，进行虚拟创造的智慧。一位轻生寻死的少女，万念俱灰地走向一条湍急的河流。就在她刚刚涉入河水的浅滩时，一个正好路过的老僧把自己手里的一串念珠果断地抛向河水，并大声喊道："毒蛇，河里有毒蛇！"少女惊叫一声，转身就往岸上跑。老僧大声说："不好了，毒蛇追上来了！"少女一边继续往岸上跑一边连呼救命。惊魂未定的少女发现了他的骗局，就嗔怪他说："你这个老者为什么吓唬我？"老僧说："你再往里走，就永远上不来了！我能看着你不管吗？我也不会凫水。"老僧平和而慈祥地说，我一急想起了手里的佛珠。少女就说："我要是再去投河，你还有什么法子吗？""你绝对不会再去投河了，"老僧微微笑说，"你连佛珠都怕，说明心底还有生的希望和期冀，当时只是气头上，现在完全转过来了，而且会生活得非常幸福和美满，老僧的法眼神着呢！"少女有些感激地笑了。如此看来，就连救人都是讲究学问的，老僧的慈悲情怀里充满了聪明和智慧。每人的智慧类型是不同的，所表现出来的智慧特征也不尽相同。一是先天遗传智慧特征。二是后天获得智慧特征。一个人先天所获得的智慧特征，是决定他今后智慧类型的基础。而一个人后天所形成的智慧特征，是决定他今后智慧类型的根本。一个人的智慧优势，是指他在某个方面的智慧特征，具有突出的表现。如果一个人以先天智慧优势，来开发自己的智慧，将会获得最佳的智慧开发效果。人的智慧类型很少是单一型，多数是两种以上的混合型，只是以哪一种智慧类型为主罢了。我们进行智慧分型为了便于研究智慧，评价个人所具有的智慧特征与优势，为他们选择工作和事业发展提供参考。成年人的智慧是一个相对稳定的体系，要想进行彻底改造，则是一个非常复杂的系统工程。一个人从事什么职业并不重要，重要的是能从事与自己智慧类型与优势相适合的工作，充分发挥智慧优势，充分展示才华和能力，最大限度地发挥智慧资源的潜在能力。这才是根本目的。智慧类型优化是指尽可能地努力提高扩展自己智慧的优势部分，缩小或消除智慧的薄弱部分，让智慧以一种良好的势态进行发展。评价智慧类型和优势，是进行可能性优化的首要条件，要根据工作需要进行智慧类型优化。通过长期的工作实践和严格的专业技能训练，专业知识学习和专业技术学习也对智慧类型进行重塑。智力优势是一个人在记忆力、观察力、想象力、思维能力方面的突出才能，是智慧个性的核心部分。大脑包括智力中心，是语言逻辑或数学，空间或视觉智力，音乐运动或身体，人际智力等。只有尽可能准确地评价自己的智力类型与优势，才能得出更符合事实的结论。美国心理学家赫兹伯格有个双因素理论，说的是按人的社会需要，可以把人分成两类。一类的追求主要是工资、待遇和工作条件等物质因素，称为保健因素。一类的追求主要是成长、成就条件和环境，称为激励因素。赫兹伯格认为，领导者应该把工作重点放在追求激励因素的人身上，因为他们追求的目标高，贡献也大。美国学者库克的人才成长周期理论说，一个人在一个工作岗位上一般要经过摸索期、发展期、滞留期和下滑期的阶段。如果在发展期之后找不到自身新的生长点，那么，在第四个阶段是一定要滑下来的，不可能逃脱命运的摆布。它告诉人们，在发展期后期，或滞留期前期，要么找到一个新的生长点，要么改换一个新的岗位，否则就一定面临下滑的命运。许多人以为既然命运已经这样，条件、环境、处境似乎已经命定也就认了，结果承受着一生的无为以至苦痛。而取了另外思路的人，命运就太不一样了。我们可以把安于命运的人叫作保守型的人，把敢于向命运挑战的人叫作创造型的人。可以说成功人士的首要标志，是他思考问题的方法。一个积极思维者实行积极思维，喜欢接受挑战和应付麻烦事，就成功了一半。美国克莱门·斯通说："人与人的差别只是一点点，但这小小的差别却有极大的不同。小小的差别是思维方式；极大的不同是，这思维方式究竟是积极的还是消极的。"可以说，创造型的人总有希望在召唤，而保守型的人，他们自己就放弃了自己。智慧是创造财富的源泉，智慧是取之不尽、用之不竭的财富。

二、智慧智能的联系和区别

智能是个体各种基本能力的综合统称，包括观察力、注意力、记忆力、想象力、思维力等，其核心是抽象思维能力和创造性解决问题的能力。智能和其他能力不同，智能的主要功能是用于创新发明，任何人只要掌握了智慧能力，就能创造性地工作或创造出新的产品，把事物推向新的阶段。

■智能是智慧的法宝

广义智慧不仅包括人类大脑中的智慧，而且包括凝聚于外部物质之上的其他智慧形式。所以许多人虽有智慧并不重视用，还有的人承认自己聪明，但聪明不知用向何方，以致无所作为。有人看到别人的智慧发挥了作用，作出了大贡献不服气，往往心里会说他并不比我聪明。有人认为自己没有智慧，理由是智慧只有天才才有，自己没有发明创造，理所当然心安理得。可市场经济是个竞争机制，是人人比智慧的机制，不发挥智慧的作用就吃不开。社会上要把智能摆到必用的位置上，这是智慧时代的形势所迫。从正面讲创造发明比做工务农贡献大，受人尊敬。从反面讲有体力有岗位的人不劳动，人们会说他是懒汉。但不用智慧并没有人责备，原因是大家对智慧缺乏认识，社会也没有摆上位置。智慧起源于早期人类的劳动生产，而正是劳动生产，使人类脱离了动物的习性。人要工作生活就要动用必要的体力，唯独创造发明的智慧不用并不影响生活。人类从事劳动生产的活动，主要集中在手的使用上，而只有人类才有手的进化与发展，其他动物是没有的。手的进化以及后来形成的特殊功能，在人类的整个进化过程中具有特殊意义。它标志着人类将要向有别于其他动物的特殊方向进化与发展。手既是人类大脑智慧起源，又是大脑之外唯一具有实际操作能力的器官。手的使用与进化促成了大脑的进化与智力发展，大脑的进化与智力发展又促进了手的完善，两者相辅相成，共同构成了人类的进化。而手是人类身体上的一个最为智能化的器官，具有无与伦比的潜在能力。人类科技的发展与进步，有哪一项能离开这双创造奇迹的手。手是人类身上唯一的具有实际操作能力的智慧器官，而眼睛、耳朵等，都是智慧的感觉器官。在重视大脑智慧开发与引导的同时，千万不能忽视了手的智慧的使用与开发，更不能将手的智慧与大脑的智慧对立起来，大脑的智慧发展与手的智慧开发息息相关。如悉尼歌剧院，就像一艘乘风破浪的古典帆船，在它身上凝聚着人类的空间结构智慧。在牛顿的大脑里，一只落地的苹果，魔术般地成了一个自由落体，万有引力定律从此诞生了。

■ 思维是智能的先导

思维既是理解知识的必要心理因素，也是巩固知识的重要心理条件。思维品质包括思维的灵活性、思维的独立性、思维的批判性和思维的深刻性，每个人在认知活动中，都会显示出带有个人色彩的某种倾向和特点，一旦这种倾向和特点相对稳定，就成了个人的思维习惯。思维习惯直接影响着思维的方向，从而影响思维的质量，所以抓好思维习惯的培养，就抓住了思维提高的关键。要培养自己凡事问一个为什么的习惯，培养自己有条理、有根据的思维习惯，培养自己善于求异思维的习惯。爱因斯坦曾说："发展独立思考和独立判断的一般能力，应当始终放在首位，而不应当把获得专业知识放在首位。如果一个人掌握了他的学科的基础理论，并且学会了独立思考和工作，他必定会找到他自己的道路，而且比起那种主要以获得细节知识为其培训内容的人来，他一定会更好地适应进步和变化。"思维定势是指一种比较恒定的思维习惯，是学习知识应用概念逐渐形成的一种思维模式。通过实践形成并认同这种思维所得出的结论，如果用同样的思维方法，而得出了与以前不同的结论，便会认为思维发生了错误。然而创造却与之恰恰相反，创造是用已知的知识，来创造以前从来没有的知识或理论。如果总是以一种固定不变的思维方式进行思维，只能得出与原来相同的结论，不可能进行创造。思维定势是创造的劲敌，它会在不知不觉之中，引到原来的思维路径，永远无法跳出这个思维陷阱。实际操作能力是指一个人已经掌握和具有的实际操作能力，包括肢体操作与利用肢体操作机械设备的能力。思维是人脑对客观现实的间接的概括的反映。思维在学习中的重要作用，早已被人所知，二千多年前，孔子就说过"学而不思则罔，思而不学则殆"。爱因斯坦曾经说过："学习知识要善于思考，思考，再思考，我就是靠这个学习方法成为科学家的。"的确，人的大脑是一个开放的巨系统，同样人的智慧也是一个开放的巨系统，一些不适当的教育方式，将会破坏其系统性。在古今中外的名人伟人中，有不少人长相有明显的缺憾。但他们经过自己的不断努力，弥补了自己的缺憾，终于成为被社会公认的优秀人物。美国的富勒是个"斗鸡眼"，他不但生来长了一双斗鸡眼，而且还是远视，父母很为他担忧。上幼儿园时老师交给小朋友们一些牙签和半干豌豆，盖小房子。小朋友们眼睛好，熟悉房子和谷仓的开关。而富勒视力不好，看见的只是一团模糊的根本感觉不到结构的轮廓，别人搭的长方形的房子，用豌豆连着，很牢固，而他只好凭感觉摸索，发现别的形状都不牢固，只有三角形可以保持它自己的形状。几年后，富勒根据三角形是自然界最稳固形状的理念，发明了短程圆顶。一九六七年为蒙特利尔世界博览会而建造的美国馆就是根据富勒的短程学而建造的，那个由数以千计的六边体支架拼合而成的大圆球，直径七十六米，有二十层楼高。富勒因他糟糕的眼睛，洞悉了建筑学上浅显而深奥的原理，创造了建筑史上的奇迹。学习本身是一种复杂的心理活动，获得知识只是学习的一个目的，是否能将知识转化为智慧，才是学习的真正目的。每个人的智慧类型、心理潜能、气质个性、意识倾向性和发展需求不尽相同，决定了每个人学习方法的差异。创造型智慧是指以联想、幻想为主要特征的智慧类型，他们的思维活动赋有跳跃性、拓展性，常常将毫无关系的事物，进行不厌其烦的联想，对自己感兴趣的事物，表现出惊人的耐心与持久性。他们最大的乐趣是进行创造活动，有打破常规的固执己见，从不愿意与别人相同。他们兴趣广泛、思维敏捷、敢于尝试、勇于发现，表现出坚韧的意志，非凡的思维能力。总是愿意从事具有创新性、创造性、别出心裁、独树一帜的非常规性工作，是难得的人才。左脑能力强的人，以逻辑方式组织加工信息；右脑有优势的人，更具有组织加工形象、想象、音乐和直觉描述类信息的能力。创造型智慧的人想发现信息的新意义新应用领域。常规型智慧的人习惯性地将信息的原本意义，纳入自己的信息体系之中。

■ 智能是超越的依靠

精神超越的需要和社会理想的需要都是人的高层次的

需要，都主要表现在人的精神和文化层面。应该说精神超越已经到了无欲无我的阶段，名利得失左右不了基本生活，有很强的自得自乐的精神情操。"你拥有的（资产）不如你知道（知识）的重要。"但从更深的意义上说，也还没脱离自我的精神束缚。尽管对社会对他人做出了贡献，许多人也有了社会成就，但精神归宿却不在社会而在自我。也可以说，他们的思想跟老子的思想更接近些，具体层次是很超脱的，但在意识的根源上却还是没有超越。追求社会理想需要的人则不同，他们的特点不是自我的精神享受，而是更高的精神追求，以自己的行动，在社会实践中把自己融入社会。真正的超越于个人之上的人，思想更接近儒家的思想，具有孟子所讲的那种浩然正气，是一种超越于渺小个人的至大，一种生生不息的至刚。"天行健，君子以自强不息；地势坤，君子以厚德载物。"这也正是国家千百年来的民族精神。人必须发展自己的独立的个性，无此就没有在社会中立足的可能，这是进步的一面。另一方面，和独立人格相对应的却是屈从人格。人们又不得不屈从于物质，屈从于他人。不屈从便得不到基本的生存权利。全局性政治性的权力在减少，局部管理性的权力却在加强。独立和屈从这对尖锐的矛盾正在剧烈地噬咬着人们。人的个性受到扭曲，人的精神也被迷失。人总是要有自己的精神享受的，人的语言是伴着音乐产生的，人与大自然的联结简直就是人的精神和心理的脐带。还有诗歌、绘画、戏剧等等，都是人对艺术的超越性价值的追求，是人的精神和心理寄托的所在。哲学家马尔库塞把人的欲望分成真实欲望和虚假欲望两种。所谓虚假欲望就是由广告、时尚等传播手段强加给人们的挥霍性消费欲。这种消费不是人的真实需求，而是为了满足虚荣心和追逐潮流而产生的虚假的需求。人在这种虚假欲望的驱使下便成为自身的异化者，而这却似乎是个自然而然的过程。可以说，人存在着精神却走失了。一位哲学家说："我们应该勇于正视现实。人已经变成了一位超人……他具有超人的力量，但却没有相应的超人的理性。结果，我们一直不愿意承认的事情终于暴露无遗了。超人随着其力量的不断增强，也日益成为一个灵魂空虚的人。我们已经由超人变成了非人，这一点我们必须要认识到，而且早该认识到了。"这话似乎有点极端，也只是事情的一个方面，但警觉总不会错。以此来认识社会也许会带来一些更为深刻的自觉。智能的功能是发明创造，发明创造要根据客观需要。一切事物的发展有其自身规律，不以人们意志为转移。但人类社会的发展，往往是根据广大人民的需求而发展，人心向背是决定的因素。人们追求社会拥有丰富的物质，现代社会增产的手段越来越依靠先进的科技。先进科技需要智慧去创造。人们追求日益先进的科技为社会服务，包括消除繁重的体力劳动，提高劳动生产率等。先进的科技要靠人的智慧创造。人们的文化知识多了，经济条件好了，希望满足高雅的生活方式，都需人们的智慧去创造。人们追求高科技，高科技使生产节约了大量的人力。在竞争机制条件下，强强相竞要智慧，弱者强贫者富要智慧。科技含量是智力智慧的结晶，当代社会的特点是人们的活动空间扩大到了整个地球，甚至在向外层空间发展。因此，人们要适应这一趋势，凭借知识和智力加上零星的智慧已日渐不适，必须具有一定的智慧力才能跟上时代的步伐。因此，智慧大发展的趋势是二十一世纪的特征之一。古罗马哲学家塞涅卡说得好："愿意的人，由命运领着走；不愿意的人，由命运拖着走。"对于大多数人来说，现状本身是个敌人。法国作家罗曼·罗兰说："世界上有许多做事有成的人，并不一定是他比你会做，而仅仅是因为他比你敢做。"写《鲁滨逊漂流记》的英国作家笛福也说："害怕危险的心理比危险本身还要可怕一万倍。"在这一点上，应该说，最大的敌人是我们自己。这也是一张无形的网。大智若愚，愚者千虑必有一得，智慧大师堪称大智，但大智要若愚，通常被认为是愚者的，愚者千虑，必有一得。自我意识，一方面缺少自信，另一方面又常常骄傲，总是喜欢过高地估计自己。应该说，这也是一种正常的现象。因为在认识问题的时候，都是从事物的一极、一端开始的，然后去把握另一极、另一端。有了对这两极、两端的认识，在行动的时候才能找到这两极。两端的结合点，做到恰到好处。可这只是理论上的，实际上很少有人能够认识得那么清楚，做得那么恰当。所以，自卑和自傲也就是被允许的。问题是对自卑和自傲应该有个正确的认识，尽可能地加以把握。骄傲和才能是成正比的，但正如大才朴实无华，小才华而不实一样，大骄傲往往谦逊平和，只有小骄傲才露出一副不可一世的傲慢脸相。有巨大优越感的人，必定也有包容众生的胸怀。其实骄傲一点并没什么坏处，至少是自信的表现。但骄傲表现为自负，表现为目中无人，失去了群众，那就是自己把自己网住了。人贵自觉，有了自觉就有了理性，有了悟性，有了警觉和超越。于是，无论是自我的误区，还是社会的束缚，也都对其无可奈何，这样的人便是自我的社会的强者。美国心理学家加德纳提出"智能多元论"，认为人类有七种彼此相对独立的智能，在某种智能方面可能表现比较弱，但却可能在某一不为人所注意的方面，其智能存在惊人的潜力。如有的人因大脑左半球语言中枢受损而失去了语言能力，但他依然可以成为音乐家、画家甚至工程师。有的患者尽管语言和逻辑能力方面有缺陷，但在进行复杂的驾车活动时，并不会出现什么困难。有的人数学方面能力极差，但在语言或文字表达方面可能会表现相当出色。这些都说明了智能具有不同的表现形式，如果能扬长避短，尽力开发和利用自己的长处，每个人都能发挥自己的潜力和才能。拿破仑·希尔的祖父是北卡罗来纳州的马车制造师。老人在清理耕种的土地时，总会在田野的中央留下几株橡树并用这些橡树来制造马车的车轮。年轻的希尔对祖父的举动困惑不解，问：森林中那么多树可以砍伐，为什么偏偏用田野中的橡树做车轮呢？祖父和蔼地笑了笑，说："森林中的树相互遮蔽，缺少风吹雨打，容易折断。田中的橡树没有什么可依赖，需要百般挣扎才能和大自然对抗，没有苗壮的身躯就难以存活。用它们做车轮，才可以承受沉重的负荷。"拿破仑·希尔从车轮的选材中明白了做人的道理，由此他最终成为了一位杰出的作家。经过风吹雨打的橡树才能承受沉重的负荷，经过磨炼的人生才能闪光。借物喻人，别具匠心。

三、智慧智力的联系和区别

智慧是能力的高峰。智力是指个体在获取知识、方法、技能、技巧以及运用它们解决问题时所具有的心理特征和能力，包括观察力、记忆力、思维力、想象力、创造力、抽象概括的能力等。智力是一种认知能力，智力是生产、传播、学习和运用知识的能力。获取知识需要不断学习，提升认识需要不断思考，增长见识需要不断实践。

■ 智力是前瞻认知的能力

智力是由人的基本智力素质形成的，基本智力素质是由人的大脑微观结构和神经过程的特点构成的。基本智力素质是先天遗传的，智力是由开发基本智力素质而获得的。智力要素是集成智慧的基础，集成化大脑微观结构，是通过对集成化信息加工处理而获得的。大脑功能正常的成人都具有知识和工作能力，包括智力和智慧力。人有掌握知识的能力，使用知识的能力，创造发明的能力等。思维力中最活跃的是智力、智慧。体力是人的肢体能力，在以手工业、农业为主的时代里，力气大的人受社会青睐。到了商品经济时代，轻体力受欢迎，因为机械工业所需智力较多。智力是从事学习工作的能力，学习智力有辨认智力、理解智力、记忆智力、应用智力等。智力通过指导实践表现出来，智慧力通过改革、创新表现出来。体力要用去挑抬，智力智慧要用去思考。智力思考和智慧思考不同在于智力是应用思考，智慧是创新思考，两种都在同一大脑中思考，但思考内容是不相同的。智力思考是智慧提供的，而智慧思考离不开智力的参与。培根在《新工具》一书中有段精彩的比喻：处理科学的人，有的是实验者，有的是教条者。实验者像蚂蚁，只会采集和使用；教条者像蜘蛛，只凭自己的材料来织成丝网。而蜜蜂不仅从花朵中采集材料，而且用自己的能力加以变化和消化。从社会分工来讲，领导者是一个脑力劳动者，领导工作是一种智力性工作。领导者开发智力，就要像蜜蜂一样，既懂得辛勤积累，不断丰富充实头脑，又注重加工处理。知识内化为个人的素质，体现在领导工作的方方面面。智力的稳固化，取决于认知方式，还取决于非智力因素。同样，意志气质认知方式，必须经过反复的强化训练才能稳固。非智力因素能够弥补智力的某方面的缺陷或不足，如责任感主动性，自信心和果断性等。勤劳踏实的性格都可以克服智力上的弱点，执著的追求和探索能有效地调动人的潜能，坚持不懈的努力能战胜失败最终取得成功。超越智力的情商决定成功的命运，健康人具有基本智力能力，不同的是每个人的发展。智慧力是新发现的能力，是新改进的能力，是从事发明的能力，智慧力是能力的高峰。经过集成化的大脑微观结构，集成化神经细胞群，集成化思维通道，构成了智慧集成区，并由此而构成智力素质集成，构成感觉和知觉能力、观察与注意能力、记忆力、思维能力等集成。将语言智力、逻辑或数学智力、音乐智力、空间或视觉智力、运动智力或身体智力、人际智力和内在智力或内省能力进行集成化，最终构成集成智力。智力开发思维水平提高，在现代人才培养中处于核心地位，培养良好的心理素质必须开发智力，因为智力不仅是完成学习活动的必要条件，同时也是从事社会实践的根本保证。当然智慧力不只是指导能力，主要是创新能力。它创造出新的产品、新的工艺、新事物，供广泛的智力体力实践。智力体力的实践反过来又为智能的革新提供依据。智慧力的创新靠分析智力找到弱点，才能动用构思慧力构想出创新的办法。所以，智慧力更不能独立创新。智慧力是大脑思维，如体力不支，智慧力同样想不出问题。所谓精力，就是指精神和体力。精神的能力包含智力慧力。精力不足想不出办法，体力不足四肢无力，同样无法用智用慧，两者相互作用十分明显。技巧力从体力上讲是软硬劲，从指导上讲不但要有智力而且需要慧力。台上几分钟台下十年功，不只是特殊的技巧力，人们的生产、生活、娱乐等也是如此。智力、慧力、体力有机结合用于工农业生产，就能把工农业推向先进更先进，用于学习娱乐就能向高雅推进。每个人不是没有能力，而是人们无法见到听到大脑四肢中的能力，不落实到行业生活中就表现不出来，一辈子不用只好与肢体一同冥逝。

■ 智力是超群超智的能力

世上没有什么点金之术，要有便是人的智慧。智慧将人的智力放在一个更广阔的领域来考查，其实人的智慧只是宇宙智慧的一部分，人是宇宙演化的产物，人的一切属性是宇宙自然属性的一小部分，宇宙的自然演化运行，就是宇宙的智慧。宇宙演化不但创造了人类，而且还创造了适应人类生存的太阳系，创造了地球。因此，不能把智慧只放在人类这个层次去认识它，而应该将它放在一个更广阔的领域来考查。智力强调个性特征，强调适应，强调问题的解决，强调以思维为核心的认知活动。虽然知识与智力存在密切联系，但两者不是一码事。知识是智力运用的结果，知识能够表达，智力深藏心脑。知识的价值是指导实践，智力的价值是产生知识。知识呆板，智力生动。知识能够模仿、复制，智力只能自我运用。有智力就能有知识，知识的生产、传播、学习和运用都离不开智力。战胜对手主要不是靠知，而是靠智。现代知识要学，超人智慧也得有。即使学习现代知识也得多用智。智力这种东西虽然看不见摸不着，但却时刻发挥着重大作用。智力系统的基本结构主要包括：感觉和知觉能力、观察与注意能力、记忆力、思维能力等。知识网络是智力活动的基础，是智力活动的应用软件，是智力加工和处理的基本要素。知识网络具有更新知识、整合知识、创造知识的智能，知识网络是集成智慧的转化机。知识网络又是一种获取知识、储存知识的技术与手段。进一步将集成概念浓缩为一个相关的引导信息，构成集成记忆。非智力心理要素是指人们的情商、气质、性格、社交能力，以及稳定的心理健康状态等非智力心理要素，作为智力的基本保障，并弥补在智力上的不足。非智力因素包括人的"情商"、心理健康、气质潜能、性格、社交潜能等。在日常学习工作，特别是进行重大的科技创造活动时，非智力因素越来越显示其巨大的作用，包括情感的强度、情感的性质、意志的自觉性、果断性和自制力，包括理想、动机和兴趣，包括心理活动的强度和灵活性。可以说，非智力因素是智慧的灵魂，如果一个人的智慧中缺少了兴趣、意志、情感、气质、美感和个性意识倾向等要素，他的智慧将是苍白无力的，将失去主宰智慧的灵魂。情商一般来说由意志、榜样、心态、人脉部分组成。一个人活在社会里，拥有比较坚强的意志，同时也拥有学习的榜样，自己心态平和，并且人脉非常不错的话，这个人的情商相对来说高一些，能把事情完成得更好。一个人提高自己的情商，就应该拥有坚强的意志，学习的榜样，平和的心态以及广泛的人脉。为智力良好发挥，奠定内部心理环境和外部社会环境。非智力心理因素多数与先天遗传有关，构建起来有一定的困难，可以采取优化非智力心理因素的方法，尽可能发展自己的优势，缩小非智力心理因素的负面影响。非智力心理要素是集成智慧的激活剂，集成智慧与一般性智慧一样，都离不开非智力心理要素，所不同的是必须对它们进行集成化处理，使它们转化为集成情商、集成气质、集成性格、集成社交能力、集成心理健康状态。非智力因素必须与智力恰当地结合，才能发挥其在智力活动中的作用。人力资源应该把人的智力资源开发提到重要位置。在任何一个体系内部，都存在着噪声，如大脑中潜意识活动与显意识活动之间的噪声，自我管理智能与智慧的内部之间的噪声，愿望与现实之间的噪声，还有来自外部环境的噪声等，都会对自我管理智能产生极大的影响。自我管理的目的之一，是消除各种各样的噪声。智者靠智慧工作，愚者靠体力工作，俗话说力气不如方法。观察力是智力活动的门户和源泉。要想发展自己的智力，必须把观察力的大门敞开，接受外来刺激，发挥感知的功能，提高感知能力，丰富感性知识，为抽象逻辑思维的发展奠定基础，从而增长知识开发智力。人们通过观察自然、观察社会、观察生活，在丰富知识的同时，观察力得到锻炼和提高。智商是一个人的智力因素，人如果没有智商，或者智商不高，这个人的智力就一定不好。智商是能真正影响人的行动的，智商一般来说由四部分组成，一是观察力，二是记忆力，三是思维力，四是想象力。其中观察力是智商的"窗户"，记忆力是智商的"仓库"，思维力是智商的"核心"，想象力是智商的"翅膀"。因此，一个人拥有高智商的话，那么就应该用"窗户"来观察东西，用"仓库"来记忆事情，同时用"翅膀"来想象问题，而且"核心"的思维还必须要有精度、速度、广度和深度。正常的人有能力高低的问题，能力的高和低一般不在体力上，也不在某个技巧上，重点在智慧上。因为人都有相当的智力，智慧没开发，就导致工作无特色，事业无创新，成果不突出。有的叹惜生不逢时，有的自叹没有天才，有的又觉得受了什么阻碍等。毛泽东同志曾经借典喻今说过：孔子厄写春秋，孙膑折足而作兵法，司马迁陷狱而写史记。虽然有些人环境条件差，但阻挡不住智慧力的发挥。所以讲能力就是讲智慧，讲能力就要开发人的智慧，人人智慧是富民兴国之本。上帝赋予人的条件是公平的，但是人们所创造出的劳动成果却不尽相同，有的人辛苦一生，却只是勉强维持生计而已，而有的人却能在短时间内创造出多于他人几十倍的成果，这是人们的工作方式不一样。智者是靠智慧来工作的，他们勤于动脑，找准工作方向后，便为自己积极创造成功的机遇，把别人不可能的变为可能，从而走上成功之路。有一家效益相当好的大公司，为扩大经营规模，决定高薪招聘营销主管。广告一打出来，报名者云集而至。面对众多应聘者，招聘工作的负责人说："相马不如赛马，为了能选拔出高素质的人才，我们出一道实践性的试题：想办法把木梳尽量多地卖给和尚。"绝大多数应聘者对此感到困惑不解，甚至愤怒。和尚要木梳何用？这不明摆着拿人开涮吗？纷纷拂袖而去，有甲、乙和丙三个应聘者坚持下来。负责人交代："以十日为限，届时向我汇报销售成果。"十日期限到了。负责人问甲："卖出多少把？"答："一把。""怎么卖的？"甲讲述了历经的辛苦，游说和尚应当买把梳子无甚效果，还遭到和尚的责骂。好在下山途中遇到一个小和尚一边晒太阳，一边使劲挠着头皮。甲灵机一动，递上木梳，小和尚用后满心欢喜，于是买下一把。负责人问乙："卖出多少把？"答："十几把。""怎么卖的？"乙说他去了一座名山古寺，由于山高风大，进香者的头发都被吹乱了。他找到寺院的住持说："蓬头垢面是对佛的不敬。应当在每座庙的香案前放把木梳，供善男信女梳理鬓发。"住持采纳了他的建议，那山有十几座庙，于是买下了十几把木梳。负责人问丙："卖出多少把？"答："八百多把。"负责人惊问：

"怎么卖的?"丙说他到一个香火旺的寺里对住持说:"凡来进香参观者,多有一颗虔诚之心,寺里应做一纪念,鼓励其多做善事。我有一批木梳,可刻上'积善梳'三个字作赠品。"住持高兴,立即买下八百多把木梳。得到"积善梳"的香客们一传十、十传百,朝圣者更多香火也更旺。从这个故事中可以看出,甲的方式是靠体力,虽然辛苦,但效果甚微。乙善于观察,比甲的工作效果稍微好点儿,也不甚理想。唯有丙,既善于观察,又勤于动脑,结果把八百多把木梳推销给和尚了。这给人们以启示,只要利用智慧,便会把不可能变为可能。

■ 智力是超乎寻常的能力

过目成诵总被视为智力超群的象征。一些天才伟人的超人记忆力也令人惊羡不已。他们一般都具有很强的记忆力,良好的记忆力成为名垂青史的不可或缺的条件。苏沃诺夫说:"记忆是智慧的仓库,要把一切东西迅速地放到应放的地方去。"记忆是人的生命很少离开的东西,有了记忆,作家和艺术家才能根据丰富的生活积累和艺术修养,创造出文学艺术形象。有了记忆,我们的日常生活才能有条不紊,轻松和谐。有了记忆,我们才能不断成长,积累起财富……可以毫不夸张地说,人类的历史就是记忆留存的历史。记忆是过去经验在头脑中的反映,过去经验可以是曾经感知过的事物,思考过的问题,也可以是体验过的情感和从事过的活动等等。记忆从字面上来说,它是一个从记到忆的复杂心理过程。从信息加工观点看,记忆是一个对信息的输入、加工、储存和输出的过程，这也就是识记、保持和回忆三个基本记忆环节。识记是识别和记下事物，积累知识经验的过程。保持是巩固已获得的知识经验的过程。回忆则是在不同情况下恢复过去经验的过程。提高有意识记的能力，引导自己善于发现事物间的联系和因果关系，以理解为基础，提高识记的能力。与此同时，还应注意记忆信心的培养，记忆的关键在于自信。美国心理学家胡德华斯指出：凡是记忆力强的人，都必须对自己的记忆充满信心。拿破仑是纵横欧洲的一代英雄，十九岁时因犯军纪被关禁闭。他偶然在禁闭室中发现一本讲罗马法典的书，遂逐字逐句读起来。时隔多年，他在制定拿破仑法典的会议上，能随口引证罗马法典，使那些参与立法的法学家们惊叹不已。另外，拿破仑能记住每个士兵的面孔和姓名，常常在大战方酣之际，捕捉到一瞬即逝的战机，不用查阅地图就能果断地发布命令，从而取得战争的胜利。类似的例子举不胜举，不难看出记忆力对成功的巨大意义。可见，对自己进行记忆信心培养也是训练记忆力的重要一环。在保持这一环节方面，重要一点是学会复习，因为与保持过程相反的是遗忘，换句话讲，遗忘的越少，保持的就越多，记忆效果就越好。相反，遗忘的越多，保持的就越少，记忆效果就越差。而对付遗忘最有力的武器就是复习，要让人们知道复习不是简单的机械重复，每一次重复都有新的成分掺入，每次复习都从新的角度重现旧的内容。所以，只有掌握科学的复习方法，才能收到满意的效果。想象是人脑对已有的表象进行加工、改造，创造新形象的过程。表象是指记忆表象，即直接地感知、接触某一事物后在头脑中构造出的该事物的形象。表象是想象的基础，在想象力培养方面，重点做到使自己在无意想象的基础上充分发展有意想象，保证想象的目的性、主动性，提高想象的效率，使自己在再造想象的基础上充分发挥创造想象，提高想象的预见性和创造性。这就要求应注意自己知识经验的积累。想象必须以知识经验为基础，缺乏知识的想象只能是空想，我们提倡的是科学想象和幻想。要注意表象的储备，想象以表象为材料，想象的水平因一个人所具备的表象的数量和质量不同而不同，表象越贫乏，想象越肤浅。表象越丰富，想象越深刻。情绪和情感是想象的动力，一个人的想象活动与其情绪情感生活是紧密相联的，重大的创造永远产生于丰富的情感之中。智力强调个性特征，强调适应，强调问题的解决，强调以思维为核心的感知、记忆、思维、想象等认知活动。智力是智慧的核心，好比是电脑的系统软件和工作平台。试想一台电脑如果没有安装系统软件，它将没有任何功能，无法进行正常工作。同理，如果大脑没有相应的智力软件，将无法获得知识信息，也无法处理知识信息。

四、智慧智识的联系和区别

没有智识，就没有一切。智识是知识、才智和知识创新能力的总和。才识是基础，见识是眼界，胆识是魄力。

智识具有丰富的内涵，是才识、见识和胆识的高度融合。智识是智识社会发展的第一推动力。

智识是人文精神升华之源

在智识跃升为智识社会第一推动力的条件下，智识分子将作为第一推动力的代表登上历史舞台。使劳动价值论陷入困境的智识独特的价值创造机制，为智识价值论的创立奠定了坚实的实践基础。智识收益递增律将成为智识收益增长的基本规律，智识优先增长律则应当也必须提升为智识增长的基本规律。拥有了智识，就拥有了一切。以才识丰富内涵。诸葛亮曾说过："为将而不通天文，不知地理，不知奇门，不晓阴阳，不看阵图，不明兵势，是庸才也。"渊博的学识来源于日积月累，事业的成功得益于厚积薄发。古往今来有建树的谋臣良将见多识广，满腹经纶。军事谋略的鼻祖孙武在他所著的《孙子兵法》中，几乎融进了那个时代的各门知识。拿破仑的军事才能赫赫有名，在于他拥有渊博的历史、哲学、地理和数学等方面的知识。克劳塞维茨之所以能写出《战争论》这样的鸿篇巨制，也得益于学贯古今、博学多才和丰富的学识基础。所谓智识分子，则是指不仅掌握丰富知识而且具备较高才智，因而拥有非凡知识和创新能力的人才。智识分子又称智识资本家亦即智本家。智识、智识分子是知识、知识分子的升级版。没有智识或智识低下，文明就不成其为文明。漠视智识文明就会向野蛮复归，人们越来越发现，智识价值时代的人类文明大厦归根到底是一座智识大厦。智识不仅是智识价值时代人文大厦的基石，而且越来越提升为人文精神的第一推动力。智识是人文精神升华之源，人文精神并不是孤立的，而是许多因素共同施加作用力的结果。在智识价值时代，人文精神的智识贡献率不断提高，而智识本身固有的人文功能价值则日益强化。在这种互动机制下，智识正在成为人文精神升华之源，甚至智识本身就是人文涵养程度的一个重要标志。在智识社会里，要想涵养人文精神，夯实厚实的人文底蕴，必须通过不断学习获取智识的营养。摄取智识是提升人文精神的必由之路。在智识不断升值的智识价值时代，智识作为一种特殊的可再生资源已经并继续在更广的范围内和更大的程度上取代其他有形和无形资源成为智识社会发展之源。可见，智识是一个高于知识的范畴。而智识分子则是一个比知识分子要求更高的阶层。人类终将步入智识社会，步入智识价值时代，步入智识社会。智识社会是以不断膨胀的智识为基础、以无限扩张的智识力为主动力的社会。在智识不断升值的智识价值时代，智识力日益膨胀，成为智识社会前行最强有力的杠杆，智识是智识社会发展的推动力。智识不仅具有工具理性派生的生产力功能或经济功能，而且具有价值理性内涵的人文功能价值。特别是在智识社会中，智识的人文功能价值有日益提升的趋势。这就是说，智识对社会的作用机制是在其两项功能价值的交互作用中实现的。智识的两项功能是一种相互关联、相互促进并相互制约的关系，没有也不可能有一方优于另一方的性质和属性，因而，忽视智识的任何一项功能，必定使人类付出沉重代价。人们重视自然科学而冷落人文社会科学，是片面追求智识的经济功能而忽视人文功能的表现。同自然科学一样，人文社会科学也具有不可估量的价值。如观念变革是社会变革的前提和先导，而观念变革总是起源于人文社会科学。人类实践活动中具体矛盾的合理解决需要人文社会科学尤其是哲学的智慧。甚至就单纯的经济发展来讲，以哲学等文化观念为核心的价值观，也是规范并推动经济发展的重要文化动力之一。必须从推动社会全面进步的动力作用和衡量社会全面进步的重要标志去全方位审视智识的功能价值。生产力是社会进步的重要动力，但绝不是唯一的。除此之外，文化的、观念的非经济因素对经济进步的方向、社会变革的广度和深度、社会进步的进程，客观上都以其固有的方式起着重大作用。

智识是社会前行有力之巅

在智识社会中，智识对于文明，就像蛋白质对于生命一样重要。智识低下的民族，鄙视智识的民族，其人文涵养和经济发展水平从而其文明程度也可想而知。在智识价值时代，智识不仅仅是力量之源，而且是人类社会的第一推动力。在智识社会中，依靠对知识的占有而制胜的是知识分子，而依靠占有智识而对社会施加强大作用力的是智识分子。这个以智识为本的，思想活跃善于思考，思维敏锐创意连连，不断进行知识创新，使知识时刻处于被激活状态之中的阶层，不同于传统的知识分子阶层，他们在很大程度上成了独立于知识分子之外、比知识分子更高一筹的智识分子阶层。这个通过不断激活知识以使智识裂变出无穷推动力而实现自身价值的阶层，将作为一个历史上从未有过的阶层登上历史舞台。在智识分子登上智识社会历史舞台的条件下，依靠对知识的占有而成功拉动社会前进的知识分子将成为社会前行的火车头，而比知识分子更胜一筹的智识分子，将成为牵引智识社会前进火车头的动力系统。作为智识英雄的智本家是知识创新的主力军，是智识社会的核动力。智识力隐含在智识中，只有使用智识时才显露作用力。但智识推动社会前进的智识力是多方面的，生产力只是其中的一种。因此，推动力并不等于生产力。政治无疑也是涵养人文精神的主要因素。政治与人文精神相互关联，二者也是一种相互促进、相互制约的关系。一个政治腐败贪官肆虐黑白颠倒世风日下的社会必然伴随社会的全面倒退，在这种氛围中人文精神便无从谈起。而一个政治昌明世风日上抑浊扬善的社会，必然伴随着人文精神的高扬和社会的全面进步，从而能够为涵养人文精神提供良好的氛围。显然，政治对涵养人文精神是不可缺少的。但并不是人文精神最重要的动力，提升人文涵养的第一推动力只能到政治以外的存在中去寻找。地理环境、民族心理、生活习惯也从不同方面影响着人文精神的提升。智识是涵养人文最主要的精神力，筑起智识价值时代文明大厦的是智识。勤奋学习，勇于创新，充实智识，方能走出经济人的泥潭，成长为有较高人文涵养的理性人，在智识价值的田野里左右逢源。不学无术，腹内空空，无知无智，游戏人生，人文涵养的差距很大程度上可归结为智识的差距。由于智识是人文精神升华之源，人文素养往往可以通过受教育的程度来衡量，智识丰富者能较容易地树立起科学的人生观、价值观和世界观，以正确的态度处理个人与他人、个人与社会、现在与未来、物质与精神等诸方面的关系。智识分子将成为智识社会经济发展的推动力的代表。在以智识价值为支撑的生态文明时代，当智识成为经济发展的第一推动力后，智识分子则站在智识价值时代潮头上无可争议地作为第一推动力的代表，独占世界经济鳌头，成为名副其实的时代骄子。智识社会发展的第一推动力是经济发展之源，在智识价值时代，智识对经济社会发展的贡献额日益增大，经济社会比以往任何时候都更加依赖于智识，智识已经事实上成为推动经济发展的决定性因素。以智识资本以及智识产品的高增值为标志的智识经济的发展，使智识成为最具扩张能力和最具市场潜力的产品。智识是智识社会人文精神升华的第一推动力，一种塑造人文的无与伦比的精神力。智识人不同于产业人的主要方面，就是前者具有比后者更高的人文精神。智识人是全面发展的人，培养智识价值时代的人文精神至关重要。当生产力发展到一定水平之后，当经济不再是人们的唯一焦点之后，经济之外的某种存在就跃升为人文涵养的主要推动力。智识资本家的创富机制有别于其他劳动者的创富机制，劳动二重性理论在这里失去了立身之地。这些智识精英既不是体力劳动者，也不是本来意义上的脑力劳动者。确切地说是智识价值实现者。这些智识的拥有者没有也不需要传统意义上的生产资料，劳动工具和劳动对象似乎都是虚拟的。

他们之所以能够呼风唤雨，依靠也仅仅依靠的是智识。他们实现或发现智识价值的过程并不是严格意义上的劳动过程，他们创富的资本是无量的潜能、创意的火花、偶发的灵感、极强的好奇心和超凡的想象力。这种全新的价值创造机制，同按部就班以社会必要劳动时间为计量基础的劳动价值论有天壤之别。智识价值论揭示了智识社会智本家的独特价值创造法则。智识价值论是关于以智识为依托在短期内连续快速实现价值几何级数增长的过程和趋势的理论。成几何级数倍增的智识价值，如同原子核的裂变一样，其惊人的成长速度有时是常人难以想象的。但有必要指出的是，这种价值创造程式带有极大的不确定性，没有固定的法则，有时创造的火花跳跃不起来，百思不得其解。有时一旦知识创新的灵感被充分激活，智识价值的无限裂变在瞬间就能够完成。智识优先增长，智识要先于其他产业和资源而增长。智识优先增长律必定成为建立在智识价值基础上的智识社会运行的基本规律，在智识价值时代，智识不仅仅是力量，而且是社会发展的推动力，在这个时代，智识无可争议地成为一切发展之源，智识不仅是经济发展之源，而且是人文精神升华之源。同理，智识贫困也成为一切贫困之源，并且是人文精神贫乏之源。智识不仅能够擦去贫困者的泪水，而且能够升华富有者的理念。离开智识去谈发展，无异于缘木求鱼。因此，拥有了智识，就拥有了未来和未来的一切。

智慧是第一生命，诚信是第一
财富。

第八章 智慧之爱

一、智慧与卓越

社会需要发展，人和社会都需要追求，人需要行动，也需要品尝。卓越需要有成功之大德，需要具备仁义博爱之德，济世救众之德，需要和谐天地万物苍生之德。领导者让人尊重比让人喜欢更重要，领导的作用于心，要借助心灵的力量引导众人达成目标。只有心为之用，才能获得部属的尊敬。

■卓越需要具备成功奋进之德

德有德智，神有神智，胆有胆智，毅有毅智。成功之大德是成功者的灵魂、成功者的动力、成功者的目标价值之所在。要成功必须懂大德、有大德、施大德。中，为成功之大道，正、和，为成功之大德。中为道体，正、和为德用。历史上总会出现一些起关键作用的领袖人物，同人民群众一起推动了历史的进程，或者扭转了历史的方向，成为历史性的英雄人物。历史上的英雄自身做出了超出常人的努力，这是成功的基础。但同样做出巨大努力的人却不都是英雄，正如狄德罗所说："天才是各个时代都有的，可是除非有非常事变发生，激动群众，使有天才的人出现，否则赋有天才的人就会僵化。"天才和英雄人物并不罕见而是存在的，只是历史、社会、环境给了他们成就天才的条件。主张有天才的人认为天才就是付出，出了成果人们才说他是天才。正如爱迪生所说："天才是百分之一的灵感，百分之九十九的汗水。"主张没有天才的人认为，哪来的天才，"勤奋就是天才"。也如法国思想家狄德罗所说："精神的浩瀚、想象的活跃、心灵的勤奋，就是天才。"他们都认为就是有天才人物，也是奋斗的结果，天才并不是天生的。有些人聪慧敏锐，掌握技能比一般人快得多，让人望尘莫及。系统论的创始者美国著名科学家维纳，三岁开始学习，六岁可以看精神病学方面的著作，十二岁上大学，十八岁获博士学位。他一生研究领域相当广泛，特别是控制论的提出，为现代科技的发展做出了杰出贡献，他可称作是天才人物。但他的天才却是父亲一步步开发的，为了在孩童时期就开发他的智力，父亲花费了许多精力，致使他始终没有享受到孩子的幸福和欢乐，为此事他始终耿耿于怀，而且不主张那么早地开发智力。遗传因素在起作用是不用回避的问题，植物、动物都有遗传问题，说人就没有遗传问题不现实，但遗传因素究竟起多大作用却是值得考虑的。朱光潜先生说："有些人天资颇高而成就则平凡，他们好比有大本钱而没有做出大生意；也有些人天资并不特异而成就则斐然，他们好比拿小本钱而做出大生意。这中间的差别就在努力与不努力了。"因为天才已经这样告诉我们，在遗传因素上没有什么特别的优势，即使智力得不到早期开发，只要通过自身的努力也会成为天才人物。说到天才，说到英雄，最基本的一个道理，就是每个人都是平凡的，都生活在平凡里。就是做出了不平凡的事情、事业，也都是在平凡里积累，在平凡里出现的。一些平时没有什么突出表现的人，却能在特殊的危急场合做出出乎意料的事情成为英雄。英雄是有自身基础的，真诚地承担社会的一份责任，也能够成为英雄。当然，机遇并不是能降临到每个人头上。领导者被人认可的方式有两种，一种是做"好人"，左右逢源让人喜爱。一种是做"主人"，守土有责让人敬畏。但主要领导者的性质决定了处在"风口浪尖"的位置，要想有大的作为，就很难做到人人喜欢，人人称赞。让人尊重比让人喜欢更有价值，仅仅做好人是不够的。阿拉伯有一句格言："假如统治者是公正的话，他必然会受到一半居民的反对"。可以从受众的角度作个分析。领导者人很好，不摆架子，凡事好说话，大家都愿意接近，感觉没有压力。但随着时间的推移，可能越来越没有地位，甚至可能"只是个好人"了。因为为了迎合众人，势必有时该说的不说，该做的不做，工作必定会大打折扣。迎合众人，众人也会迎合你。领导讲求的是绩效，热衷于做好人，难免对原则把握得不紧，容易伤害事业走向事物的反面。主要领导者从来不是让所有人都喜欢，一旦走上主要领导者岗位，就要有这个思想准备，想让人人都喜欢你的念头应当适当舍弃。主要领导者要有铁肩担大义的"主人翁"品质。俄罗斯总统普京曾经说过，我不希望我的人民热爱我，但我希望我的人民尊重我。俄罗斯处于重大社会转型期，如果想让每个层次每个群体都热爱你，就得整天去讨好方方面面，会一事无成。事物往往就是这样，如果一上台就想讨人喜欢，那么必定会走到那一天：既不受人尊重，又不受人喜欢。主要领导者当"好人"是需要的，但做"主人"则是更重要的。没有铁肩担大义的主人翁责任感，就负不起为官一任、造福一方的重任。在利益面前智者总是宁肯退在后面，而不站在前面。把自己应得的算得少一点，更容易使自己获得心灵的满足。

■ 卓越需要具备仁义博爱之德

要用仁义之心去爱天、爱地、爱人，有万物一体的博爱胸怀。哲学是对智慧的爱，爱的火焰在哪里燃烧，智慧的光芒就在哪里照耀。在"5·12"汶川大地震中，一个伟大的母爱展示了人间的大爱。一个年轻母亲身陷瓦砾危在毫发间，奋不顾身，以自己的身躯挡住塌下的乱石，保全了幼婴，在她临终前留给自己的骨肉最后一句话："亲爱的宝贝，如果你能活着，一定要记住我爱你！"当救灾人员发现这位遇难的母亲时，在幼婴襁褓里掏出了手机，上面留言的这句话，说明母亲的爱是那么的毫无保留，为下一代奉献出自己的一切，包括自己的生命。这位母亲知道自己无望一生提牵孩子，但愿这最后遗爱可以伴随他，给予鼓励，给予力量，去克服孩子在人生路途上的所有灾难！智慧与爱如果仔细地品味，便会看到尼采是以心体会哲学的。尼采的伟大，在于当他与其他哲学家面对相同的东西时，能够创造与以往一切哲学家完全不同的、划时代的哲学体系。尼采爱生命，爱在他心目中已经成了问题的生命，哲学如果不能用智慧的光芒照亮，他所热爱的生命算什么哲学。每一种伟大的哲学所应当说的话是：这就是人生之画的全景，从这里来寻求你自己的生命的意义吧。理想没有外形，尤其是人生理想，它的实现方式只能是变成心灵现实，即一个美好而丰富的内心世界，以及由之所决定的一种正确的人生态度。人之所以伟大，就在于他认识自己可悲，而一棵树并不认识自己可悲，我们对于人的灵魂具有一种如此伟大的观念，不管人类发展到什么程度，也都需要自身精神的宽愉，要有自己的自得之乐，而这就需要从幸福观里获得。否则，世界上就没有任何可给人以满足的东西，就是变成了上帝也会感到寂寞。何况在经济社会里，在日益加剧的竞争压力下，没有获取安适的心理调节，人就无法生活。领导者无论所负的责任大小，只要他接触社会和在社会中生活，就必定会时时对周围发生的事情作出判断。正确的判断导致正确的决策，带来好的结果。错误的判断导致错误的决策，招致坏的甚至严重的后果。领导者大部分时间都在处理问题和解决问题的过程之中，成功无不来自于正确的判断，失败同样是因为错误的判断，所以判断力是衡量一个人能力的最重要的标志之一。个人不断地要和他人或集体产生千丝万缕的联系，这就是人生。住宽敞的好房子不一定幸福，住小茅草房不一定不幸福，有份好心情就是幸福。平淡就是福，是老百姓的幸福观。大千世界杰出的人物像高山一样矗立着，但毕竟还是平凡的人多。平凡的人难免干平凡的事，过平凡的日子，这琐碎便在所难免。英国社会活动家罗素说："我认为对绝大多数人来说，他们拥有很多东西，本来可以使自己快快乐乐的，但只是因为别人似乎拥有更多的东西而产生烦恼。他们想到别人拥有更好的汽车或更好的花园，想到某某人的工作得到了那么多的称赞，或是想，要是能住在更愉快的环境里，那该多好啊——诸如此类，不一而足。不是去享受可以享受的东西，而是去想别人拥有更多，这就没有愉快了。而别人多不多，这是不值得计较的。"他说："倘若你习惯于过颇为俭朴的生活，那么你就无需很多的收入。倘若你习惯于过非常富足的生活，那么除非你有很多收入，不然就会觉得痛苦。我想，这个问题完全取决于你习惯过的是什么样的生活。"不要在心里窃笑不如自己的人，甚至愚笨的人。也不要窃笑生性软弱的人，甚至失败的人。更不要窃笑悲伤叹喟的人，甚至心灵遭到伤害的人。对于不幸的人，智者除了同情和帮助他们以外，还认为对他们的任何轻视都是耻辱。取得自己合法的利益，但是不要损害他人和集体的利益。争取自己幸福的人生，但是切忌增加他人的负担甚至痛苦。任何自作聪明的想法和做法都是愚蠢的，都是和智慧的行为背道而驰的。如何处理复杂的关系并取得和谐，是人生最高的艺术。因此，处世艺术是智慧集中的体现，需要终身的修炼。要是按照自然来造就生活，就不会贫穷，按照人们的观念来造就生活，就不会富有。知识多不等于智慧大，学知识存在智慧问题，怎样用知识也存在智慧问题。战略指导全局，战术指导局部。战略指导长远，战术指导当前。战略比较原则，战术比较具体。战略是大战术，战术是小战略。战略统领战术，战术保证战略。战略告诉人怎样容易地得到整体的和长远的利益，战术告诉人怎样容易地得到局部的和当前的利益。要重智、学智、用智、借智，营造智慧环境。增长大智慧，缺德之智不是智，是狡猾或奸诈。名声是生者的炼狱，先来看名人的苦痛，居里夫人说："……永远是一片骚扰，人们正在尽力阻碍我们工作。现在我已经决定要勇敢，并且不接见任何访问——但是人们仍旧打搅我：我们的生活完全被敬仰和光荣毁坏了。"巴金说："我说不要当'社会名流'。我只想做一个普通作家。可是别人总不肯放过我，逼我题字，虽然我不擅长书法；要我发表意见，即使我对某事毫无研究，一窍不通。"美国的琼·芳登说，奥斯卡奖获得者的生活是"金鱼缸里的生活"，日本的山口百惠说："我就像是被人用一层半透明的玻璃隔起来另眼看待了……有时，我真想放声大喊：'我也是一个普通人呀。'"由此我们看到，名人们的正常生活已经被崇拜剥夺了，他们无法过正常人的、自己的生活。爱因斯坦说："任何与个人崇拜有关的事，对我都是痛苦的。""如果我重返青春再度人生，我决不想做什么科学家、学者或教师。为求日下尚存的那一点独立性，我宁可做管子工，或者做沿街叫卖的小贩。"这里，我们看到了他们内心受到的折磨。更为严重的是，他们的整个生命都已被世俗社会所裹挟，他们已经失掉了自己，失去了自己应有的、最为平凡的、求之以真的那些权利。日本作家川端康成在获得诺贝尔文学奖之后，受到社会各界的崇敬。官方民间电视广告商，今天拉他做这个明天做那个，他本人又不善应酬，陷入忙乱的重围之中，最后竟以自杀结束了一生，教训极其惨痛。为什么那么多的人在追逐名人议论名人褒贬名人，以至封杀了他们。从最直接的原因说，追星族们大都是青年，正处在理想时期，喜欢把名人作为自己的偶像，释放自己常常无以宣泄的热情。崇拜别人本身就在提升自己，表明自己与受崇拜者有相同的喜好和态度，同时也就披上了名人的光彩。任何崇拜都起始于理智，但只要有了起点，感情便奔放得无以约束。这时，崇拜就成了受崇拜者的炼狱。比如马太效应，在被社会认可的时候，凡有的还要多加给你，让你多余。在没被社会认可的时候，连所有的也要剥去，这是一个极为普遍的现象。成名了什么都给你叫你多余，多余得令你没法生活。可是，在你还没有被认可的时候，却又要遭受常人无法体味的艰难。这种情况，中国也叫"墙里开花墙外香"。名人除非已经得到巨大声誉，或者死去，否则在他所在的地方是很难受到欢迎的。这常常会让他们的心终生痛苦。自然，还有一种社会性原因，就是任何新的、开创性的工作都很难被当时的人们所理解。曲高和寡，"枪打出头鸟"的道理也主要在这里。人们对他们的业绩会抱有一种相当冷漠的，甚至是攻击性的态度。法国雕塑家罗丹讲："大师们带给他们时代的是新思想和新方向，因而他们的思想和方向很难为当时人接受。有时他们几乎一生都要和流俗斗争，他们越有天才，越会长时期不被了解。"在中国，还有一种说法叫"墙倒众人推"。这也会使许多名人十分痛苦，任何事情都有它的两面，从人们不注意的另一面看问题，往往能够得到一些以往缺少的认识。这是有好处的。名人要守住自己的那份平常心，不张扬以免失去太多，以至遭受不应遭受的打击，要顺其自然。

▌卓越需要和谐天地万物之德

"和"既是成功之大道，又是成功之大德。道德合一以适中适度为含义的中道，中道即不偏不倚、不走极端的执两用中之道，即不过不及的适中适度适宜之道。适中适度是成功的最关键要素，和谐不是无差别的和谐，真正的和谐是坚持原则标准情况下和而不同，在统一标准度量下各得其宜与协调有序。和谐是为了共同的利益，通过妥协变通达到和善相处的和谐境界。中间常代表着事物的主流，谁掌握了就有可能获得成功。要善于采用中道手段，去认识和解决问题，居中有度，节中有度，妥善地不走极端地协调各种关系，使之达到协调有序的和谐状态。领导者成功要学习和掌握儒家的中庸之道、中和之道，学习和掌握道家的顺其自然的守中之道，学习和掌握佛家的离有无两边的中谛之道，学习和掌握《周易》中的刚中而应的亨通之道，学习和掌握传统中医药文化中的阴阳和合平衡之道等。领导者将自己的行为努力符合于自然之道或客观规律，并尽力而为就登上成功的大道。人应该永远处在追求的过程中，也应该永远感觉自己的那一份，天地间有许多景象要闭了眼睛才看得见的。尊重是尊重别人的位置，位置并不只是外在的职务或地位，更主要的是内在的无形的人品。在心理学上说，每个人都有他自在的社会位置，即这个人在众人心目中的位置，也叫社会认可。自己在他人心目中，他人在自己心目中，产生了这种形象和评价，这就是每个人都必须尊重的社会认可。许多时候人际间的冲突就是由于这种认可错位引起的。尊重别人的个性，也就是尊重别人的长处和性格。有人古怪、拘谨，但那就是性格，很难改变。性格有长有短，只能尊重没有别的选择，尊重别人的存在，即尊重别人的思想。处理人际关系从大处着眼，看这个人在全局和整体上如何，看主要的方面，即长处、能力、成绩等。从过程的角度看人，人都有自己的成长过程，过程的每个阶段都有不同的特点。人际之间总是要有距离的，如果没有距离，把对方的事都了解得清清楚楚，包括缺点和问题，那怎么去爱对方喜欢对方。在这个意义上，有一定的模糊度便容易产生爱心和魅力。过于热心地关注帮助别人，也不全是尊重人的表现。任何人都有别人还不了解的东西，总有需要别人保持距离的事情。可过于热心就往往打破了距离，就可能做出冒失的事。尊重是社会生活的需要，社会是群体的，本质上谁也离不开谁，尊重也是感情的需要。谁都需要别人的感情，没有感情便没有生活，这是自身心灵的需要。尊重别人实际上是尊重自己，只有在尊重别人之中，才能获得别人的尊重，获得在相互尊重中心灵的愉悦和宁静。这是赋予别人之后的赋予，是满足别人之后的满足。人离不开社会离不开他人。英国医生安东尼·斯托尔提出过一个概念——"感觉过剩"。说的是现代社会各种事物、各种信息过于丰富了，人都处在"感觉过剩"之中。人不要尽情地享受这个社会，不是什么都要去想问听看，还是单纯一点童稚一点，守住那一点自在的东西。托尔斯泰说得好："心灵纯洁的人，生活充满甜蜜和幸福。"人类进入二十一世纪，各种问题纷繁复杂，亟待人们去解决。在遭遇问题和解决问题的过程中，人们越来越重视中国的传统智慧。智慧是前人最值得给予后人，后人最应该从前人处得到的瑰宝。一部中华民族的文明史，从某种程度上讲，就是中华民族的智慧史。它不仅留下了以孔子为代表的儒学财富，更有道家、佛家、兵家等多方面的智慧。各种智慧的理念，更是众彩缤纷，让人目不暇接。挖掘中华智慧，让其在现时代为民族素质的提高及为世界作贡献，是每一个重视中华传统文化的人，都应该关心的问题。有一则故事说的是水会永远活着。仪山禅师有一天洗澡，水太热就呼唤弟子提一桶冷水。弟子将洗澡水中和了，顺手把剩下的冷水倒掉。仪山禅师生气地骂弟子，说宇宙的事物都有用处，小如一滴水，水会永远活着，你凭什么浪费寺里的水！年轻的弟子挨骂，不仅没有懊恼反而开悟了，改法号为滴水。一滴水进入一棵树的"血液"，树会开出花，结出果实。一滴水若进入智者的血液，会成为智慧的灵光。

二、智慧与性格

恩格斯讲："人物的性格不仅表现在他做什么，而且表现在他怎么做。"性格是人的性情品格，把人格和性格作同义语使用，包括人的精神结构和心理机制，价值观和伦理观；是某些心理特征在一个人身上的有机结合，体现出个人的独特风格。人的性格特征决定了对待事物或人的态度。

■ 智慧性格产生制约效力

一个爱祖国爱集体，富于同情心助人为乐，诚实正直有礼貌的人，必定是一个确实可靠值得信任，敏锐而且实在的人，这就是性格智慧所在，智慧的真实体现。把人格和性格看做是相互联系而略有区别的两个概念侧重于价值观和伦理观。把性格当作人格的下位概念，指个人比较恒定的一般情意反应的总体。在性格方面有的人坚毅、勇敢、顽强和热情。有的人软弱、胆怯、屈从和冷漠。有的人助人为乐、诚实、正直、有礼貌。有的人则自私、孤僻、虚伪。有的人或勤劳或懒惰、或认真或马虎、或节约或浮华等。有的人或谦虚或自负、或自信或自满、或自尊或羞怯等。性格是某些心理特征在人身上的有机结合，体现出个人的独特风格。性格一旦形成后就比较稳定，这是由于人的性格基本结构的不易改变性。在某种情况下，人总是表现出特定的生活情感和态度。性格的社会制约性，是探求社会对性格的影响，以及性格在社会中的形成问题。性格是一个人个性的一个方面，它的形成与个性有机地结合在一起。在社会的各种影响下，人们会对这种影响表现出特定的反应，并形成自己独特的性格特征。性格是社会化的结果，性格的社会制约，表现为人对社会环境变化所做出的相应性格改变，以求更好地适应社会环境。性格结构特征是由对现实的态度的特征，自觉地调节自己的行为和克服困难意志特征，情绪方面的特征和理智方面的特征所构成。著名教育家夸美纽斯曾说过："太阳底下再没有比教师更伟大的职业了。"从人的精神需求的高度去审视其逻辑起点，把调适人们的思想，不断满足人们精神上的需要作为出发点和归宿，把发现、挖掘、调动、发挥和保护人的主观能动性和创造精神作为主要任务，通过透彻说理、发扬民主、平等协商、自由对话、耐心细致的方法，使做工作的过程成为革命理论传递的过程和感情交流的过程，真正把工作做到人们的心坎上，入脑入心从而使人们的精神生活更加愉悦、更加丰富。著名心理学家威廉·詹姆士说过："人类本质最深远的驱动力是希望具有重要性。人类本质中最殷切的需求是渴望得到他人的肯定。"要靠创新，坚信办法总比困难多。依靠创新来解决棘手问题。有这样一个"短纸画高人"的故事就很说明问题。一位和尚画家被招进宫里作画，慈禧让他在五尺长的宣纸上，画出九尺高的观音菩萨。这显然是故意刁难人，在场的大臣都认为这是根本办不到的，心里都为他捏了一把汗。但这个和尚一言不发，借研墨的工夫冷静思考，渐渐有了主意，只见他挥毫泼墨一挥而就。原来，他画的观音菩萨不是笔直站立的姿势，而是弯着腰在拾地上的柳枝。佛教的说法中，柳枝是观音菩萨常带在身边的法器。五尺长的纸弯着腰的人，站立起来应该就是九尺了。慈禧看罢点头称是，众大臣也松了一口气。这个故事说明，解决棘手问题关键要有与众不同的高招，既合情合理又能解决问题。一个人的素质高低，和胸怀的宽广有直接的关系，能成大事者往往心胸是开阔的。战国时，秦穆公有一匹马，结果这匹马让难民偷来吃了，他的下属知道后很生气，说一定要把这些人拉回来砍头。秦穆公一想，难民是饿的，就吩咐下属把好酒送去，这些难民吃了就走了。后来一场战斗中，秦穆公被围困到了一个峡谷中，非常绝望。突然山后面一伙人大声呼喊，这一喊就把围困秦穆公的军队吓坏了，以为援军到了，就跑了。结果那一百多人跑过来，全是偷吃马肉那伙人，就把秦穆公救了。这就是得和失的关系。有句古话说："治善必达情，达情必近人"。人的感情是人特有的一种精神活动，这种精神活动在很大程度上支配着人的行为。带着感情抓工作，就应当把群众疾苦时刻放在心上。一九六六年春，周恩来总理到河北邢台慰问地震灾民。当时正刮着西北风，群众自觉迎风而坐。周恩来总理却亲自喊口令，让大家向后转，自己迎风讲话。他对当地县委书记说："我是作为国家总理来看望受灾群众的，但我首先是一个共产党员。共产党人哪有让群众吃苦在前而自己吃苦在后的道理呢？"其言其行饱含着对人民群众的深厚感情。正是这种感情、这种牵挂，使周恩来总理一生都在为人民服务，成为为人民服务的化身。领导干部要始终想着肩上的责任，时时惦记为百姓办事。无论是党执掌的政权，还是领导干部的领导权，归根到底都来自于人民，都是人民所赋予的。权为民所用是每个领导干部的职责所在，如果不能做到为民掌权，其手中的权力就必然会被人民所没收。不为民服务的干部不是好干部。陈毅元帅有这样的名句："第一想到不忘本，来自人民不作恶；第二想到党培养，无党岂能有作为；第三想到衣食住，若无人民岂能活？"带着感情抓工作，就应当用真情实意赢得群众信任。我国宋代理学家程颐有句名言："以诚感人者，人亦以诚而应；以术驭人者，人亦以术而待"。群众需要的是真情实意，最容易感染的也是真情实意。两会期间，温家宝总理在看望政协委员时，引用了汉代政论家王充《论衡》中的一句话："知屋漏者在宇下，知政失者在草野。"意思是说，要知道房屋是否漏，人要在屋下；要了解政绩有何缺失，官要到民间，表达了政府倾听民声、受民监督的施政理念。要想真正了解群众的所思所求，不深入群众中去，与群众"零距离"接触，就不可能了解到真实而全面的情况。情况掌握得不准、不全，在决策的时候往往就会"拍脑袋"、"拍胸口"，好事难办好，实事难做实，群众难满意。要实现决策利民，就应当做到顺应民意。一九四二年八月的一天，正在参加延安边区政府征粮会的延川县县长突然被雷电击死。当地老百姓中有人说怪话，讲雷公为什么不打死毛泽东？保卫部门要追查严办，毛泽东同志不让，反而要求有关部门了解清楚老百姓为什么这么说？想一想自己做错了什么事？

后来经调查发现，老百姓的怨言是有一定根据的，主要是征收公粮过多，老百姓不堪重负，所以借以表示强烈不满。于是，毛泽东同志提出减少公粮征收，同时加紧开展生产自给运动，结果受到群众的热烈拥护。"忠言逆耳，唯达者能受之"。我们讲"顺应民意"，实质上就是一个如何正确对待群众意见的问题。决策一件事情，就要多听听群众的意见，如果大多数人都反对，决策时就要慎重，不太急的话就先放一放，再做深入调研，等成熟了以后再做决策。建国后，兴建三峡水库的呼声曾一度很高。但在这个问题上，中央广泛征求了海内外专家意见，最终还是听取了大多数人的意见，决定暂时缓建。权威专家潘家铮院士认为，三峡工程如果不是采纳了专家的意见，当时盲目上马的话，那肯定是一场灾难。在遇到难点问题时，就要善于发动群众、问计于民，集中大家的智慧和力量，充分认识到"山高人为峰"，"海不辞水成其大，山不辞土石成其高"，善于借用"民智"为阶梯，在更高的层次进行科学正确决策，这是做工作的一个基本方法。

■智慧个性产生人格魅力

最能代表一个人的莫过于他所具有的智慧个性，而人的智慧个性，是由人格魅力、智力优势以及人生激情的完美契合而成，三者缺一不可。智力优势以及人生激情的完美契合，是每个人所具有的独特的智慧财富，为什么要从人格魅力、智力优势以及人生激情来论述智慧个性，不是从性格、智力和情商来论述智慧个性？这是因为人的性格既有积极的一面，又有消极的一面。人的智力既包括了优势部分，也包括了弱势部分。而情商不能更贴切地反映人的智慧个性。如果自己毫无缺点，也就不会在注意别人的缺点中得到那样多的快乐。很容易指责别人的缺点，但很少用这种指责来帮助别人改正它们。人生激情是开创事业的原动力，没有忘我的激情，没有心中燃烧的志向将一事无成，正因为有了心中永不熄灭的烈火，才引导人去奋斗去探索，最终实现所追求的目标。如果说人生激情是智慧个性列车的火种和燃料，那么人格魅力就是它的助燃剂和润滑剂，而智力优势则是它的发动机。假如智慧个性列车没有人生激情的火种，就不可能启动，没有燃料就没有推动力。如果没有人格魅力的助燃氧气，人生激情也不会烧得那么旺，那么持久。如果没有智力优势发动机，人生激情之火燃烧得再旺，也无法推动智慧列车。而缺少了人格魅力的润滑剂，就会产生强大的摩擦力和阻力。居里夫人就是在这种心理能量的支持下，历经了无数次失败与迷茫，最终发现了放射性元素镭，从此开创了人类将放射性元素应用于科技之先河。人们都曾经拥有这种人生激情，曾经热血沸腾，在奋斗的里程上不懈努力，奋勇向前。在所有的激情中最不为所知的是懒惰，它是最有害的，虽然它的猛烈难以觉察，它造成的损害十分隐蔽。如果注意考虑它的能量，将看到它几乎在所有的交锋中都使自己成为情感利益和快乐的主人。这是一种风暴前的平静，对于那些最重要的事情来说，它比暗礁和风暴还要危险。懒惰的安定是灵魂的一种隐秘的魔法，它突然地搁置那些最热烈的追求和最顽强的决心。最后为了给这一激情一个真实的观念，应当说懒惰就像灵魂的一个主宰者，它安慰灵魂的所有损失，取代它所有的利益。激情在人的心灵里源源不断地产生，一种激情的消除，几乎总是意味着另一种激情的确立。当心灵还受到一种激情的残余影响时，宁可再获得一种新的激情而不愿痊愈。我们远没有弄清激情所做的一切。激情有时使我们做出错事。激情是一个始终在进行说服的演说家。它们似乎赋予自己的主人一种天生的技艺，其规则是准确无误的。具有激情的最雄辩的人更能说服人。所有的激情无非是血液炽热和冷凝的等级。那些最猛烈的激情有时会放松我们一阵，而虚荣心却总在挑起我们。那些拥有过伟大激情的人们，毕生都感受着他们痊愈的幸福和悲哀。那些像名画一样眩人眼目的伟大而辉煌的行动，是某些政治家的登台表演，然而它们也只是一些情绪和激情的普通结果。激情只是自爱的各种口味。激情常常激起与自己对立的东西。吝啬有时产生挥霍，挥霍有时导致吝啬。人们常常是通过软弱而达到坚强，通过怯懦而达到勇敢。然而，生命还是原本的生命，人生却变成了另外一种人生。曹雪芹用四十年的血和泪，谱写了《红楼梦》的古今诗篇，中华民族用真情，传诵了"梁祝"的千古绝唱。成功就是生命的代价，成功就是激情燃烧的岁月，成功就是生命燃烧的辉煌。奥运会奖台上的冠军，用爆发的生命火焰，向全世界证明了他们的生命价值。然而，只有他们自己知道这瞬间的辉煌，曾经燃烧了他们多少人生激情。奥组委领导曾经讲过这样一段精彩的肺腑之言："有了梦想，就要锲而不舍地去追求，去奋斗，不达目的决不罢休。"

■ 智慧人格产生感召威力

《走近毛泽东》不是面面俱到的人物传记片、功勋片、成就片，而是以毛泽东同志一生所经历的革命历史事件作为背景，着眼于毛泽东同志在五个方面的表现，喜欢挑战的一生。毛泽东同志一生挑战自然，挑战对手，挑战社会，挑战世界。越是面临挑战，就越是冷静。"与天奋斗，其乐无穷；与地奋斗，其乐无穷；与人奋斗，其乐无穷。"这段脍炙人口的名句，就是他人生的写照。毛泽东同志有不循常规的性格。"有虎气也有猴气"，这是毛泽东同志对自己性格的评价。前者表现为权威、霸气、豪放、严厉、庄重，后者表现为即兴随意，浪漫洒脱，不拘成规，灵活多变。正因为他的这种性格，在重大关头才有了力挽狂澜之举，如四渡赤水、转战陕北、挺进大别山……毛泽东同志有重情重义的品行。毛泽东同志那块在重庆谈判时郭沫若送的一直戴到去世的手表，那首祭奠爱妻的《蝶恋花》词，那封致恩师徐特立的信，以及他赶赴陈毅追悼会的匆匆身影，听到百姓受灾时流下的热泪，与斯诺和胡志明等国际友人真诚的交往……都记载着这位伟大而普通的领袖的喜怒哀乐、情深意长。毛泽东同志有文采纵横的才气。"我有读不完的书。每天不读书就无法生活。"毛泽东同志一生与书卷为伴，《资治通鉴》读了十七遍，《红楼梦》读了五遍，通读了四千万字的《二十四史》……他的诗书见解独到，字迹纵逸豪放，语言生动形象，讲话妙趣横生，身为全军统帅，他一生不曾发过一枪。曾有红军战士缴了一支银手枪，层层上缴一直缴到毛泽东同志那儿。毛泽东把手枪一放说，难道我毛泽东用得着这只手枪吗？大家一愣，你怎么用不着手枪？毛泽东同志说，等我用到这支手枪，红军早就完蛋了。毛泽东同志就是通过此时此刻、此情此景，让士兵知道指挥员不同于战斗员，指挥员是用人之人。对于生老病死，毛泽东同志也以一个唯物主义者的姿态旷达地对待它。人格魅力让人气鼎盛赢得天下，人格魅力就是坚忍不拔的搏击，勇于探索，奋发进取；就是良好的修养，得体的礼仪，善解人意；就是顺达的沟通，幽默的谈吐，风趣优雅的举止；就是热爱祖国的情怀，乐于助人的品德，善于合作，相互尊重。钱学森被称为科学的伟人，时代的伟人。他的伟大不仅在于他在科学上的贡献，不仅在于他在"两弹一星"发展上的功绩。更可贵的是他伟大的爱国主义精神，他为了祖国自强不息，耿耿忠心。作为一个杰出的科学家，钱学森的人格魅力还在于他能以高尚的情操，来对待祖国和人民给他的荣誉和期望。钱学森回到祖国后，受到党和人民政府的高度信任，委以重任。钱学森不居功自傲，而是以"普通一兵"的姿态来严格要求自己。他身居高位却同广大指战员一起穿行在风沙弥漫的西北荒漠，风餐露宿爬冰卧雪。有时几个月不能回家，不能同自己的爱妻互通音讯，他也毫无怨言，这种默默奉献的精神，正是他高尚人格的体现。他贡献越大就越显得虚心，处处谦虚谨慎。他的一位朋友送他一幅《咏竹》的条幅："未出土时先有节，待到凌云更虚心。"这是对钱学森同志一生的生动写照，而他自己却把它作为"座右铭"来严格要求自己。他得到过国际国内的许多大奖，但他从不把这些看成是个人的成功，而是归功于集体，归功于国家，钱学森同志成为一代又一代年轻科学家的人生楷模，也是他高尚人格的感人力量的体现。

三、智慧与自信

请记住一句有力量的话："如果你觉得你能你就能。"自信是生命的力量，自信可以让生命更有分量。自信是一个人得以存在、发展、成功的守护神。就是说，自信在看守着自己的一切。

■ 自信是人生成败的分水岭

希尔说："人的主要弱点之一就是对'不可能'这个词太熟悉了。""成功产生于那些有了成功意识的人身上，失败根源于那些不自觉地让自己产生失败意识的人身上。"失去了自信，有些事才难以做到。拿破仑说："浅薄的人相信运气，自信是成功的第一秘诀。"我国著名画家吴冠中讲过这样的话："留在巴黎的同学借法国的土壤开花。我不信种在自己的土地里长不成树，我的艺术是真情的结晶，真情将跨越地区和时代，永远扣人心弦，我相信自己的作品将会在世界各地唤起共鸣。有生之年我要唱出心底最强音，我不服气!""我不服气"成了他的强音,托着他的自信。由此,他才在自己的土地上开出了耀眼之花,获得了世界声誉。有自信,我们就是我们自己。拥有自信就拥有自己。一切的成就,一切的财富,都始于一个意志,即意识能量。自信是人生进取的一个基础的、基本的推动力,就是说,力量来自自信,有自信就有力量。以解放黑奴著称的美国总统林肯说过:"我年纪愈大,愈能体会到世界上只有一种财富,一种可以信赖的东西,那就是你自己的能力。"林肯在美国历史上创造了不平凡的业绩,而对于他来说,只有自信这一种财富值得信赖。自信给了他干好事业的最大动力。自信的人往高处走,自信是决定一个人心胸是否宽阔的重要因素,自信是人生成败的一个分水岭。一个人不管他的起点高还是低,只要他是自信的,就会一步步往高处走,越走越高远,成果越突出。相反,一个人自卑缺乏自信,在整体发展中,在与他人的比较中,会一步比一步低,最后成为一个缺乏能力连自己也瞧不起的人。真正相信自己的人是很少的,似乎下意识地知道自己内心的空虚,避免去看透自己,以维持虚假的充实。真正的自信必是有勇气正视自己的人,而这样的自信也必定和自己的怀疑有着内在的联系。这种自信必须靠自己争得。事实上,几乎所有伟大的天才并非天生自信的人,相反倒有几分自卑,他们知道自己的弱点,但不肯毁于这弱点,于是奋起自强,反而有了令人吃惊的业绩。天才骨子里都有一点自卑,成功的强者内心深处往往埋着一段屈辱的经历。德国哲学家康德说:"在目的王国里,一切或者有价值,或者有尊严。有价值的东西能够作为某些东西的等价物而代替它。相反，超过一切价值的宝贵的东西，因之也不承认任何等价物的东西，就是尊严的东西。"这就是尊严最宝贵的品格，自尊是人尊重自身的态度，或者说是人在返回自身时尊重自己的态度。自信才是自尊的发源地。近两百年前，在欧洲的维也纳，拿破仑占领军军官要求贝多芬为他们演奏乐曲，遭到贝多芬的拒绝，但在场的贝多芬的好友利希诺夫斯基公爵却强迫贝多芬演奏，贝多芬仍没有屈从。这引出了一段令人永远不能忘却的话。贝多芬在后来写给利希诺夫斯基的信中说："公爵，你所以成为公爵，只是由于偶然的出身，我所以成为贝多芬却完全是靠我自己。公爵在过去有的是，现在有的是，将来有的是，可是贝多芬在整个人类的历史上却只有我一个。"贝多芬对自我人格的自信，是一种多么高尚的自尊，自尊内含着一种自信，自信支撑着自尊。自尊是对自己和社会的义务，人都是在履行自我和社会义务时才表现为自尊的。一个人认识到需要这种义务和责任，就有了自尊；没有认识到，便没有自尊。义务才是自尊的动力。在现实生活中，常常出现把自尊和自负混淆在一起的情况。如有了一点成绩或者某种职位，就把自己固定在成绩上加以维护，失去了改进和提高自我的进取意识。这种心理的自我强化，表面上看与自尊一样，实际是在与别人的较量中失去了自信变成了自负。自尊应该是一种内在的力量，一种信任自己的力量。需要注意的是自负的人往往表现为外在的虚张，守护着并不存在的东西。即拔高或掩饰，给自己的思想和行为寻找合理化和正当化的理由，这自然是缺乏自信的表现。二战中的奥斯维辛集中营侥幸活下来的心理学家弗兰克，在讲到他的精神为什么没有被摧毁却能活下来时说："以尊严的方式承受苦难，这是一项实实在在的内在成就，因为它证明了人任何时候都拥有不可剥夺的精神自由。"这说明尊严是人真正的生命所系，失去了尊严，在遭受压迫时就会丢失自我，在遭受打击时则会失去生命。要有积极向上的精神状态，品性修养始终是人获得尊重、赢得认同的核心品牌。这已经被几乎所有的过来人所验证。有些人起点不高但敢干，不管遇到什么困难，就是摔了个跟头，连灰也不掸就又起来干。他们总是有一种别人视为骄傲的特质，不管别人说什么，他还是做他的。其实，这种骄傲就是自信，就是他的命根，所以能够成功，靠的就是用它来守住自己强化自身，没有它就什么都完了。而缺乏自信的人就大不一样了，总是企望一种没有困难没有挫折的环境，遇到挑战就回避，就像一个怕狼的孩子天黑就锁门，于是命运也就这样注定。自卑是心理上的一种软弱，意识上的一种障碍，并不是真正的行还是不行。在行还是不行的判断之前，就先怀疑自己，在潜在意识里埋下了不行的种子。日本心理学家宫城音弥说："所谓自卑感并不是实际上就差的认识。自卑感是'对于自己的价值的疑惑'，是自己可能不如别人的担心。只要是客观地确认了自己不如他人，就不会自卑。"这样，就从认识的根基处断了自己行的念头。这是一种无能的意识，对人的成长和成就危害极大。

■ 自信是人生进取的依赖

建起自己生活和成功的信心，不要让失去占据头脑。做一件事情不论是成功还是失败，都用收获进行评价，哪怕做错了也从错误里收获。自然，最重要的收获是内在的素质即内在的收获，而不是外在的成果。心理学上说，人想什么潜意识里就是什么，潜意识就会引导他的意识和行为。想得越强烈，意念强度越大，沟通越深刻，而潜意识总是被人意念所左右。所以，人所思的方向和强度，决定了潜意识的方向和力度，潜意识就引导向哪个方向走。据西方统计，有信心的人事业成功率约为百分之七十，这里信心是必要的条件。早在一九六八年，美国心理学家安德森曾作过一个调查，他将五百五十个描写人的形容词列为一张表，让大学生从中选择最喜欢的品质和最厌恶的德行。结果评价最高的性格品质是真诚，最差的品质是虚伪。由此可以看出，老实是最大的智慧，是一种返璞归真后的新境界，是一种顶点智慧。因此，做人必须要老实。有些人总是怕别人说自己不老实，于是千方百计伪装自己、表演自己。从一定意义上讲，人生确实是个大舞台，人们都是表演者，但真正优秀的演员，不是靠外表的华丽取悦观众，而是凭借内心世界的真诚赢得群众的拥护。正如著名翻译家傅雷先生所说："一个人只要真诚，总能打动人。"天不言自高，地不言自厚。老实看似一种简单，实为一种深刻。现实中人们对某些事物表示愤怒是可以理解的，如对社会不公正现象，或对官场腐败情况的愤怒，都表现了人们的立场和思想。但如果不加控制地随意对别人表示愤怒，那么他将会受到一定的指责。有的人轻易动怒，容易安慰，他的所得被失落抹煞了。有的人很难动怒，很难安慰，他的失落被所得补偿了。很难动怒，容易安慰是圣人。轻易动怒，极难安慰是小人。一个人应该言语美好，行动体面，后者是理智的优越，前者是感情的优越，而两者都来自灵魂的高贵。言语是行动的影子，言语为雌，而行动为雄。言语容易，行动困难。行动是生活的实质，言语是生活的装饰。盛名在行动中延续却在言语中消亡。行动是思想的成果，如果思想显得明智，行动就有效力。成熟显示在人的外表，更显示在其习惯中。物质的质量是贵重金属的价值的表征，道德的重量是人的价值的表征。成熟为他的能力添加完美，并且引起尊敬，成熟的灵魂在外表上表现为泰然自若，愚人们却不知这是一种平静的威严。对这种人而言，句子一出口就是演说，而行动一表现出来就是成功。人的成熟程度和他的人格的完善程度成正比。了解历史的同志都知道，不同的风云人物演绎着不同的历史命运。一六四四年，中国当时有四个"皇帝"：顺治（年幼，实际掌权的是多尔衮）、崇祯、李自成、张献忠。哪一个是合格的"皇帝"？崇祯显然不是，他把自己当天才，把臣属当庸才，而他自己偏偏是个庸才。满清人那么害怕袁崇焕，崇祯却把他凌迟处死了，做了亲者痛、仇者快的蠢事。李自成也不是合格的领袖，他输就输在自己难以克服的弱点上，农民性格兼小家子气。李自成进北京后，杀功臣敛钱财恋女色，以致众叛亲离失掉人心。他没有改变自己，因此也无法改变世界。张献忠就更不是了，他生性暴虐，只能算个土匪。四个人中唯一合格的是多尔衮。这个当时只有三十多岁的年轻人心胸开阔、目光远大，具有雄才大略，而且特别善于用人，他不仅重视满清人才，还特别重视汉人人才。吴三桂来降，多尔衮立即给了他与自己平等的待遇封王。在他的统率下，八旗军席卷中原，建立起幅员辽阔的统一政权。多尔衮的每一个举动都闪烁着智慧的光芒。作为领导者，更应强化龙头意识，做一个充满睿智的合格领头人。领导者的作风能影响单位的作风，主要领导者的作为能制约一个单位的发展。就像克劳塞维茨在《战争论》中所描述的，（高级将领）要在茫茫的黑暗中，发出生命的微光，带领着队伍走向胜利。主要领导者是责任的主体，责任是领导的根本属性。

■ 自信是力量充实的来源

　　领导者的自信是成功的体现，也是力量充实的来源。领导者的权力越大，其所担负的责任也就越大。领导者有没有远大的愿景，是素质能力的重要体现，没有愿景就不会有追求。实际工作中，为什么同样的基础、同样的条件，有的发展迅猛，充满朝气和活力，而有的停滞不前，弥漫暮气和惰性，重要的是领导者在构建目标愿景上的差异。构建共同愿景就有了明确的目标和方向，部属们就能与其同行，最终赢得事业发展的未来。领导者必须从繁杂的事务中解脱出来，抓好该抓的事，实现领导力的有效延伸。我们知道，目的不仅比目标重要，而且目的决定目标。只有关注目的和价值，思路才会更清晰、更有远见。要始终保持目的正确有效。希腊神话中有一个典故：凶神西西弗斯由于作恶多端，被罚在地狱做苦役。这种苦役很奇特，就是把一块巨石从山脚下推到山顶，而巨石每到山顶又滚下山脚。于是他不得不白费精力，重复这种笨重无益的劳动。要高度重视和始终保持目的的正确性，以对事业高度负责的态度，把各项工作做深入、做长远，绝不能好大喜功，搞所谓的政绩工程、样子工程。一个社会的游戏规则，是构建人类相互行为的约束。没有规则提供的秩序，人类社会将停留在野蛮的丛林时代。德国人把用规则看守的世界，称为"天堂"。他们认为，一丝不苟才是轻松的活法。凡事无章可循，才使人疲惫不堪。可以说，规则反映出工作的标准，决定着领导工作的质量。制定规则需要简单具体。好的规则应该清晰而精妙、简洁而高效。公正是规则的根本。有一个分粥的故事：有七个人每餐分食一大桶粥。他们先后采用了抓阄决定法、民主推选法确定分粥人，结果都分不均匀，相互攻击扯皮。最后采取轮流分粥法，大家轮流担任分粥人，而且每次由分粥人最后挑粥。为了不让自己吃到最少的，每人分粥时都尽量分得平均。这个规则很公正，大家从此快快乐乐、和和气气。从实践看，衡量一个领导设计规则的水平，有三个具体参数，一是规则本身能不能唤起部属的参与热情；二是规则的评判标准是否公平合理；三是遵守规则的回报是不是具有正确导向。其中的关键要素就是公正。规则只有公正，才能保证大家对规则的认同、信任、坚持和遵守。要用规则解放领导。

管理学家调查发现，优秀领导和平庸领导的重要区别是，优秀领导总是规则的设计者，而平庸领导总是杂乱无序者。企业战略管理上有一句非常流行的话：一流企业做标准，二流企业做技术，三流企业做产品。这一说法确实反映了当前商界的趋势。体现到领导工作中，这个标准就是规则。为什么有的领导经常会"两眼一睁，忙到熄灯"，除了主观上不放手外，一个重要原因就是缺乏有效的任务分解规则，没有各司其职分工负责，因而陷入事务主义的泥潭。可以说，依靠规则开展工作是拓展外脑、延伸四肢最有效的办法。有了规则领导者才能放手有限的战术管理，着手无限的战略领导，大力提高领导工作效能。心理学研究表明，人的行为大都是受激励而产生的，同时，人们在能力相同或相近的情况下，其工作绩效的高低，很大程度上取决于激励。激励有时是"倍增器"，可以产生成倍的能量。领导就是激励。毛泽东同志曾经评价，刘邦是个高明的政治家，靠奖、赏、封、用"四字"得天下。其中奖是精神奖励；赏是物质奖励；封就是封地授权；用就是用人才、用法度。这四者都是领导激励的重要手段。激励贯穿于领导活动的始终。优秀的主要领导者，应该是个"动力专家"，善于运用有效的激励方式，最大程度地开发和调动部属的积极性和创造性，形成千帆竞发、百舸争流的生动局面。激励的出发点必须正确，没有正确的激励，人的潜能可能变成反能甚至是无能。要巧妙控制平衡。对主要领导者来说，平衡是一种高层次、高难度、高水平的领导活动，主要领导者的艺术很大程度上就是平衡的艺术。就像开车，首先得有路，这是平衡的方向。其次必须有轮子，少一个轮子就会失去平衡。还有就是要控制速度，速度不均衡就容易出事，所以设置平衡、调整平衡，确保内外的和谐与稳定，对主要领导者来讲十分重要。平衡不是平均，领导者不能不顾实际情况，从自己的主观愿望出发去追求平衡。在领导实践中，实行奖励不能见人就有一份，而不看贡献大小工作优劣，评选先进不能搞轮流坐庄，解决待遇和分配利益不能利益均沾，一家一个不多不少。若真如此，表面看来似乎做得不偏不倚，实际上并没有实现真正的平衡，而是掩盖了矛盾，日后会导致更大的不平衡。平衡也不是简单的抹平，不是当好好先生，只知道和稀泥抹光墙，做"高级泥瓦匠"，这样似乎一时调和了矛盾，实际上是在制造新的矛盾。作为领导者处理好平衡问题，就要树立正确的平衡观，以对党的事业高度负责的态度，找准矛盾双方的共同点，寻找实现平衡的方法，把握影响平衡的变数，实现真正意义上的平衡。平衡的艺术就是调节的艺术，高明的主要领导者，在发生意见分歧时，不应做争论的裁判员，而要做争论的导控者，善于控制情绪化的洪水，运用平衡的砝码，引导争论向着有利于形成共识的方向聚焦。如信息不对称就共享信息，立场不同就换位思考，个性差异就尊重差别，意见相左就取长补短，通过有效的导控进而达成真正的共识。一位领导视察时曾问三峡工程总指挥：谁对三峡工程贡献最大？这位总指挥答：反对建三峡工程的人。就是因为有"反对派"，三峡工程才少走了一些弯路，节省了更多的时间和金钱。领导工作的有些失误，就是因为没有运用好调节的艺术，对反对意见没有进行深入研究有效导控，从而把掌握在少数人手里的真理给淹灭了。要领悟主为的方圆，领导者的工作十分复杂，奥妙无穷，充满着辩证法，形象地讲领导者像"道家"，讲求柔性、理性和个性，是三分科学七分艺术。而基层主要领导者像"法家"，讲求规律、规则和规程，是七分科学三分艺术。可以说，主要领导者的领导方圆一体充满智慧，运用之妙，存乎一心。领导工作也存在许多悖论，没有单纯的非此即彼。高明的领导者，应更像"哲学家"，善于把握平衡和适度，在巧妙运思中抓住真谛，把领导工作做得更加独到和有效。

四、智慧与人品

崇高是人类最绚丽的精神之花。崇高大多表现在平凡之中，崇高产生于人的集体生活中，它的产生没有特别的奥秘，是在个人奉献于他人、奉献于集体的时候才有的。高尚的人格必定是不可或缺的无形资产。正如有位哲人讲："造就政治家的，决不是超凡出众的个人能力，而是他们的人格魅力。"

■人品与智慧交相辉映

人品与智慧已被公认为人才必须具备的优良素质，把这两种排序在前两位，也没有争议，但究竟是人品第一，还是智慧第一，辩论起来却有分歧。研究一些辩论，有一句话启迪很大，有智慧、人品不好的人社会同样淘汰他。人品差的人生存空间小，不可能长时间占领舞台。即便表演也只是小智能，小智能有损于社会利益，仅仅为私人利益服务。大智慧为国家民族社会，甚至为全人类服务。西安事变放蒋介石回南京的决策，就是中国共产党人和张学良、杨虎城将军彰显高尚人品的大智慧之举。优秀人品才会托起高境界，高境界孕育出大智慧。有人把人品差的小智能称为狡猾、恶举、刁钻、阴险，认为智慧只能用在褒义的一侧，事实上智慧也应该是蕴涵个性品质的综合。领导者要注重人性化、贴近人的内心世界，人格魅力比能力更重要。决定领导者成就大小的不是自身的业绩，而是组织的业绩。美国著名管理学家柯林斯在《第五级领导者》中，用镜子和窗户对好领导的心性修养作了一个比喻，讲这类领导者在成功面前，总是看到窗外，把成功的因素归功于别人。在失败面前总是对着镜子，把失败的原因归罪于自身。往窗户外面看成就，往镜子里面看责任，体现了虚怀若谷的谦虚态度，这是魅力领导者不可或缺的优秀品质。一个公司的总裁讲过，在成为别人的领导前，成功的全部含义是指自己获得提高。而当成为领导，成功则意味着去使别人获得提高，没有领导者会因为下属的优秀而吃尽苦头。品格反映品质、体现品位。富兰克林指出，品格是人生的桂冠和荣耀。一个人的品格比其他任何东西更显著地影响别人对他的信任和尊敬。人品高下，重在一格。汉代大将冯异，就是因为不争功利，论功行赏时一人躲在大树下闭目养神，因而受到将士拥戴，被尊为"大树将军"。老子也讲：夫唯不争，故天下莫能与之争。人可以做各种各样的事，走各式各样的路，也应该表现出不同的特点和风格，寻求不同的幸福。但人格才是人的真正的人品，俗话讲，"大度集群朋"。领导者处在人和事的中枢位置，不仅要集言集智，更要集人集群，需要有宽容、包容和兼容的品质。度量大了心胸宽了，处人处事就不会有问题。毛泽东同志事业发展的顶峰时期是延安和西柏坡时期，这个时期也是他心胸最开阔的时期。当时，中央有五大书记。五位领袖出身背景不一样，毛泽东同志出身富裕中农，朱德出身雇农，周恩来出身旧官僚，刘少奇出身地主家庭，任弼时出身教书先生。教育背景不一样，毛泽东同志是个土知识分子，其他四位都留过洋。早年的工作思路不一样，毛泽东同志重视农民问题，刘少奇搞工运，周恩来领导城市地下工作，朱德指挥军事，任弼时热衷青年工作。个性气质不一样，毛泽东同志写意，朱德温和，周恩来细腻，刘少奇工笔，任弼时果断。这几个人中，确实像毛泽东同志所说的，有曾经反对过自己而且被历史证明反对错了的人。但毛泽东同志不计前嫌，精诚合作，紧紧把大家团结在周围，导演了中国革命波澜壮阔的活剧。领导者的胸怀与事业是成正比的，有多大的胸怀，就能做多大的事业。作为领导者，一定要有这种宽广的眼界和宽阔的胸怀，能够容得下不同的认识和意见，容得下不同的性格和脾气，这也是衡量一个主要领导者能否稳定局面、开拓局面的重要前提。要注意抑制个人的荣誉冲动，善于与部属分担风雨分享阳光，实现用个人业绩评价自己向用组织业绩评价自己的转变，完成了这个转变领导活动的成败得失才能客观全面，看组织成员的成绩作用才能恰如其分，也才能使自己成为一块磁铁，成为一个"磁场"，真正赢得部属发自内心的认同。一名魅力领导者，必定是有追随者的人，让部属做出正确事情的人，有着强烈事业心责任感的人，能以身作则受人瞩目的人。有了这种人格魅力，才能更好地凝聚人心，成为众所瞩目的主心骨。有人讲，战胜勇敢一定要用智谋，战胜智谋一定要用德性，战胜德性一定要用宽容。历史上凡是成就了一番大业的，多是心地坦荡、胸怀宽阔的人，正所谓"将相头顶堪走马，公侯肚里好撑船"。相反心胸狭窄小肚鸡肠，必然难有作为。心胸狭窄的人会因名声的减少而悲哀，即使获得一时的成功，也往往难以为继。领导者遇到的事情很多，心胸必须更开阔，只要大家都有这种宽容的姿态，就会有一个宽广的心理空间。"让他三尺又何妨"的故事说的就是这个道理。有一户人家与邻居因院墙的位置发生争执，写信让做官的儿子回来主持公道。儿子却回信说：让他三尺又何妨。于是这户人家主动将院墙让出三尺，邻居看到这种情况，也主动让出三尺，后来形成了一条巷子。宽容意味着对不同观点不同行动的容忍，容忍是一种自我克制。能够容忍他人的人往往有着很强的自我克制能力，能够不愤怒、不排斥异己，这是一种很高的涵养。

■ 官品与公正互为印证

领导者的成功需要公正之德，从政的领导者必须要公正、公道，这是领导者必备的素质或条件。领导者"其身正，不令而行，其身不正，虽令不行"。领导者唯有自身公正，一身正气，以身作则，率先垂范，才能赢得权威赢得人心。领导者自身不正便无以服众，"人间正道是沧桑"，领导者只有坚持走正道、讲正义，才能最终走向成功的目的地。旁门斜道不能走，谁走谁失败，歪风邪气不能刮，谁刮谁遭殃。领导者做到公正要有坚定正确的政治方向，那就是全心全意为人民群众服务的方向。领导者只有自己首先做到公正，才有可能要求别人做到公正。领导者做人做事做官，要思想正心态正浩然正气生，行为正顺天意必定会成功。领导者的成功离不开正义和正气，离不开平常心和平静心，离不开综合与联合，离不开平衡与和谐。领导者的成功离不开联系与沟通，离不开变通与妥协，离不开互补与互利、互动与共荣。领导者的成功需要厚德载物，需要超越与创新，需要和谐与和善、和气与和睦之德。由于目标在于和谐，和谐是领导者成功的一种最高境界。领导者需要和谐天地、和谐社会、和谐人生。要处理好人与自然的关系，这就要顺应自然规律，天人合一物我相亲，而不是一味地战天斗地。领导者要处理好关系，顺应事物发展的规律，重视社会的和谐，达到政通人和的局面。领导者处理好人生，摆正好位置，设定好目标，采取适宜的方法，使人尽其才，才尽其用。领导实践中人和是领导者成功的重要动因，强调人和就要讲团结，只有真正团结起来才能发挥好人际关系的协调性和融通性。领导者要始终保持谦虚谨慎和宽容和谐的姿态，保持合作的态度和合群的气度。好风格源自于平和的心态，物随心转境由心生，心态控制着人的思想和行动，影响着人的风格和气度。心一松散万事不可收拾，心一疏忽万事不可周全，心一固执万事不得自然。讲风格关键要摆正心态，不以物喜不以己悲，而以平和心态唱好自己的角色。风格既是心态也是姿态，当抗拒不肯合作，或是合作存在缝隙时，就会丢了风格，就不可能赢得成功。毛泽东同志讲，谅解、友谊和支援比什么都重要。领导者要想别人发扬风格，首先自己要发扬风格。希望别人怎样对待自己，就怎样去对待别人。好风格还体现在宽容和忍让上，人的心不是靠武力和强力所征服，而是靠真情和宽容所感化。

■ 品格与忠诚至关生命

　　智慧是第一生命，诚信是第一财富。品格是人生最高的学位，对品格最根本的要求就是忠诚。忠诚是一个人血液里流出的秉性和品质，是做人做事的第一原则，也是最有价值的品格天条。忠诚是一种品德，更是一种能力，如果人缺乏忠诚，他的其他能力就失去了用武之地，没有任何一个组织愿意使用缺乏忠诚的人。忠诚的最大受益者是自己，因为忠诚不是一种纯粹的付出，忠诚会有忠诚的回报。忠诚的确是国家的需要，组织的需要，但它更是一个人自己的需要。人得依靠忠诚立足于社会，忠诚的人会比不忠诚的人获取更多。忠诚离不开责任，忠诚的本质就是责任，而且突出地体现为一种政治责任，也就是对组织忠心耿耿，对组织忠厚坦诚，因为忠诚意味着真诚。富兰克林讲："深厚的忠诚感会使人生真诚正直而富有意义。""所以我一生做事，总是第一坦白，第二坦白，第三还是坦白"。忠诚品格是与真诚态度紧密相联的。人最宝贵的就是真诚，没有真诚做底子，热情就会变成逢迎，谦虚就会变成虚伪，人品就矮了三分。坚守真诚，就要像先哲强调的那样，"做本色人，说真心语，干近情事"，也就是说要忠厚老实，讲真心实话，做顺乎情理的事情。能否真心做事、诚实为人，直接影响工作和建设质量。人格问题是一个古老而又崭新、普遍而又现实的问题。它是对人的思想和行为进行道德评价的一种概念，是人在一定社会中地位和作用的统一。人格有优劣之分，有高低之别。每个领导者应该把真诚作为一生的习惯，自觉做到真诚到永远。美德是一切福祉的中心，一切完美的连结，使人有睿智明智，有勇气值得信任，有荣誉且成为英雄。美德是小宇宙的太阳，并且具有半个宇宙的无愧良心，那么美德得到上帝和人的宠爱。除了美德之外没有什么可爱的，除了恶德之外没有什么可鄙的，只有美德是严肃的。领导者的伟大是由他的美丽而不是由他的幸运来衡量，人们的生活有好有坏，取决于理解生活的真正法则。人们对生活的真正法则理解得越明确生活就越好，对法则理解得越含混生活就越坏。生活的真正法则如此明确而易懂，如果违背真正生活的法则而生，则得到的只有背弃理性。智慧与人品智慧仅仅是一种相对的品质，它不可能只有单一定义，从某种意义上讲，"骄傲"和才能成正比，有巨大优越感的人，必定也有包容万物、宽待众生的胸怀。文明对于不同的人进入不同的心理层次。进入意识层次只是学问，进入无意识层次才是教养。极端自信者和厌世者，前者只看重自己的价值，后者只是认为世界的无价值。狂妄者往往有点才气但依然无知，无知不能正确估量自己的才能。领导工作中，融得进是一种智慧，放得下是一种度量。领导权威或学术权威，"权威"这两个字确实是很有些琢磨头的。权来自权位而威来自于自身，来自学识来自人格，这种人格最具魅力最有影响。领导者手中握有一定的"权"，但这个权是组织给的，有了权并不等于就有了威。"行之以躬，不言而信"。有没有很强的人格感召力，是能否做好工作的一个重要条件。因此，领导者要始终把加强人格修养、追求高尚人格，作为自己为官做人的根本。严格修身自省，加强人格修养。要提高境界，对于一个人来说，精神境界的提升与人格魅力的提高，始终是成正比的，这是被无数事实证明了的一条基本规律。一对农民夫妇十五岁的儿子得了一种恶性皮肤病，夫妻俩借了所有能借到的钱，领着儿子到处看病。那年冬天，在北京的一家医院里，母亲陪护儿子治疗，母子俩吃的都是从家里背来的煎饼和咸菜。大夫们实在看不下去，午餐的时候就带给他们两份盒饭，而母亲把一份给儿子中午吃，另一份留给儿子晚上吃，自己依旧吃着煎饼和咸菜。后来，儿子的病情不断恶化，医生告诉母亲："孩子的病治不好了，维持生命需要很多钱。"母子俩在医院走廊里哭了半宿，第二天就回家了。不久，这个孩子的不幸遭遇被一些媒体报道出来，好心的人们纷纷捐款，但终究没能挽救他的生命。孩子在离开人世之前，把能够知道姓名的好心人记在一个本子上，并告诉父母："我死之后，一定把这些钱还给人家。"孩子去世了，这对可怜的夫妇变卖了所有家产，遵照孩子的遗愿，把一笔一笔的钱退给那些曾经帮助过他们的人。而那些无法退回的钱，他们却用来作为一个基金，帮助有病有灾的人。他们自己何尝不需要钱，但却要去帮助那些更需要帮助的人，这就是中国老百姓最质朴的一种境界。作为领导者，所处的社会层次是比较高的，思想觉悟也应该达到相应的水准，在精神境界上应该有更高的层次。但现实中，职务高不一定境界高，职务低不一定境界低。像雷锋，级别不高，才是个班长，但境界很高。像成克杰等贪官，职级高，但境界低下。陈云同志曾经说过：大家是为革命来的，还是为做官来的呢？起初是干革命来的，以后是革命加做官，既革命又做官。后来官越做越大，有的就只想做官、不想革命了，把革命忘光了。所以说，不论什么时候，都要把提高思想境界作为终身的修养。让个人的品质超越职位的品质，不要让职位的品质超越个人的品质。不管职位怎样高，个人的品质应该更高。这样，一个人的职位变得越来越高，他的才能也越来越大。伟大的奥古斯丁引以为豪的是因为自己是一个堂堂的男子汉，而不是因为他是一个伟大的君王。要利用那令人愉快的质性的吸引力，而不仅是利用美好行为的吸引力，去获得善意，并且要将它应用在所有的人身上。在此，光有优点是不够的，获得赞誉是令人信服的最好方式，吸引力是给予普通群众的唯一事物，并且是统治别人的最实际方法。受人欢迎是幸运的事，然而它可以借着技巧而受到鼓励，因为艺术最能在受到大自然眷顾的土壤中生根。高境界的人，对人生的看法也与众不同。"志大量小无勋业可为"。对此，有人作过这样的描述，当带领十个人的队伍时，他会走在前面。当带领一百人的队伍时，他会走在边上。当带领一千人的队伍时，他会走在后面。当带领更多人的队伍时，他会隐于无形。大象无形，这就是现代领导的真谛。崇高的意义是相当确定的，然而还可以说它是一种正当的骄傲，是一条通向被颂扬的最高尚的道路。有一位在长春一汽工作的德国专家，先后三次提出申请，强烈要求加入中国共产党。他在申请书中说，是中国共产党的丰功伟绩震动了他，是身边的共产党员勤奋、敬业、廉洁、无私的高尚品质感染了他。浩然正气有多么巨大的威力！连不同文化背景、不同生活环境的外国人都能被感召。崇高是一种高尚的努力，人类凭借这种努力成为主人，进而成为一切事物的主人。高尚确定的神态举止，标示出注定要从事伟大的事业，是一种自我赋予的价值，正是靠这种品质赢得其他人的尊敬。

后　记

静心方可悟道，笃行始达至善。总有一种感觉，有智慧的人是持之以恒的人，有魅力的人是充满自信的人，而有智慧又有魅力的人，是永远都散发着成功气质的人。可以说，这是激励人们的修身之道、奋进之道、智勇之道的智慧。有幸在国家最高军事学府国防大学学习，处于一个充满知识的环境中。不由地想到，要利用这段时间继续我的方略系列。于是，自找苦吃翻阅了近百万字的资料；于是，挤压时间海绵中的每一滴水；于是，著成了这本《智慧方略论》。

写作中参考了一些专家的著作和论文，从中吸取了营养，在此一并谢忱。特别让我感动的是九十七岁高龄的国学大师季羡林老先生，亲自为这本小册子题词："智慧是一盏指路的明灯。"中国书法大师欧阳中石亲笔题写了书名。人民出版社吴学金编审、封面设计肖辉、责任编辑陈光耀等都给予很大的支持，在此表示衷心的感谢。

　　这本书的目的，是想使领导者具备智慧更成熟，使杰出的领导者更智慧。愿方略在手，智慧称首。

　　　　　　　　　　　　王永生
　　　　　　二〇〇八年六月六日于北京红山口

策划编辑:吴学金
责任编辑:陈光耀
装帧设计:肖　辉
责任校对:徐林香

图书在版编目(CIP)数据

智慧方略论/王永生著. -北京:人民出版社,2008.11(2009.3 重印)
ISBN 978 - 7 - 01 - 007344 - 6

Ⅰ. 智… Ⅱ. 王… Ⅲ. 领导学-通俗读物 Ⅳ. C933-49

中国版本图书馆 CIP 数据核字(2008)第 147283 号

智慧方略论

ZHIHUI FANGLÜE LUN

王永生　著

人民出版社 出版发行
(100706　北京朝阳门内大街 166 号)

北京百花彩印有限公司印刷　新华书店经销

2008 年 11 月第 1 版　2009 年 3 月北京第 2 次印刷
开本:787 毫米×1092 毫米 1/16　印张:21
字数:210 千字　印数:20,001 - 24,000 册

ISBN 978 - 7 - 01 - 007344 - 6　　定价:45.00 元

邮购地址 100706　北京朝阳门内大街 166 号
人民东方图书销售中心　电话 (010)65250042　65289539